*Eglau* · Die Kasse muß stimmen

*Hans Otto Eglau*

# Die Kasse muß stimmen

*So hatten sie Erfolg im Handel*

*Von der Kleiderdynastie Brenninkmeyer*
*über die Discountbrüder Albrecht*
*bis zur Sexversenderin Beate Uhse*

*Econ Verlag · Düsseldorf · Wien*

1.–6. Tausend Januar 1972
7.–10. Tausend März 1972


Gesetzt aus der 10/12 Punkt Times der Linotype GmbH
Gesamtherstellung: Kleins Druck- und Verlagsanstalt, Lengerich (Westf.)
Printed in Germany
ISBN 3 430 12325 9

## Inhalt

Mehr als 200 Milliarden Mark 7

Die BRENNINKMEYER-DYNASTIE
»Eendracht maakt Macht« 9

GEORG KARG
Der Herr von Hertie 33

ERICH H. DIEDERICHS
Edeka – der erwachte Riese 51

JOSEF NECKERMANN
Der Möglichmacher 69

GUSTAV SCHICKEDANZ
Die Milliarden-Quelle 87

KARL und THEO ALBRECHT
Die Discounter von der Ruhr 105

HELMUT HORTEN
Die goldenen zwanzig Jahre 121

WERNER OTTO
Eine Karriere, die mit 40 begann 143

OSWALD PAULIG
Vom Selbsthilfe-Verein zum Milliardenkonzern 163

EGBERT SNOEK
Eine Revolution namens »Ratio« 183

HERBERT EKLÖH
Erfolgsweg eines Lebenskünstlers 199

BEATE UHSE
Die Liebesdienerin der Nation 215

HUGO MANN
Das dramatisierte Einkaufserlebnis 231

Wer morgen Erfolg hat 249

Literaturverzeichnis 257

Personenregister 259

# Mehr als 200 Milliarden Mark . . .

. . . flossen im letzten Jahr in die Kassen deutscher Kauf- und Warenhäuser, Versandfirmen, Supermärkte und Fachgeschäfte. Das waren in jeder Sekunde, in der die Läden geöffnet hatten, 20 000 Mark. Doch wie viele wissen eigentlich, bei wem sie kaufen, wenn sie einkaufen, wer Kasse macht, wenn die Kassen klingeln? Wie viele kennen die Erfolgsgeheimnisse jener Männer, die – für den Kunden unsichtbar – das Milliardengeschäft dirigieren? Und wie viele durchschauen ihre Strategien, mit denen sie täglich Millionen Käufer in ihre Geschäfte locken?

Sieht man einmal von Unternehmern wie Helmut Horten und Josef Neckermann ab, die sich, nicht zuletzt durch Aktivitäten jenseits ihrer engeren geschäftlichen Sphäre, allgemeiner Bekanntheit erfreuen, so agieren die Großen des Handels nicht gerade im Scheinwerferlicht des öffentlichen Interesses. Kein Zweifel, einige von ihnen haben die Aura der Anonymität, die ihr Tun umgibt, selbst kultiviert.

Der betagte Georg Karg, Alleininhaber des Hertie-Konzerns, hätte es am liebsten gesehen, wenn über ihn in der Zeitung nicht eine Zeile gestanden hätte – und erst recht nicht in einem Buch. Erst nach langem Sträuben erklärte er sich bereit, den Autor zu einem Gespräch zu empfangen; es war das erste und bisher einzige Interview, das der alte Herr in seiner über 60jährigen Karriere einem Journalisten gewährte.

Hinter einer Mauer des Schweigens gehen auch Karl und Theo Albrecht, Besitzer der größten deutschen Discount-Kette, ihren Geschäften nach. Die Kaufhaus-Familie Brenninkmeyer schirmt sich sogar so perfekt gegen neugierige Blicke Außenstehender ab, daß die meisten Konkurrenten nicht einmal die Chefs der diskreten Kleider-Dynastie kennen, geschweige deren Geschäftsgeheimnisse. Mag ein pensionierter Chef des Bundesnachrichtendienstes über seine Tätigkeit ein Buch schreiben – für einen Brenninkmeyer wäre allein der Gedanke an einen solchen Schritt ungeheuerlich.

Daß die Herren der großen Handels-Unternehmen seit jeher ein wenig im Popularitäts-Schatten ihrer Kollegen aus der Industrie stehen, hat jedoch tiefere Gründe. Man darf nicht vergessen, daß in der

Zeit zwischen den Weltkriegen, als beispielsweise die Stahl- und Chemie-Industrie bereits fest in der Hand einiger mächtiger Großkonzerne waren, selbst die führenden Warenhausfirmen noch immer den Charakter mittelständischer Familienbetriebe hatten. Zudem gab es nach dem Motto »je weiter vom Verbraucher entfernt, desto geachteter« eine ungeschriebene Skala des Ansehens, an deren Spitze die Bosse der Grundstoffindustrie und an derem Ende die Einzelhändler rangierten. Nach landhäufiger Meinung spielt der Handel lediglich die Rolle eines Erfüllungsgehilfen der Industrie, der selbst keine produktive Tätigkeit ausübe. Von dieser These, die den Beitrag der Branche zur Konsumreife von Gütern völlig ignorierte, war es dann kein weiter Weg mehr bis zu der törichten Ansicht, der Handel verteure nur die Ware und sei deshalb im Grunde überflüssig.

Etwa seit dem Beginn der fünfziger Jahre hat sich das Bild des Einzelhandels auch im Bewußtsein breiter Massen entscheidend gewandelt. Der Übergang von einem Verkäufer- zu einem Käufermarkt mit praktisch unbegrenztem Warenangebot versetzte vor allem die Versandhäuser und später die Discount-Geschäfte in die Lage, gebundene Preise und überhöhte Spannen zu unterlaufen und sich damit als Sachwalter von Verbraucher-Interessen zu profilieren. Der zu dieser Zeit im Handel einsetzende Konkurrenzkampf führte bis heute zum Ausscheiden von mehr als 100 000 Einzelhändlern aus dem Markt. Während sie ihre Läden für immer schlossen, konnten Männer mit Ideen und Energie ihre Einkaufsparadiese zu Milliarden-Unternehmen ausbauen.

Von den »Hechten im Karpfenteich«, wie Ludwig Erhard die aggressiven Händler nannte, ist in diesem Buch die Rede. Es schildert ihre Herkunft und ihre Karriere, spürt den Gründen ihres Erfolges nach und analysiert ihre Verkaufstechniken. Am Beginn dieses Buches stand weder der Plan, die Reihe der streng theoretischen Darstellungen um einen weiteren Titel zu verlängern, noch die Idee, in den Hymnus unkritischer Erfolgs-Verherrlichung einzufallen. Vielmehr reizte der Versuch, in ebenso anschaulichen wie sachbezogenen Porträts zwölf Männer und eine Frau vorzustellen, mit denen Millionen täglich Geschäfte machen.

Hamburg, im Januar 1972 *H. O. E.*

Die BRENNINKMEYER-DYNASTIE

# »Eendracht maakt Macht«

Amsterdam, 3. September 1968, morgens acht Uhr: in die katholische Dominicus-Kerk drängten an die 300 Menschen, unter ihnen auffallend viele Männer von hoher Gestalt und mit langen, hageren Gesichtern. Es war ein ganz gewöhnlicher Werktag, und auch in anderer Beziehung unterschied sich diese Zusammenkunft von einer der üblichen Sonntagsmessen. So als hätte er Gottes Wort durch die Brille eines Textilkaufmanns gelesen, ergriff Pfarrer Willem Ernst Maria Tepe zu einer höchst ungewöhnlichen Predigt das Wort. Gleich einen ganzen Strauß einschlägiger Bibelstellen wußte der geistliche Herr mühelos in seine Ansprache einzuweben, so aus dem 1. Buch Mose, Vers 3: »Gott der Herr machte Adam und seiner Frau Fellröcke und bekleidete sie« und aus dem Matthäus-Evangelium, Vers 6: »Und was macht ihr euch Sorge um die Kleidung? Betrachtet die Lilien des Feldes, wie sie wachsen! Sie arbeiten nicht und spinnen nicht und doch sage ich euch: selbst Salomon in all seiner Pracht war nicht gekleidet wie eine von ihnen.«

Die private Textilmesse las der fromme Hirte von St. Dominicus vor einer sachverständigen Gemeinde: vor Familienangehörigen und Angestellten des Kleiderkonzerns C & A Brenninkmeyer. Mit dem Kirchgang wollte das als gottesfürchtig gerühmte Händlergeschlecht den Einweihungsfeierlichkeiten für sein wiederaufgebautes Kaufhaus in der Amsterdamer Einkaufsstraße Damrak einen besonders würdigen Rahmen geben. Ein Großfeuer hatte das alte Haus drei Jahre zuvor eingeäschert. In ihrem Glauben, mit dem Himmel trotz dieses Mißgeschicks auch weiterhin im Bunde zu sein, bestärkte Pfarrer Tepe die frommen Kaufleute: »Clemens und August, C & A«, so verkündete er feierlich vor den zu seinen Füßen sitzenden Brenninkmeyers, »das ist weit über unsere Grenzen hinaus zu einem Begriff geworden. Was der Allgemeinheit und vielleicht auch vielen Beschäftigten des Unternehmens allerdings nicht so bekannt sein dürfte, ist die Tatsache, daß es noch einen Dritten gibt, der beim Aufstieg dieses Konzerns von Anfang an eine Rolle gespielt hat: der liebe Herrgott.«

In der Tat haben die Brenninkmeyers kaum einen Grund, mit ihrem Schicksal zu hadern. Im Laufe von kaum hundert Jahren arbeiteten sie sich mit beispielloser Zielstrebigkeit von armen Hausierhändlern zur führenden Bekleidungsdynastie Europas empor. In ihren 182 Filialen in Holland, der Bundesrepublik, England, Belgien und in den USA verkaufte C & A 1971 für mehr als fünf Milliarden Mark Mäntel und Kostüme, Kleider, Anzüge und Kindersachen, ja sogar Perücken. Allein die 72 deutschen Brenninkmeyer-Häuser erzielten 1971 einen Umsatz von rund 2,7 Milliarden Mark. Unter den führenden Einzelhandelsfirmen der Bundesrepublik belegt C & A damit den fünften Rang.

Im deutschen Bekleidungshandel verteidigt Brenninkmeyer eine einsame Spitzenstellung. Mit einem Marktanteil von 15 Prozent, in einigen Städten sogar von fast 35 Prozent, ist C & A zehnmal so groß wie der Branchenzweite, die Kaufhauskette Dyckhoff in Köln. Der potente Massenausstatter bringt Jahr für Jahr sogar mehr Bekleidung unter die Leute wie die vier Warenhauskonzerne Karstadt, Hertie, Kaufhof und Horten zusammen. Brenninkmeyers Spitzenfiliale in der Hamburger Mönckebergstraße setzte 1971 mit rund 150 Millionen Mark mehr um als der nur 50 Meter entfernt auf derselben Straßenseite gelegene Kaufhof. Um die Umsatzmacht des Konzerns noch eindrucksvoller zu demonstrieren: Auf dem Höhepunkt der Saison werden aus den größten C & A-Häusern täglich über 1000 Damenmäntel und dreimal so viele Kleider hinausgetragen.

C & A Brenninkmeyer hat in den letzten Jahren immer sichtbarer die Rolle übernommen, Mode zu demokratisieren, sie auch für diejenigen Bundesbürger erschwinglich zu machen, denen das nötige Geld fehlt, um sich in exklusiven Boutiquen jeweils nach dem dernier cri einzukleiden. Ein Team hochqualifizierter C & A-Einkäufer pendelt ständig zwischen den Brennpunkten der Haute Couture, um modischen Tendenzen hautnah auf der Spur zu bleiben. Sogar prominente Stilisten wie Louis Féraud und André Courrèges, einer der Wegbereiter des Minirocks, strengten ihr kreatives Hirn für die marktstarke Kleiderkette an. So gut wie unbekannt ist auch, daß die auf ein holländisches Jugendmagazin zurückgehende Wortschöpfung »Twen« erst durch C & A populär wurde, das mit der einprägsamen Kürzel eine eigene Modelinie für die Altersgruppe der Zwanzig- bis Dreißigjährigen aufbaute.

Nicht immer war das Unternehmen jedoch modisch so aufgeschlossen wie heute. Lange Zeit schnitt C & A (von Spöttern einst mit »Chic und Anmut« übersetzt) sein Sortiment allein auf die breiten Massen zu, »die mit der Straßenbahn fahren«, wie die Brenninkmeyer-Bosse ihren Kundenstamm unter sich zu charakterisieren pflegten. Schon Beamte, die sich den Popelinemantel für 39,50 Mark kritisch von innen ansahen, bevor sie ihn kauften, erschienen den auf raschen Mengenabsatz eingestellten Textilhändlern suspekt. Daß sich der Konzern etwa in seinen britischen Filialen von dieser Geschäftsphilosophie längst noch nicht so weit entfernt hat wie bei uns, zeigt schon der Spitzname, mit dem die Engländer C & A belegten: »Cheep & Awful«.

In Deutschland informieren sich Millionen Bundesbürger jede Woche über die modisch aktuellsten Angebote von C & A: Aus ganzseitigen Zeitungsanzeigen in fast allen Blättern – von der »Frankfurter Allgemeinen« über »Bild« bis zur kleinsten Landgazette – und durch Werbespots im Fernsehen. Wie souverän sie den Bildschirm für ihre Zwecke zu nutzen verstehen, demonstrierten Brenninkmeyers Werbemanager am 22. Juli 1969 unmittelbar nach der ersten Mondlandung durch den amerikanischen Astronauten Neil Armstrong. Für die Werbesendung mit der wohl größten Zuschauerzahl des Jahres hatten sie sich ein besonders beziehungsreiches Thema einfallen lassen. Der C & A-Spot, kurz vor der Tagesschau ausgestrahlt, zeigte im Innern einer bunt ausgemalten Weltraumkapsel eine Mondfrau und ihre irdische Geschlechtsgenossin, beide in sportlichen Hosenanzügen, im angeregtesten Modeplausch:

»Aber wo haben Sie denn den Anzug gekauft?«, fragt die Mondfrau interessiert.

»Auf der Erde.«

»Ist da nicht alles viel teurer?«

»Nicht überall! Bei C & A kostet dieser Hosenanzug noch nicht einmal 200 Erdmark.«

»Oh, das sind ja nur 100 Mondtaler. So was ist bei uns viel teurer.«

»Wieso? C & A hat doch jetzt auch auf dem Mond Filialen – C & A, wo Mode weniger kostet.«

Für den Fall, daß die Mondlandung gescheitert wäre, hatten die vorsichtigen C & A-Werber gleich einen zeitlosen Ersatzstreifen mitgeliefert. Übrigens: Brenninkmeyers Mondmärchen ließen die Fernsehoffiziellen nur nach einigem Zögern über die Mattscheibe laufen. Der Spot, so schrieben sie an die einfallsreichen Kaufleute, entspreche »in keiner Weise, den Ansprüchen, die man an die Wahrheit in der Werbung stellen muß. Da aber andererseits die Aussage offensichtlich falsch ist, kann man vermuten, daß sie von den Zuschauern als Gag verstanden wird.«

## Schweigsam wie die Trappisten

Außer dem was C & A Brenninkmeyer in Anzeigen und TV-Werbebotschaften mitzuteilen hat, erfährt die Öffentlichkeit aus dem erfolgreichen Kaufhauskonzern praktisch nichts. C & A publiziert weder jährliche Geschäftsberichte noch seine Bilanzen. Nach einem Pressesprecher fragt man vergebens. Die mit dem Abwimmeln neugieriger Journalisten beauftragten Werbemanager sind nicht einmal befugt, die genaue Zahl der Filialen zu verraten.

Als die Brenninkmeyers nach dem Brand in ihrem Amsterdamer Kaufhaus das Bedürfnis hatten, Feuerwehrleuten und Passanten für ihre Teilnahme an der Bekämpfung der Flammen zu danken, traten sie nicht etwa vor eine Fernsehkamera oder vor Vertreter örtlicher Zeitungen. Sie konnten sich selbst in diesem Augenblick nicht dazu entschließen, den Schleier der Anonymität zu zerreißen, sondern statteten ihren Dank per Anzeige ab. Bis heute konnte die in der Wirtschaft zunehmende Bereitschaft zur Publizität die konservative Kleiderdynastie nicht dazu bewegen, von den Gebaren eines Trappisten-Klosters Abschied zu nehmen. »Sie sind in Europa das wohlhabenste und am wenigsten bekannte Familienunternehmen des Einzelhandels«, charakterisierte das US-Nachrichtenmagazin »Newsweek« die Brenninkmeyers treffend.

Mit Hilfe eines einfachen Tricks gelang es C & A sogar, die vom Deutschen Bundestag beschlossenen verschärften Offenlegungsvorschriften zu unterlaufen. Sie wandelten im September 1969 ihre bis dahin als GmbH geführte Firma in eine KG um, die als Personengesellschaft ihre interessantesten Geschäftszahlen auch weiterhin unter Verschluß halten durfte. Zwei Jahre zuvor hatte sich die englische C & A Brenninkmeyer Ltd. des gleichen Kunstgriffs bedient. Auf die Gründe für ihre Scheu angesprochen, erklärten die Firmenbosse seinerzeit ungerührt: »Wir lassen die Ware für uns sprechen.«

Auf das Schweigegebot werden die Mitglieder der katholischen Familie seit Generationen verpflichtet wie Soldaten auf ihren Eid. Bereits die ersten Brenninkmeyers, die 1671 ihren Bauernhof Wiehe in der kleinen Gemeinde Mettingen im Tecklenburger Land verließen, um als vagabundierende Leinenhändler ihr karges Einkommen aufzubessern, benutzten zur Verschleierung ihrer geschäftlichen Winkelzüge eine eigene Geheimsprache. Der Code, in dem die bäuerlichen Leinenverkäufer (im Mettinger Platt »Strücheltüötten«, von »strücheln« = hausieren) über ihre Händel im benachbarten Holland tuschelten, war nicht einmal den Frauen geläufig, die während der Abwesenheit ihrer Männer den Hof bestellten und Leinen webten. »De Tüötten strüchelten um Büchte te quinten« hieß beispielsweise »Die Tüötten reisten umher, um Geld zu verdienen.«

Ihre Geschäftspraktiken tarnten die Brenninkmeyers nicht nur, um sich vor mißliebigen Konkurrenten zu schützen, sondern vor allem, um ungestört von der Obrigkeit ihre Ware auf Schmuggelpfaden ans Ziel zu bringen. »Die Kaufleute wollten sich ihre Handelsware nicht durch die Zölle verteuern lassen, darum wurde geschmuggelt«, schreibt ein Tüöttenforscher treuherzig. Verfolgten nicht alle Schmuggler dieser Erde dieselben Ziele, man wäre versucht, ein Loblied auf das ausgeprägte Preisbewußtsein der Brenninkmeyers anzustimmen.

Außer den Brenninkmeyers entfalteten übrigens in jener Zeit auch noch andere Mettinger Familien eine rege geschäftliche Aktivität. Die Familie ten Brink beispielsweise errichtete ein blühendes Handelshaus mit Niederlassungen in Amsterdam und Batavia, dem heutigen Djakarta, und entsandte eigene Segelschiffe nach Ostasien, um Gewürze einzukaufen. Auch die Hettlages und Boekers, in deren Besitz sich heute gutgehende Bekleidungskaufhäuser befinden, können ihren Stammbaum auf die alten Tüötten zurückverfolgen.

Die fleißigen Wanderverkäufer schleppten bald nicht nur ihr weißes Löwendlinnen, ein Gemisch aus Hanf und Flachs, auf die holländischen Dorfmärkte, sondern auch Bänder, Garne und schließlich sogar Solinger Stahlwaren. Nicht selten brachen die wackeren Packenträger mit einer Zentnerlast auf dem Rücken zu ihrem dreitägigen Fußmarsch auf. Von dem schon stark entwickelten Erwerbstrieb des alten Strücheltüötten gibt ein zeitgenössischer Beobachter anschauliche Kunde: »Er läuffet durch die Welt, acht keinen Feind noch Mörder, wenn er nur findt Gewinn und flieht der Armuths-Not.«

Des Laufens müde, richteten die Brüder Clemens und August Brenninkmeyer 1841 in der holländischen Kleinstadt Sneek ihr erstes Geschäft ein. Am Ende des ersten Jahres trugen sie in steilen Lettern einen Gewinn von eintausend Gulden in die Bilanz des Manufakturladens C & A Brenninkmeyer ein. Für ihre persönlichen Bedürfnisse entnahmen die sparsamen Brüder der Firmenkasse einen Betrag von 345,63 Gulden. Ihre bescheidene Lebensführung erlaubte es den beiden Gründern, in den folgenden Jahren weitere Läden in Leeuwarden, Amsterdam, Utrecht, Rotterdam, Groningen, Leiden, Haarlem und Enschede zu eröffnen.

Ebenso wie die Sparsamkeit der ersten Brenninkmeyers wirkte sich ihre erstaunliche Fruchtbarkeit segensreich auf die weitere Entwicklung des kleinen Unternehmens aus. Maßstäbe setzten bereits die Urväter Clemens und August: Sie hatten zusammen 8 Söhne und 43 Enkelkinder, davon 25 Jungen und 18 Mädchen. Augusts Sohn, nach dem Bruder auf den Namen Clemens getauft, schenkte der Sippe allein 9 Söhne und 4 Töchter.

Auch in geschäftlicher Hinsicht war Clemens die herausragende Figur der zweiten Generation. Der wortgewaltige Kaufmann – er hieß in Mettingen deshalb »Pastor Brenninkmeyer« – hatte selbst noch den Packen geschultert, erkannte aber schon bald die Notwendigkeit, in seinen Geschäften außer Stoffen auch Fertigkonfektion anzubieten. Clemens war es auch, der die Ausbreitung der Filialkette nach Deutschland einleitete, von wo seine Vorfahren einst zu fremden Märkten aufgebrochen waren. 1911 eröffnete C & A in Berlin sein erstes Kaufhaus, ein Jahr später ein zweites. 1913 ließ sich das Unternehmen auch in Hamburg und Köln nieder, ein weiteres Jahr später in Essen.

1922 wagte Clemens Brenninkmeyer schließlich den Sprung nach England, wo er auf der Londoner Oxford Street ein Geschäft einrichtete und später auch in Birmingham und Liverpool Fuß faßte. Von einer Reise in die USA, wo er sich die Krönung seiner Karriere erhoffte, kehrte der wagemutige Kaufmann sichtlich entmutigt zurück. Gegen die Phalanx der jüdischen Textilhändler rechnete er sich in New York keine großen Chancen aus. Erst viel später, im Jahre 1963, sollte C & A Brenninkmeyer mit dem Erwerb der sieben Geschäfte des Kaufmanns Nathan Ohrbach der Sprung in den amerikanischen Markt gelingen.

Damals, in den zwanziger Jahren, entschied sich Clemens Brenninkmeyer, neue Kaufhäuser vorerst nur in Holland, England und vor allem in Deutschland zu eröffnen. Er ließ sich dabei auch nicht von der Inflation irritieren, die 1923 die deutsche Wirtschaft weitgehend außer Funktion setzte. Um die Verluste der Geldentwertung in erträglichen Grenzen zu halten, ließ Clemens Brenninkmeyer die Einnahmen seiner Filialen jeden Abend – teilweise per Flugzeug – nach Berlin schaffen, um sie am anderen Morgen bei der Reichsbank in holländische Gulden einzutauschen. Dank der dynamischen Geschäftspolitik gelang es C & A, die Zahl seiner deutschen Kaufhäuser, die 1928 noch 8 betrug, bis zum Ausbruch des Krieges auf 17 zu erhöhen.

Zu welchem Maß an Anpassungsfähigkeit die frommen Holländer fähig waren, demonstrierten sie nach der Machtübernahme Hitlers. Mit einer streckenweise ganz im Parteijargon abgefaßten neuen Betriebsordnung unterwarfen sie die Belegschaften ihrer Häuser dem herrschenden Führerprinzip: »Im Betrieb arbeiten der Betriebsführer und die Gefolgschaft gemeinsam zur Förderung der Betriebszwecke und zum Nutzen von Volk und Staat. Sie bilden eine Arbeits- und Betriebsgemeinschaft, die sich auf Arbeitsehre, Arbeitstreue und Arbeitskameradschaft gründet.«

## Briefe an Hermann Göring

Interessant ist in diesem Zusammenhang, daß C & A Brenninkmeyer schon im März 1930, also fast drei Jahre vor dem Regierungsantritt Hitlers, mit der Frankfurter Ortsgruppe des Centralvereins Deutscher Staatsbürger Jüdischen Glaubens in Konflikt geriet. In einem bitter-ironischen Brief schrieb der Verband an die Geschäftsführung der örtlichen C & A-Filiale: »Der Zentralverband der Angestellten teilt uns mit, daß Sie das Arbeitsamt ersucht haben, Ihnen jüdische Bewerber für offene Stellen in Ihrem Geschäft nicht zu schikken, da Sie jüdisches Personal nicht einstellen. Wir bitten um gefällige Mitteilung, ob dies zutrifft, weil wir annehmen, daß Sie in diesem Falle auch auf jüdische Kundschaft keinen Wert legen und unsere Mitglieder hiervon in Kenntnis setzen möchten.«

Einige Wochen später stießen die jüdischen Bürger Frankfurts noch einmal nach: »Wir müssen aus der Tatsache, daß Sie unser

Schreiben unbeantwortet ließen, den Schluß ziehen, daß die Mitteilung des Arbeitsamtes zutreffend ist und werden, da sich die Anfragen aus Kreisen unserer Mitglieder über diese Angelegenheit häufen, in der uns geeignet erscheinenden Weise die jüdische Einwohnerschaft Frankfurts von unserer Anfrage und der Nichtbeantwortung durch Ihre Firma in Kenntnis setzen.«

Mit sicherem Gespür für die ansprechbaren Ressentiments der Naziführer stellten die C & A-Herren die Entwicklung ihres Unternehmens im richtigen Licht dar, um 1937 abweichend von den mittelstandsfreundlichen Expansionsverboten für die Großbetriebe des Einzelhandels die Erlaubnis zu erhalten, in Leipzig eine neue Filiale zu gründen. In einem Brief an Hermann Göring, den Beauftragten für den Vierjahresplan, schrieben sie: »Wir waren eines von den Unternehmen, die vor dem Kriege in die Vormachtstellung eindrangen, die der jüdische Textileinzelhandel besaß, und haben uns gegen die Kapitalmacht des Waren- und Kaufhauses und gegen die Vormachtstellung der gesamten jüdischen Konkurrenz durchsetzen müssen und durchgesetzt. Es ist seit der Gründung niemals ein Nichtarier bei uns beschäftigt gewesen.«

Soviel Loyalität konnte ihre Wirkung einfach nicht verfehlen. Bei seinen sächsischen Parteifreunden setzte Göring durch, daß Brenninkmeyer in Leipzig seine neue Filiale aufmachen durfte. Dabei kam C & A fraglos zugute, daß sich der impulsive Planchef zuvor über die hohen Preise des mittelständischen Bekleidungshandels in Sachsen geärgert hatte und sich von einem neuen Brenninkmeyer-Haus in Leipzig eine dämpfende Wirkung versprach. Den Versuch der sächsischen Provinz-Nazis, die formelle Genehmigung der Filiale mit Hilfe bürokratischer Tricks solange wie möglich hinauszuzögern, forderte Göring zu einem wütenden Brief an seine Parteigenossen heraus: »Ich kann nun keineswegs zulassen«, wies der Generalfeldmarschall sie zurecht, »daß bei einem deutschen Wirtschaftsunternehmen der Eindruck entsteht, daß ich zwar im ganzen übrigen Reich die letzte Autorität für die Wirtschaftsführung bin, in Sachsen jedoch meine Weisung nichts gilt, ja sogar darüber hinaus nicht einmal mein Wort.«

Görings Engagement bewahrte den schweigsamen Konzern jedoch nicht vor ständigen Reibereien mit örtlichen Parteiorganisationen. Mehrfach mußte sich C & A gegen den Vorwurf verteidigen, es gewähre katholischen Kunden gegen Vorlage einer Bescheinigung ihres

(Foto: Archiv)

*Franz Brenninkmeyer*

(Foto: moderner markt, Ffm.)

*Georg Karg*

Pfarrers besondere Rabatte. Wiederholt schwärzten auch Parteigenossen, häufig aus Kreisen des mittelständischen Einzelhandels, das Unternehmen an, weil es angeblich Insassen von Klöstern in Heimarbeit beschäftige und sich mit katholischen Kirchengeldern finanziert habe. In einem weiteren Brief an Göring vom Februar 1938 stellte Brenninkmeyer jedoch pauschal fest, »daß alle diese üblen Äußerungen aus jüdischen Quellen stammen.

Besonders hartnäckig wehrte sich die Berliner C & A-Geschäftsleitung gegen die Behauptung, die Firma sei im Besitz von Holländern, also Devisenausländern. An einer Korrektur dieser Ansicht war ihnen deshalb so sehr gelegen, weil sie befürchten mußten, als ausländisches Unternehmen der Aufsicht eines deutschen Treuhänders unterstellt zu werden. In einem Brief an Hermann Göring rückte der damalige C & A-Repräsentant Scharfenberger die Mitglieder der Familie Brenninkmeyer in die Nähe nationaler Märtyrer: »Aufgrund eines holländischen Dekretes mußten sie gegen 1787 das holländische Bürgerrecht erwerben, obwohl sie in Mettingen mit Grund und Boden ansässig waren und ihre Familien nie den deutschen Boden verlassen hatten. Sie haben sich aber damals mit Erfolg gewehrt und sind somit seit dem 16. Jahrhundert ununterbrochen mit ihrem Heimatland verbunden.«

Es ist verständlich, daß die Berliner C & A-Statthalter – durch die Umstände dazu gedrängt – ihre Herren als deutsche Patrioten auswiesen. Der Wahrheit zuliebe muß man jedoch feststellen, daß sich die Bindungen der Familie Brenninkmeyer an »ihr Heimatland« in einer sentimentalen Anhänglichkeit an die Geburtsstätte der ersten Leinenverkäufer erschöpfen. Damals wie heute tragen die meisten Mitglieder der verzweigten Sippe einen holländischen Paß in ihren dunkelblauen Anzügen, dem Standardaufzug der konservativen Kaufhausherren. Während des Zweiten Weltkrieges zogen sich nahezu alle in Deutschland tätigen Brenninkmeyers auf ihre holländischen Besitzungen zurück, von wo sie der Zerstörung der meisten ihrer Kaufhäuser zusehen mußten. Am Ende des Krieges gab es im ganzen Reich nur noch zwei C & A-Häuser, die nahezu unversehrt geblieben waren.

An Stelle der Herren Brenninkmeyer, die es mit ihrer Rückkehr nicht gerade eilig hatten, machte sich ein Direktorium, bestehend aus sieben nicht zur Familie gehörenden leitenden Männern, von Mettingen aus an den Wiederaufbau der zerbombten Filialkette. Erst Anfang der fünfziger Jahre kehrten die scheuen Holländer auf ihre alten Posten zurück, die meisten nicht ohne ein tief wurzelndes Mißtrauen gegenüber Deutschland. Das hinderte die nüchtern kalkulierenden Kaufleute aber nicht daran, auf dem deutschen Markt den Schwerpunkt ihrer Expansionspolitik zu bilden: Von 1952 bis Ende 1971 stieg die Zahl der deutschen C & A-Filialen von 17 auf 72. In dieser Zeit erhöhte das Unternehmen sein Firmenkapital in acht Stufen von 9,1 auf 230 Millionen Mark.

Ihre seit Jahren beherrschende Stellung im deutschen Bekleidungshandel erlaubt es C & A Brenninkmeyer, alle Vorteile eines massierten Großeinkaufs auszuspielen. Die über 150 Einkäufer des Unternehmens sind auf engste Sortimentsausschnitte spezialisiert und beherrschen ihr Metier besser als ihre Kollegen bei der Konkurrenz. Für den Bereich Mäntel und Kostüme sind bei C & A gleich acht Teams zu je drei bis vier Mann zuständig: zwei für Kostüme, drei für Wollmäntel, zwei für Popelinemäntel und eines für Pelze. Kleider werden von fünf Teams betreut: eines kauft nur Kleider bis zum Verkaufspreis von 29,75 Mark, je zwei sind für Preislagen zwischen 30 und 59 Mark beziehungsweise über 60 Mark zuständig, wobei in jeder dieser beiden doppelt besetzten Preisgruppen ein Einkäufertrupp jugendliche, der andere damenhafte Modelle betreut.

## Bei C & A ist alles anders

Im Gegensatz zu den Warenhauskonzernen, deren Abteilungsleiter in den Filialen einen Teil ihrer Ware selbst disponieren (am meisten bei Hertie), hat C & A seinen Einkauf für sämtliche Häuser in Düsseldorf, dem Sitz der deutschen Brenninkmeyer-Zentrale, konzentriert. Noch vor wenigen Jahren führten auch C & A-Abteilungsleiter fast jede Woche von Montag bis Freitag Einkaufsverhandlungen bei Fabrikanten. Erst am Samstag fanden sie sich im sogenannten »Privatkontor« ihres Hauses zur allgemeinen Lagebesprechung mit dem Betriebsleiter ein. Betriebsleiter in Brenninkmeyer-Filialen haben nicht annähernd die überragende Stellung von Warenhaus-Geschäftsführern, die in ihren Betrieben die absolute Führungsgewalt ausüben und – mächtigen Herzögen ähnlich – allein den Vorständen und Direktorien ihrer Konzerne unmittelbar unterstehen. Bei C & A üben die Betriebsleiter lediglich administrative Funktionen wie den Einsatz des Personals und die Steuerung der Organisation aus. Um das eigentliche Warengeschäft kümmern sich auf gleicher Stufe rangierende »Absatzmanager«, die Brenninkmeyer nach amerikanischem Vorbild etwa zur gleichen Zeit einsetzte, als es seine Einkäufer aus den Filialen abzog und in eine zentrale Organisation eingliederte. Die Absatzmanager haben die Aufgabe, meist in mehreren benachbarten Filialen gleichzeitig für die jahreszeitliche Ausgewogenheit des Angebots zu sorgen, das Lager zu überwachen und die Kleiderständer der Konkurrenz im Auge zu behalten.

Wie wenig die C & A-Hierarchie mit dem Aufbau jedes anderen Großunternehmens im Einzelhandel vergleichbar ist, wird an der Zwitterstellung der sogenannten »Geschäftsleiter« deutlich. Die durchweg zum Kreise der Familie gehörenden Top-Leute stehen meist einer Gruppe regional miteinander verbundener Filialen vor, ohne sich jedoch in nennenswertem Umfang in die praktische Geschäftsführung einzuschalten. Sie präsidieren nicht am Kopfende einer Konferenztafel, sondern haben ihren Platz zwischen Absatzmanagern und Betriebsleitern an einem runden Tisch – Ausdruck ihrer Stellung als Erste unter Gleichen. Daneben üben die meisten von ihnen – und hierin liegt die Besonderheit ihrer Aufgabe – wichtige Funktionen in der C & A-eigenen Einkaufsfirma Eteha Textilhandelsgesellschaft mbH (Düsseldorf) aus, vor allem im Manteleinkauf, der traditionell eine bevorzugte Domäne der Familienbosse ist. Ein eigenes Firmenkleid für seine zentrale Einkaufsorganisation schneiderte Brenninkmeyer nach Ansicht intimer Kenner des Konzerns nur, um sich vor einer erweiterten Mitbestimmungspflicht zu schützen. Die Eteha, in der die wichtigsten geschäftspolitischen Entscheidungen gefällt werden, beschäftigt nämlich im wesentlichen das gutbezahlte Corps der C & A-Einkäufer.

Brenninkmeyers spezialisierte Einkäuferteams sind auf nahezu sämtlichen Märkten der Erde zu Hause. »Es ist nichts Ungewöhnliches für einen Einkäufer«, heißt es in einer der seltenen Verlautbarungen der britischen C & A, »auf eine Modeidee in Japan oder Kalifornien zu stoßen, daraus einen neuen Modestil zu entwickeln, Produktion und Auslieferung zu arrangieren und innerhalb von nur drei Wochen die fertige Ware in den Schaufenstern zu haben.«

Über ausländische Einkaufsbüros steht C & A mit international bekannten Herstellerfirmen in ständigen Lieferverbindungen; gleichzeitig beziehen Brenninkmeyer-Häuser in Holland, Belgien, England und USA über die Düsseldorfer C & A-Firmentochter Mondial (Export) Ware von deutschen Produzenten. C & A-Einkäufer sind bei allen Fabrikanten als harte Verhandlungspartner gefürchtet. Über die Kalkulation ihrer Lieferanten wissen sie in aller Regel bis auf die Stelle hinter dem Komma genau Bescheid. In ihren Gesprächsunterlagen fehlen nicht einmal die örtlichen Tarifverträge, nach denen sie die Lohnbelastung ihrer Kontrahenten ermitteln können. Um sich bei den Verhandlungen diskret über ihre Taktik zu verständigen, benutzen die Mitglieder der Einkäuferteams nach dem Vorbild der alten Tüötten einen Geheimcode. Dabei sind die Zahlen eins bis zehn mit Hilfe von Buchstaben verschlüsselt, die aneinandergereiht das Codewort »Alberdingk« ergeben. Daneben wird bei C & A jeder einzelne Lieferant unter einer bestimmten Nummer geführt. So kann es einem Fabrikanten durchaus passieren, daß ein Brenninkmeyer-Einkäufer seinen Kollegen mitten im Gespräch fragt: »Sollen wir nicht lieber bei 2749 Anton-Dora-Richard akzeptieren?«, was soviel heißt wie: »Sollen wir nicht lieber bei Konfektionär XY für 165 Mark kaufen?«

Trotz der spröden Art, die C & A im Verhältnis zu seiner Umwelt auszeichnet, erfreuen sich Brenninkmeyer-Orders in der deutschen Bekleidungsindustrie großer Beliebtheit. Vielfach haben die Aufträge das stattliche Volumen von mehreren Millionen Mark; andererseits genießt die Kaufhausgruppe den Ruf eines außerordentlich pünktlichen Zahlers. Kleinere Fabrikanten, die ihre Hand nicht ständig am Puls der Mode haben, ziehen aus einer Zusammenarbeit mit Brenninkmeyer noch einen weiteren Nutzen: Ihnen macht der Vorreiter der Massenmode mit seinen Orders praktisch die Kollektion. Wer mit dem mächtigen Handelsgiganten jedoch auf Dauer im Geschäft bleiben will, muß selbst kurzfristige Großaufträge pünktlich ausführen können. Gutmeinende C & A-Einkäufer raten Fabrikanten deshalb hinter vorgehaltener Hand, ihre Kapazität nicht mehr als zur Hälfte mit Brenninkmeyer-Aufträgen auszulasten, um bei Terminschwierigkeiten kleinere Besteller zugunsten ihres Großkunden hinzuhalten.

In ihren Verhandlungen mit Konfektionären profitieren C & A-Einkäufer nicht zuletzt von Erfahrungen, die das Unternehmen in seinen eigenen Fabriken macht. C & A produziert etwa zehn Prozent der in seinen Filialen verkauften Ware in eigenen Werken: Mäntel und Kostüme in Ludwigshafen, Kleider in Essen, Kindermäntel in Wattenscheid, Strickwaren in Neu-Ulm sowie Herrenbekleidung in Mettingen, Esterwegen im Emsland, Freeren und Haselünne. Die meisten C & A-Führungskräfte haben während ihrer Ausbildung ein halbes Jahr in einer Fabrik zu arbeiten und als eine Art Gesellenstück beispielsweise eine Hose unter den kritischen Blicken eines Prüfers nähen müssen. Als sich ein junger Kandidat einmal wütend darüber beschwerte, daß er eine Doppelpaspeltasche habe nähen müssen, wurde ihm nur bedeutet: »Wer nicht imstande ist, eine Doppelpaspeltasche zu nähen, kann auch nicht richtig Verhandlungen führen.«

An jedem Freitag beraten Einkäufer und Werbemanager gemeinsam darüber, welche Artikel in Anzeigen und Schaufensterauslagen besonders herausgestellt werden sollen. Der massive Einsatz sämtlicher Werbemittel für einen einzigen Artikel erfordert von den Einkäufern eine treffsichere Disposition. Es ist keinesfalls selten, daß einzelne Einkaufsteams in einer einzigen Saison für 70 Millionen Mark Ware ordern. »Wer bei uns auf eine bestimmte Moderichtung tippt, muß disponieren, wenn er falsch liegt, kriecht ihm die liegengebliebene Ware jede Nacht über die Bettdecke«, veranschaulichte ein leitender Werbemann von C & A das Dilemma der Einkäufer.

## 40 Millionen Mark für Anzeigen

Nach einem festen Tourenplan transportieren C & A-Vertragsspediteure die von den Fabrikanten an zentrale Auffanglager gelieferte Ware in die 72 Brenninkmeyer-Filialen. Gleichzeitig erhalten die Dekorateure aller Häuser die notwendigen Schaufensterrequisiten, um ihre aktuellen Auslagen einheitlich nach einem in der Düsseldorfer Firmenverwaltung gestalteten und fotografierten Musterfenster zu dekorieren. Schließlich leitet die Werbeabteilung des Konzerns jeder Filiale die Anzeigenmatern für die in ihrem Bereich erscheinenden Tageszeitungen zu. Um zu verhindern, daß örtliche Konkurrenten vorzeitig von aktuellen C & A-Angeboten erfahren, sind die Filialen gehalten, ihre Druckunterlagen erst zum Abend vor dem Erscheinungstag der Anzeige an die Zeitungen auszuliefern.

Mit ihren ganzseitigen Zeitungsanzeigen im Stil ideenreicher Collagen bauten Brenninkmeyer Kreative geradezu einen werblichen

Markenartikel auf. Die Anzeigen-Sujets werden in einem Pariser Atelier gestaltet, wo der Zürcher Grafiker Erwin Meyerhofer und C & A-Werbechef Hans Kortmann, ein früherer Journalist, von Montag bis Donnerstag etwa 20 bis 30 Entwürfe produzieren, von denen in der Düsseldorfer Freitag-Konferenz die besten ausgewählt werden. Etwa 600 verschiedene Motive entstehen in der Pariser Workshop-Atmosphäre jährlich, Zeitungsleser bekommen jedoch nicht mehr als 200 von ihnen jemals zu Gesicht.

Rund 40 Millionen Mark gibt C & A Brenninkmeyer jährlich allein für seine Anzeigenwerbung aus, mehr als jedes andere deutsche Einzelhandelsunternehmen. Abgesehen von den flauen Wochen in der Urlaubszeit wirbt C & A das ganze Jahr hindurch in den großen überregionalen Tageszeitungen »Frankfurter Allgemeine«, »Welt« und »Süddeutsche Zeitung«, in 270 Regionalblättern mit einer Auflage von 8,2 Millionen Exemplaren, in 300 Landzeitungen mit einer Auflage von 900 000 Stück sowie mehrmals wöchentlich in den großen Boulevardblättern wie »Bild«, »Express«, »BZ« und »Morgenpost«. Auf den Höhepunkten der Frühjahrs- und Herbstsaison, besonders in der Woche vor Ostern, suchen Brenninkmeyers Werbebosse ihre Kundschaft sogar mit einem täglichen Anzeigenfeuerwerk in ihre Häuser zu locken.

Im Werbefernsehen empfiehlt sich Brenninkmeyer vor allem gut situierten Kreisen als Einkaufsstätte für modische Bekleidung. So tritt in einem C & A-Spot beispielsweise der Altkomiker Theo Lingen als livrierter Chauffeur auf, der seine Herrschaft in einem blitzenden »Bentley« zum Shopping-Bummel fährt:

»Wohin darf ich gnädige Frau bringen?«

»Zu C & A bitte!«

»Bitte, wie meinen gnädige Frau?«

»Seit es die Sixth Sense-Collection bei C & A gibt, kaufen Leute bei C & A, die vorher nicht bei C & A gekauft haben. Sixth Sense ist für Frauen mit dem sechsten Sinn für Mode. Sixth Sense – exklusiv bei C & A.«

»Ja, wenn gnädige Frau meinen . . .«

Nicht immer fanden Brenninkmeyers Bildschirm-Gags jedoch den Beifall der Zensoren in den Werbefernseh-Gesellschaften. Zum Beispiel hatte die Düsseldorfer Werbeagentur Doyle, Dane, Bernbach, angeregt durch eine Serie von Entführungen amerikanischer Flugzeuge nach Kuba, in der Kabine eines Jets eine Gruppe bärtiger Revolutionäre im Castro-Look ins Bild gesetzt. Das Interesse der in schäbigen Kampfanzügen steckenden Revoluzzer erweckt in dem Film plötzlich ein top-fein gekleideter Passagier. Von einem der Kubaner auf seinen eleganten Anzug angesprochen, gibt sich dieser als Träger eines »Westbury«-Modells von C & A Brenninkmeyer zu erkennen. Der Spot wurde mit der Begründung zurückgewiesen, er spiele in unzulässiger Weise auf ein politisches Thema an.

Obwohl sich C & A in den letzten Jahren an hochmodische und teilweise teure Ware heranwagte – sogar ein Nerzmantel für 3400 Mark befand sich im Angebot – vernachlässigte das Unternehmen keinesfalls sein Standardsortiment, die eigentliche Basis seines Milliardengeschäfts. Nirgendwo anders haben die Käufer billiger Massenkonfektion eine so breite Auswahl wie in den hellen, schmucklosen C & A-Geschossen. Besonders vor Festen wie Ostern und Weihnachten und an verkaufsoffenen Samstagen bahnt sich ein endloser Menschenstrom den Weg in das Innere der riesenhaften Kleidermagazine. Im Blickwinkel von Fernsehaugen, die zur Überführung von Ladendieben installiert wurden und ihre Bilder auf verborgene Monitore übertragen, nehmen Brenninkmeyer-Kunden Ware ihrer Wahl selbst von den Ständern, probieren sie in einer der stark frequentierten Umkleideboxen an und rufen nur im Notfall nach einer Bedienung. Im Parterre der meisten Häuser, dem Umschlagplatz für problemlose Dutzendartikel, ist es grundsätzlich die Regel, daß die Kundin mit einem billigen Pulli oder einem herabgesetzten Sommerfähnchen direkt an die Kasse tritt. Mit ihrem Prinzip weitgehender Selbstauswahl erreichen die C & A-Manager extrem hohe Personalleistungen.

Um sich frühzeitig mit neu entwickelten Formen des Verkaufs und der Warendarbietung vertraut zu machen, richtete C & A in Düsseldorf eine Art futurologische Abteilung ein. Als Experimentierfeld dienen Brenninkmeyers Zukunftsforschern Testabteilungen in bestimmten Filialen, in denen sie neuartige Praktiken, die sie vor allem auf ausgedehnten Auslandsreisen studieren, erproben.

Getreu seinem Grundsatz, keine Kundenschicht freiwillig der Konkurrenz zu überlassen, richtete C & A seine Kollektion auch auf die Wünsche jener Stiefkinder der Konfektion aus, die sich in Fachgeschäften und Boutiquen nur selten gut bedient fühlen, weil sie –

wie beispielsweise reifere Damen – vergeblich nach ihrer Größe fragen oder nur Modelle in extrem jugendlichen Farben und Dessins finden. Brenninkmeyers wortschöpferische Werbetexter kreierten für diese »Außenseiter« so einprägsame Namen wie die »oft enttäuschte 40jährige Miß Leiderniefürmich«, »die beliebten Beleibten« und die »Großen unserer Gesellschaft«.

Auffallend stark baute C & A in den letzten Jahren auch seine Kinderabteilung aus. Selbst Frauen, die im Balmain-Kostüm und Bally-Schuhen einkaufen fahren – im eigenen Mercedes, versteht sich – kleiden ihre Kinder vielfach bei C & A Brenninkmeyer ein. Die cleveren C & A-Manager gewinnen auf diese Weise nicht nur Nachwuchskunden im zarten Vorschulalter, sondern verführen auch manche Mutter zu einem ersten Blick auf ihre Sixth Sense-Collection.

## Was kleingedruckt im »Katechismus« steht

Die Erfolge des mächtigsten Kleiderkonzerns sind das Ergebnis eines konsequenten Kostendenkens. Symbol dieser Einstellung ist ein winziges Büchlein, das alle Familienbosse stets bei sich tragen und das – verkleinert fotokopiert – die Schlüsselzahlen Umsatz, Kalkulation und Lagerumschlag für jede einzelne Abteilung jeder Filiale enthält. Der Zahlenspiegel – im internen C & A-Sprachgebrauch als »Katechismus« bekannt – wird regelmäßig auf den neuesten Stand gebracht. C & A Brenninkmeyer kommt auf eine durchschnittliche Handelsspanne von 39 Prozent. Nach Abzug der Kosten sowie der Mehrwertsteuer und Hinzurechnung eines Skontos von 4,5 Prozent verbleibt dem Unternehmen ein Gewinn von zehn Prozent.

Mit seinen Konkurrenten lebt der verschlossene Textilorden in permanenter Spannung. Aus der Bundesarbeitsgemeinschaft der Mittel- und Großbetriebe des Einzelhandels (BAG) traten die eigenbrötlerischen Kleiderhändler 1954 demonstrativ aus, weil sie sich in ihrem Kampf gegen das Zustandekommen des zur Zeit geltenden Ladenschlußgesetzes im Stich gelassen fühlten. Außer dem Berliner BAG-Landesverband gehört C & A Brenninkmeyer keinem einzigen Verband der Branche an. Auch auf Tagungen und Kongressen treten die scheuen Kaufleute nicht in Erscheinung. Wenn sie sich weiterbilden, tun sie es in geschlossener Gesellschaft, so in Privatzirkeln an der Führungsakademie in Bad Harzburg.

Sämtliche Konkurrenten brachte C & A gegen sich auf, als es 1968 seinen Lieferanten in einem kühlen Vierzeilen-Brief ankündigte, von ihren Rechnungen bei Zahlung innerhalb von zehn Tagen künftig 4,5 anstatt bis dahin allgemein 4 Prozent Skonto abzuziehen. Der Alleingang des Konzerns forderte heftige Proteste der Branche, vor allem der Warenhäuser, heraus, die sich gegen jede Sonderbehandlung Brenninkmeyers verwahrten. Um C & A zum Einlenken zu bewegen, mußten schließlich sogar der Bundeswirtschaftsminister und das Kartellamt in Berlin intervenieren.

Wie bei C & A weitreichende Entscheidungen gefällt werden, ist für Außenstehende ein undurchdringliches Geheimnis. Die eigentümliche Hierarchie des Konzerns und die große Zahl der in führenden Stellungen tätigen Familienmitglieder macht es schwer, die Führungsstruktur der Kaufhausgruppe zu enthüllen. Bei Brenninkmeyer gibt es so viele Brenninkmeyers, daß C & A-Angestellte in Düsseldorf schlicht von »Herrn August«, »Herrn Benedikt« oder »Herrn Robert« sprechen, wenn sie ein bestimmtes Mitglied der Großfamilie meinen.

Zwölf Brenninkmeyers sind im Düsseldorfer Handelsregister als persönlich haftende Gesellschafter der C & A Brenninkmeyer KG eingetragen. Zusammen mit einer etwa gleich großen Zahl von Namensvettern besetzen sie die Schlüsselpositionen in der Verwaltung, die Geschäftsleiterposten der großen Filialen und interessante Stellungen im Einkaufs- und Absatzmanagement. Das Kommanditkapital in Höhe von 16,4 Millionen Mark liegt bei einer Gruppe von sieben Brenninkmeyers, die ihren Wohnsitz an verschiedenen Orten Hollands, Belgiens und Frankreichs haben. Nachdem bereits im August 1969 der Einkauf aus dem Stammunternehmen ausgegliedert und der neu gegründeten Firma »Eteha« übertragen wurde, brachten die Konzernbosse im November 1970 ihren Kaufhausbesitz in die zu diesem Zweck ins Leben gerufene Tecura Grundstücksverwaltungs-Gesellschaft mbH ein. Mit 230 Millionen Mark ist die Tecura mit dem gleichen Stammkapital wie die 1969 in eine KG umgewandelte C & A Brenninkmeyer GmbH ausgestattet.

Zwar können die in der Bundesrepublik tätigen Familienmitglieder über die kurz- und mittelfristige Geschäftspolitik der deutschen C & A-Gruppe selbständig entscheiden, doch werden die wichtigsten finanziellen und personellen Beschlüsse im Rat der Konzerngesellschaft in Amsterdam gefaßt. Etwa 50 Repräsentanten der einzelnen

Familienstämme treffen sich drei- bis viermal jährlich zu internen Konferenzen. Fester Tagesordnungspunkt jeder Zusammenkunft ist ein geistlicher Vortrag, beendet wird das Treffen regelmäßig mit einer Messe in der Moses- und Arom-Kirche am Amsterdamer Waterlooplein in der Nähe des größten holländischen Lumpenmarktes.

Chef der Konzernholding Unicena NV ist der 1933 geborene Rudolf Wilhelm Brenninkmeyer, Doktor der wirtschaftswissenschaftlichen Fakultät der katholischen Universität in Tilburg. Unter seiner Leitung entscheiden die Bosse des nach Shell, Unilever, Philips und dem Chemiekonzern Akzo fünftgrößten holländischen Unternehmens vor allem über die Besetzung der führenden Konzernposten und die langfristige Investitionspolitik. Ein regelmäßiges Revirement sorgt dafür, daß alle Spitzenpositionen bei C & A mit international erfahrenen Leuten besetzt sind. Leitende Herren werden häufig so kurzfristig an neue Einsatzpunkte beordert, daß sie kaum noch Zeit finden, ihr Haus rechtzeitig zu vermieten.

Der ungewöhnliche Kindersegen der frommen Dynastie erlaubt es den Konzernchefs, aus dem reichhaltigen Nachwuchsreservoir nach Belieben zu schöpfen. Wie die Rothschilds haben es auch die Brenninkmeyers bis heute verstanden, keine Schwiegersöhne in wirkliche Top-Positionen aufsteigen zu lassen. Erst recht sind Frauen von einer Karriere in dem konservativen Firmen-Patriarchat ausgeschlossen. Allein die männliche Nachkommenschaft der Urväter Clemens und August ist an die 200 Köpfe stark, so daß unter den Sprößlingen der fünften Brenninkmeyer-Generation nur die Fähigsten die Chance erhalten, in einflußreiche Stellungen aufzusteigen. Als Vorbereitung auf ihre Laufbahn erhalten sie eine strenge Ausbildung, während der sie nur ein bescheidenes Taschengeld beziehen. Bis zum 28. Lebensjahr ist es ihnen grundsätzlich verboten, einen eigenen Wagen zu fahren. Als Leonhard (»Hardy«) Brenninkmeyer vor einigen Jahren eine Tochter des Bonner Weckglas-Fabrikanten und CDU-Bundestagsabgeordneten Alfons Horten heiratete, erhielt er zur Hochzeit einen weißen Porsche. Absender: Warenhaus-König Helmut Horten, ein Vetter des Brautvaters. Nachdem der damals noch nicht 28 Jahre alte Brenninkmeyer-Sproß bereits in den Flitterwochen mit seinem neuen Porsche einen Unfall hatte, mußte er seiner Familie erst einmal Rede und Antwort stehen, wie er überhaupt an den Wagen gekommen war. Mit 28 werden die Junioren dann vor den Rat der Gesellschafter nach Amsterdam gerufen, wo sie formell als neue Mitglieder des Familienmanagements begrüßt werden.

Wie Konzernoberhaupt Rudolf Wilhelm Brenninkmeyer sind auch die meisten nationalen C & A-Regenten relativ jung: Wolfgang Brenninkmeyer (Holland) gehört dem Jahrgang 1924 an, Cornelius (Deutschland) wurde 1930, Karel Ludger (England) 1928, Ludwig (Belgien) 1928 und Anthony (USA) 1929 geboren; im Paß von Hermann Brenninkmeyer, der 1972 in Paris die erste französische C & A-Filiale eröffnen wird, ist 1924 als Geburtsjahr eingetragen. Um in seinem Topmanagement nur über dynamische und modebewußte Manager zu verfügen, werden leitende Angestellte bei C & A – gleichgültig ob sie zur Familie gehören oder nicht – schon mit 60, bis vor einigen Jahren sogar bereits mit 55 Jahren pensioniert.

## Wie es die Familie befiehlt

Nichts außer dem ungewöhnlichen Kinderreichtum hat den Aufstieg der Tüötten-Enkel zur führenden Kleiderhändlerdynastie Europas mehr gefördert als der Zusammenhalt der vielköpfigen Familie. Von der Stirnwand des Brenninkmeyer-Landsitzes Haus Langenbrück bei Mettingen prangt dem Besucher unter einem Relief-Motiv: drei ineinander verschlungene Hände – schon von weitem die Losung entgegen, an der die Nachfahren der Firmengründer eisern festhalten: »Eendracht maakt Macht«. Neben der von Kind auf anerzogenen Bereitschaft zu unbedingter Einordnung in die patriarchalische Familiengemeinschaft sind es vor allem zwei Dinge, die jedem Brenninkmeyer den Gedanken an ein Ausscheren aus dem Kaufhausclan von vornherein abwegig erscheinen lassen: Die Konsequenz, mit einem solchen Schritt für sämtliche Nachkommen auf die Segnungen des Konzerns zu verzichten und das von jedem Mitglied abgegebene Gelöbnis, unter dem Namen Brenninkmeyer niemals ein eigenes Geschäft zu gründen.

Anders als der einträchtige Kleiderorden verrieten bedeutende Kaufhaus-Familien eine ausgesprochene Neigung, ihre Unternehmen durch Erbauseinandersetzungen und partikulare Interessen selbst zu schwächen. So verwaltet die aus dem Oldenburgischen stammende Familie Cloppenburg ihre Kaufhausgruppe Peek & Cloppenburg in der Bundesrepublik von zwei Schreibtischen aus: In Düsseldorf herrscht James Cloppenburg über die zehn im Westen und Berlin gelegenen Häuser, in Hamburg regiert sein Vetter Fritz über die sieben Hamburger Filialen und das Haus in Bremen. Daneben leitet ihr Vetter Heinz noch ein einzelnes Bekleidungshaus »Cloppenburg« in Braunschweig. Die wie die Brenninkmeyers im Tecklenburger Land beheimateten Hettlages zersplitterten ihr Firmenreich so gründlich, daß außer den beiden separat geführten Filialgruppen Münster und München noch etwa ein halbes Dutzend selbständiger Hettlage-Häuser existieren, die teilweise gar nicht mehr im Besitz der Familie sind.

Im Geiste der Firmenahnen erziehen die Herren Brenninkmeyer nicht nur ihre eigenen Sprößlinge, sondern auch den familienfremden Führungsnachwuchs. Noch vor einigen Jahren berücksichtigte C & A ausschließlich katholische Bewerber; inzwischen sind im Unternehmen bereits einige Träger eines evangelischen Gesangbuches namentlich bekannt. C & A-Rechercheure stellen über jeden Managerzögling noch vor dessen Eintritt in die Firma diskrete Nachforschungen zur Person an, wobei sie sich besonders gern bei örtlichen Pfarrern über das Verhältnis ihres Kandidaten zur Kirche erkundigen. Sind die jungen Leute erst einmal in Brenninkmeyers Diensten, stehen sie praktisch Tag und Nacht unter der Kontrolle des Konzerns. In Gruppen von acht bis zwölf Personen wohnen sie in C & A-eigenen »Haushalten« unter der Obhut einer resoluten, von C & A engagierten Hausdame. Die kasernierten Nachwuchshändler gehen sonntags gemeinsam zur Messe, empfangen in regelmäßigen Abständen den Besuch eines Pfarrers und wählen als Vertreter ihres Haushaltes einen »Sprecher«, in der Regel den dienstältesten Substituten. Noch vor einigen Jahren durften die C & A-»Kommunarden« nur zu zweit ausgehen, was viele dadurch umgingen, daß sie sich an der nächsten Ecke trennten und nach dem Rendezvous mit ihrem Mädchen an derselben Stelle wieder trafen, um – wie befohlen – spätestens Punkt 22 Uhr »geschlossen« vor der Tür zu stehen. Zu Weihnachten und Ostern durften die Firmenjunioren sogar nur mit ausdrücklicher Genehmigung der Betriebsleitung nach Hause fahren. Der harte C & A-Drill inspirierte verdrossene C & A-Nachwuchsleute zu einem Reim, der noch heute jedem Neuling geläufig ist: »Wer nie sein Brot in Tränen aß und rauchend auf dem Lokus saß, der war noch nicht bei C & A's.« Zu Brenninkmeyers harter Schule gehört es auch, daß junge Nachwuchsleute noch heute in den ersten Jahren nur ein ansehnliches Taschengeld erhalten; die Differenz zu ihrem eigentlichen Gehalt legen die Textilpatriarchen für sie zu günstigen Zinsen auf die hohe Kante. Mit diesem Zwangssparen wollen sie leitenden C & A-Herren schon in jungen Jahren zu einem finanziellen Polster verhelfen. Das angesparte Kapital erhalten sie erst zum Zeitpunkt ihrer Bestätigung als Einkäufer ausgezahlt. Auch in späteren Jahren, wenn sie längst glänzend verdienen, müssen Brenninkmeyer-Manager damit rechnen, sehr nachdrücklich auf den Wert einer Eigentumswohnung als sichere Geldanlage angesprochen zu werden.

Zweimal jährlich müssen die Vorgesetzten über jeden der ihnen anvertrauten Substituten eine ausführliche Bewertung schreiben und an die Düsseldorfer Zentrale schicken. Während mehrwöchiger Praktika in der Mettinger Herrenkleiderfabrik lernen junge C & A-Aufsteiger das Andenken an die alten Strücheltüötten ehren. Sie wohnen in dieser Zeit in der historischen Fachwerkpension Telsemeyer, in der die alten Packenträger einst ihren Schoppen tranken und die Familie Brenninkmeyer vor einigen Jahren auf eigene Kosten ein Tüötten-Museum einrichten ließ.

Das auf die Frühzeit des Unternehmens zurückgehende patriarchalische Verhältnis zu ihren Angestellten versuchen die Herren Brenninkmeyer mit allen Mitteln auch unter dem Dach ihres Milliardenkonzerns zu erhalten. So laden sie die Eltern neu eingestellter Verkaufslehrlinge zu Kaffee und Kuchen in die Kantinen ihrer Filialen ein und ermuntern sie, sich doch von Zeit zu Zeit einmal über die Leistungen ihrer Kinder zu erkundigen. Um ihre Beschäftigten vor den Gefahren des Alkohols zu bewahren, dulden die strengen Firmenväter die Schnapsflasche nicht einmal bei Umtrünken und Jubelfeiern.

## Zur »Beichte« nach Düsseldorf

Kurz vor Weihnachten pflegen die C & A-Chefs ihre leitenden Herren aus allen Filialen der Bundesrepublik einzeln nach Düsseldorf vorzuladen, um sie über ihre Arbeit, aber auch über das Wohlergehen ihrer Familien teilnahmsvoll zu befragen. In diesem Gespräch, hausintern »Beichte« genannt, erfahren die Vorgeladenen auch, in welcher Höhe sie eine Tantieme für das zu Ende gehende Geschäftsjahr erwarten können. In guten Jahren erhalten Einkäufer und Absatzmanager Tantiemen, die vielfach 40 bis 50 Prozent ihrer Gesamtbezüge ausmachen. Erfolgreiche Einkäufer beispielsweise kommen so auf Gehälter von 70 000 bis 80 000 Mark, Leiter von Einkaufsteams sogar auf 100 000 Mark und mehr. Errechnet werden die Tantiemen nach Umsatz, Lagerumschlag und Kalkulation.

Ihrem patriarchalischem Führungsstil entsprechend, geizen die Brenninkmeyers gegenüber ihren rund 12 000 Beschäftigten nicht mit sozialen Wohltaten. Schon seit 1950 zahlt C & A seinen Leuten ein 13. Monatsgehalt, als eines der ersten Unternehmen des Einzelhandels führte die Kaufhausgruppe für ihr Personal die Fünftagewoche ein. Ein ausgeklügeltes Prämiensystem sichert Verkaufskräften bei hohen Leistungen weit übertarifliche Bezahlung. Bei Einkäufen im eigenen Haus können C & A-Beschäftigte – auch Aushilfen und Teilzeitkräfte – 20 Prozent Personalrabatt in Anspruch nehmen; in den meisten anderen Unternehmen beträgt er durchweg nur zehn oder vereinzelt auch 15 Prozent. Wer bei Brenninkmeyer arbeitet, erhält vier Wochen Mindesturlaub, leitenden Herren über 35 stehen sechs Wochen, vom 45. Lebensjahr an sogar acht Wochen zu. C & A zahlt seinen Leuten für jedes Kind monatlich 75 Mark Kindergeld und schließt auf eigene Kosten Ausbildungsversicherungen für die Kinder leitender Angestellter ab; die Begünstigten erhalten mit 16 Jahren für ihr Studium oder eine andere Ausbildung Stipendien von mehr als 15 000 Mark. Zu ihren Prinzipalspflichten rechnen es die traditionsbewußten Handelsherren auch, mit teilweise hohen Geldbeträgen einzuspringen, wenn verdiente Mitarbeiter oder deren Angehörige krank werden, aus finanziellen Gründen jedoch nicht eine bestimmte Klinik oder einen als Kapazität bekannten Professor aufsuchen können.

Ihre übertariflichen Sozialleistungen entheben die Herrscher des familienbewußten Textilordens, sich mit Gewerkschaftsfunktionären an einen Tisch setzen zu müssen, um sich soziale Zugeständnisse abringen zu lassen. Es ist nicht verwunderlich, daß in den Betriebsräten von C & A Brenninkmeyer nur verschwindend wenige Gewerkschaftler sitzen, die sich überdies alles andere als radikal geben. Es spricht für sich, daß kein einziger C & A-Gewerkschaftler dem Vorstand einer Tarifkommission der Gewerkschaft Handel, Banken und Versicherungen angehört. Bis heute schafften es die Funktionäre nicht, eine eigene Gewerkschaftsgruppe C & A zu gründen.

Wo immer in der Welt Mitglieder der Familie Brenninkmeyer

leben – in Amsterdam, London, Paris oder New York – hängen sie mit beinahe kultischer Ergebenheit an ihrer heimatlichen Scholle. Sie beziehen das in Mettingen gelesene Provinzblättchen, die »Ibbenbürener Volkszeitung«, von der täglich 70 Exemplare an Brenninkmeyers verschickt werden und engagieren sogar Köche und Hausmädchen mit Vorliebe aus dem Tecklenburger Land.

Mehrfach im Jahr unterbrechen die reichen Kaufhausherren ihre Reisen zwischen den Firstclass-Hotels der internationalen Geschäftsmetropolen für einen kurzen Aufenthalt in einem ihrer knapp ein Dutzend Mettinger Gutshöfe, die von resoluten Hausdamen ständig für sie auf Hochglanz gehalten werden. Als der Familiensenior Franz Brenninkmeyer 1969 seine goldene Hochzeit feierte, strömten zum festlichen Mahl rund 200 Familienmitglieder in die Pension Telsemeyer. Der greise 2,08 Meter große Herr hatte den Wintergarten der Tüötten-Schenke eigens für diesen Anlaß ausbauen und mit einer Fußheizung ausstatten lassen. Auf seinem Ruhesitz »Haus Langenbrück« weiht der grauhaarige Hüne jeden Sommer Scharen von Brenninkmeyer-Teens und -Twens in die wundersame Geschichte ihrer Urväter Clemens und August ein. Im Park seines Anwesens ließ er 1968 sogar ein neues Landhaus im englischen Stil und ein Hallenschwimmbad bauen, um noch mehr Brenninkmeyer-Sprößlingen der fünften Generation die rechte Einstellung zur Scholle zu vermitteln.

Viele Angehörige der erfolgreichen Bekleidungsdynastie sind, ihrem letzten Willen entsprechend, auf dem Mettinger Dorffriedhof beigesetzt worden, meist von einem Geistlichen aus der eigenen Familie. Denn ebenso eng wie ihrer Heimat sind die Brenninkmeyers nur noch ihrer Kirche verbunden. Die Gunst des Himmels vergilt die fromme Kleiderfamilie mit Firmenschecks für Kirchenfenster, katholische Krankenhäuser und Kindergärten. In der Mettinger Pfarrkirche St. Agatha, die nach der Feuerheiligen und Nothelferin bei Brustkrankheiten benannt wurde, stammen sowohl die Monstranz als auch das Beichtgestühl von den reichen Gönnern.

Außer dem Beruf des Kaufmanns ist unter den Nachfahren von Clemens und August kein ander Beruf so oft vertreten wie der des Geistlichen. Brenninkmeyer-Söhne wurden Dominikaner und Jesuiten, Töchter wandten sich den Franziskanerinnen und Ursulinen zu; Brenninkmeyers durften sich Commandeur im Orden des Heiligen Gregorius, Vize-Vorsitzer der Bischofskommission für die katholische Krankenpflege und Ehrenkammerdiener des Papstes nennen. In Mettingen, im Volksmund »Sanct Brenninkmeyer« genannt, kann der Ortsgeistliche jeden Monat über mehrere tausend Mark Spenden aus der Schatulle der frommen Händler verfügen. Doch erhielt er eine einzige Auflage: die Empfänger, Alte und Kranke, dürfen niemals erfahren, von wem das Geld stammt.

(Foto: Archiv)

*Erich Diederichs bei der Besichtigung der Bananen-Plantage in Costa Rica*

(Foto: Ernst Herb)

*Josef Neckermann und Frau Annemarie bei der Kleidermusterung*

GEORG KARG

# Der Herr von Hertie

Zu einem Herrenessen hatte der Bundeswirtschaftsminister führende deutsche Unternehmer nach Bonn eingeladen. Eine Reihe prominenter Industrieller, die sich seit langem kannten, plauderten angeregt über ihre Geschäfte. Erst nach einer Weile fiel ihnen auf, daß ein älterer weißhaariger Herr an ihrem Tisch dem Gespräch schon geraume Zeit aufmerksam gefolgt war, ohne jedoch selbst nur ein einziges Wort gesagt zu haben. »Entschuldigen Sie bitte«, wandte sich schließlich einer von ihnen an den unbekannten Tischnachbarn, »darf man vielleicht erfahren, aus welcher Branche Sie kommen?« – »Ich handle mit Nachttöpfen, Unterhosen und ähnlichen Dingen«, entgegnete der ältere Herr freundlich, als wäre das in diesem Kreise etwas ganz Alltägliches. »Und was setzen Sie damit um?«, erkundigte sich der ein wenig verblüffte Frager interessiert. Ohne eine Miene zu verziehen, erwiderte der schweigsame Gast: »Ach, so an die vier Milliarden Mark.«

Der Mann, über den diese Anekdote erzählt wird, ist einer der mächtigsten und zugleich unbekanntesten deutschen Unternehmer. Selbst so scheue Gestalten der deutschen Wirtschaft wie der greise Industriemilliardär Friedrich Flick oder der Privatbankier August von Finck haben es nicht so vollendet verstanden, sich den Blicken der Öffentlichkeit zu entziehen wie er. Kein »Who's who« beleuchtet seine Karriere, keiner der Bildbände mit Porträts großer Unternehmer enthält sein Konterfei. In seinem ganzen Leben veranstaltete er nicht eine einzige Pressekonferenz: er war bereits 82 Jahre alt, als er zum ersten und bislang einzigen Mal einen Journalisten zu sich vorließ. Er bekleidet kein einziges öffentliches Amt und vermeidet es peinlichst, sich auf öffentlichen Gesellschaften blikken zu lassen.

In dieser Sphäre selbstkultivierter Anonymität führt Georg Karg Deutschlands zweitgrößte Warenhausgruppe: den Hertie-Konzern. Von der Chefsuite im 15. Stockwerk seines Bürohauses im Frankfurter Stadtteil Niederrad regiert er mit patriarchalischer Strenge sein

Reich, zu dem Ende 1971 insgesamt 68 Hertie-Häuser, 5 Wertheim-Filialen und 26 »Bilka«-Kleinpreisgeschäfte zählten. Der betagte Konzernchef – er wurde 1888 geboren – trifft noch heute alle wichtigen Entscheidungen in letzter Instanz allein. Denn im Gegensatz zu seinen Konkurrenten Karstadt, Kaufhof und Horten, die geschäftspolitische Entschlüsse stets mit ihren Hauptaktionären, im wesentlichen den Großbanken*, abstimmen müssen, kann Georg Karg den Hertie-Konzern völlig unabhängig führen. Denn sein Reich gehört ihm ganz allein.

Unter der Regie des 1,71 Meter großen, hageren Mannes mit den kräftigen schlohweißen Brauen stieg Hertie nach dem Krieg aus einem Häuflein Ruinen zum expansivsten deutschen Warenhausunternehmen empor. Bereits 1969 überflügelte Kargs Konzern – gemessen am Umsatz – den Kaufhof. Bezogen auf die gesamte Verkaufsfläche aller Filialen lag Hertie Ende 1971 mit 680 000 Quadratmetern bereits vor Karstadt (600 000 Quadratmeter) auf dem ersten Platz. Mit dem traditionsreichen Berliner »Kaufhaus des Westens« (Verkaufsfläche: 34 000 Quadratmeter) besitzt der rüstige Warenhauskönig überdies den größten Kaufpalast Deutschlands. Seinen Hang zur Größe demonstrierte er zuletzt mit seinem Entschluß, rechtzeitig zu den Olympischen Sommerspielen 1972 die Münchener Hertie-Filiale am Bahnhofsvorplatz bis zum Stachus auf eine Fläche von 32 000 Quadratmeter auszubauen.

Georg Kargs ungewöhnliche Karriere entspringt einer ebenso starken wie einseitigen Leidenschaft. »Ich bin zwar nicht in einem Warenhaus geboren«, karikierte der Hertie-Chef selbst einmal das Verhältnis zu seinem Metier, »aber die übrige Zeit habe ich darin gelebt.« Wie stark Georg Karg noch heute an sein Lebenswerk gefesselt ist, verraten die Seufzer seiner engsten Mitarbeiter, der alte Herr ertrage nichts schwerer als die Wochenenden, wenn seine Filialen geschlossen haben. Seinen Urlaub hält der Hertie-Boß nur durch, weil er immer wieder leitende Herren in sein Feriendomizil bestellt und sich zu seinen nächstliegenden Warenhäusern chauffieren läßt.

Ebenso wie die Karriere anderer großer Kaufleute läßt sich auch

* An der Karstadt AG sind Deutsche Bank und Commerzbank (jeweils mit über 25 Prozent), an der Kaufhof AG die Commerzbank und die Dresdner Bank (ebenfalls mit über 25 Prozent) sowie die Deutsche Bank (mit rund zehn Prozent) und an der Horten AG Deutsche Bank und Commerzbank zusammen mit 25 Prozent beteiligt.

Georg Kargs Aufstieg zur beherrschenden Figur seiner Branche auf bescheidene Anfänge zurückverfolgen. Mit 15 Jahren mußte er erleben, wie sein Vater, ein kleiner Tuchfabrikant aus Friedeberg in der Neumark, seinen Betrieb schließen und mit einem Textilladen Vorlieb nehmen mußte, weil er für die auf seinen Maschinen gewebten Militärstoffe keinen Absatz mehr fand. Georg Karg, siebentes von zehn Kindern, verließ die höhere Schule mit der mittleren Reife und trat als Lehrling in das in der benachbarten Kreisstadt Meseritz gelegene Kaufhaus F. R. Knothe ein, das ihn – wie damals üblich – in Kost und Logis nahm.

Der Kaufhausstift hatte bereits im zarten Knabenalter bisweilen geschäftliches Talent bewiesen. Auf dem Friedeberger Wochenmarkt hatte er beispielsweise für wenig Geld lebende Tauben erstanden, die er anschließend zum Vielfachen des Einkaufspreises als »Danziger Festungstauben« Touristen anbot. Im Kaufhaus Knothe fand Georg Karg auf vielfältige Art Gelegenheit, seinen Geschäftssinn an praktischen Alltagsaufgaben zu erproben. Er mußte nicht nur Socken und Strumpfhalter verkaufen, Ware in die Regale nachfüllen und den Eingang fegen, sondern auch noch einige Brocken Polnisch lernen, um die polnischen Schnitter bedienen zu können, die jeden Herbst in die 5000 Seelen zählende Kreisstadt strömten. Daß der neue Lehrling mit besonderem Eifer an die Sache ging, sprach sich schnell herum. Oft noch spätabends, wenn seine Kollegen längst nach Hause gegangen waren, machte sich der angehende Kaufmann irgendwo zwischen Tresen und Lager zu schaffen. Sein Eifer wurde auf ungewöhnliche Weise belohnt: Als sein Lehrherr plötzlich starb, hinterließ dieser ihm einen ansehnlichen Geldbetrag.

Eine Karriere, wie er sie sich im stillen erträumte, konnte der strebsame Karg in der märkischen Provinzstadt allerdings nicht erhoffen. Mit zwanzig Jahren entschloß er sich daher, im 150 Kilometer weit entfernten Berlin sein Glück zu versuchen, wo bereits einer seiner Brüder als Textilkaufmann und ein zweiter als Eisenwarenhändler Fuß gefaßt hatten. In der Reichshauptstadt hatten zu Beginn des neuen Jahrhunderts Hermann Tietz und Wertheim die ersten pompösen Warenpaläste eröffnet. Handel und Wandel blühten zu jener Zeit wie nie zuvor. Der mit hoffnungsvollen Erwartungen nach Berlin gekommene Georg Karg mußte allerdings bald feststellen, daß sich die stolzen Warenhausherren kaum um einen jungen Mann aus der

Provinz rissen. Vergeblich wartete er auf den Bescheid, in einem der weithin bekannten Häuser anfangen zu können. Als einfacher Textilverkäufer verdingte er sich schließlich in einem der sechs Kaufhäuser des Kommerzienrates Jandorf, der unter den Berliner Einzelhändlern seinerzeit als der billige Jakob galt.

## Mit 25 schon Geschäftsführer

Von seinem Monatssalär, ganzen 75 Mark, konnte sich Georg Karg wenig mehr als ein möbliertes Zimmer leisten. Mit dem Geld bis Ultimo auszukommen, fiel ihm allerdings leichter als den meisten Kollegen seines Alters. Denn anstatt sich in den Vergnügungslokalen der Millionenstadt die Zeit zu vertreiben, saß der ehrgeizige Jüngling aus der Mark über billigen Reclam-Heften und Büchern aus der Leihbibliothek und studierte Kant, Stirner und vor allem Nietzsche, dessen philosophische Abhandlungen über die Macht ihn am stärksten beeindruckten.

Der eifrige Jungkaufmann brauchte auf Erfolge nicht lange zu warten. Er war gerade 21 Jahre alt, als ihn Jandorf zum Textileinkäufer ernannte. Georg Karg hatte damit eine Position erreicht, mit der üblicherweise erst 35- bis 40jährige rechnen konnten. Vier Jahre später stieg er überdies zum Geschäftsführer der zweitgrößten Filiale seines Unternehmens in der Wilmersdorferstraße auf. Mit 25 Jahren war Karg damit Chef über eine Belegschaft von 600 Leuten.

Niemand weiß, in welcher Richtung Georg Kargs weitere Karriere verlaufen wäre, wenn der Kommerzienrat Jandorf 1926 nicht plötzlich die Lust am Geschäft verloren und seine Häuser an die Firma Hermann Tietz verkauft hätte. Der Kaufmann Hermann Tietz und sein Neffe Oscar hatten den Grundstein des seinerzeit größten Warenhausunternehmens in Deutschland mit einem kleinen Geschäft in der thüringischen Stadt Gera gelegt, von dessen Eröffnung am 1. März 1882 das folgende Zeitungsinserat Kunde gab: »Einem verehrten Publikum Geras und Umgebung mache ich die ergebene Mitteilung, daß ich am hiesigen Platze ein Garn-, Knopf-, Posamentier-, Weiß- und Wollwarengeschäft, Engros und Detail unter der Firma »Hermann Tietz« eröffnet habe. Ich hoffe, durch große Auswahl und billige Preisnotierung jede Konkurrenz zu bestehen. Hochachtung, Hermann

Tietz, Sorge 23, im Hause des Herrn Anton Pretzel.« Ganze 34,50 Mark zählten die beiden Firmengründer am Abend des Eröffnungstages in ihrer Kasse.

Oscar Tietz, der eigentliche Motor des kleinen Geschäfts (dessen Bruder Leonhard etwa zur gleichen Zeit mit einem Laden in Stralsund den Grundstock des Kaufhofs errichtete), verhalf dem winzigen Familienbetrieb durch wegweisende Ideen schnell zu einem stürmischen Aufschwung. Er zeichnete seine Ware – für damalige Verhältnisse eine revolutionäre Neuerung – erstmalig mit festen Preisen aus, schaffte in seinem Laden den Verkauf auf Kredit ab und kaufte in großem Stil direkt beim Fabrikanten ein. Schon vier Jahre nach seinem Start in Gera richtete der reformfreudige Kaufmann ein zweites Geschäft in Weimar ein. 1890 wagte er sogar den Sprung nach München, wo er das bekannte Bürohaus Imperial gegenüber dem Justizpalast zum ersten Warenhaus auf deutschem Boden umbaute. Die Etagen wurden herausgebrochen, so daß ein Lichthof mit Galerie entstand und darüber ein Glasdach gesetzt. Der von Oscar Tietz in seinem Münchener Kaufpalast angelegte Lichthof sollte für die nächsten 30 Jahre Vorbild für alle großen Warenhausarchitekten werden. Auch mit einer technischen Novität konnte die neue Filiale aufwarten: Mit Hilfe von Kohlenstabbogenlampen konnte zum erstenmal ein Warenhaus elektrisch beleuchtet werden.

Mit spektakulären Angeboten sorgte Tietz dafür, daß in sein neues Haus niemals Langeweile einkehrte. So kaufte er waggonweise Porzellan, das wegen kleiner Brennfehler zum Ramschverkauf im Ausland bestimmt war, ließ die schadhaften Stellen von einem Maler mit Blumen und Ornamenten übermalen und bot die Ware anschließend im Parterre zu Sonderpreisen an. Ein andermal brachte ihn der starke Anstieg der Apfelsinenpreise bis zu 50 Pfennig das Stück auf die Idee, ganze Güterwagen voll Orangen direkt aus den italienischen Anbaugebieten heranzuschaffen und spottbillig unter die Leute zu bringen. Als einzelne Abgeordnete des bayerischen Landtags – von aufgeschreckten Tietz-Konkurrenten gedrängt – eine spezielle Warenhaussteuer beantragten, erhielt der ideenreiche Kaufmann von einem Freund den gutgemeinten Rat: »Lassen's ehna taufen, dann san's a Katholik und wir können's abbiegen.«

Der jüdische Warenhauschef jedoch blieb seinem Glauben treu und baute seinen Besitzstand weiter aus: Im Herbst 1900 feierte er in Berlin mit einem Haus in der Leipziger Straße Premiere, dessen Attraktionen – der erste Erfrischungsraum und eine Sodafontäne nach amerikanischem Vorbild – wahre Massen anlockten. Sechs Jahre später eröffnete er eine weitere Filiale am Alexanderplatz. Zwischendurch ließ er sich auch in Hamburg, Stuttgart und Karlsruhe nieder und übernahm daneben das Kaufhaus seines Onkels Julius in Plauen. Als Oscar Tietz im Jahre 1924 starb, hinterließ er seinen Erben nicht weniger als zehn Warenhäuser und eine Anzahl von Fabriken.

Mit dem Tietz-Erbe übernahmen die beiden Tietz-Söhne Georg und Martin von ihrem Vater ein Vermächtnis, den Erfolgsweg des aufstrebenden Familienunternehmens weiterzugehen. Schon 1926 bot sich ihnen die Gelegenheit, ihren Geschäftsbetrieb erheblich auszudehnen, als der Kommerzienrat Jandorf seine sechs Häuser zum Verkauf anbot. Die Aussicht, mit dem Jandorf-Besitz die populärste Berliner Einkaufsstätte, das unter der populären Abkürzung »KaDeWe« bekannte »Kaufhaus des Westens«, zu erwerben, erleichterte den neuen Herren die Entscheidung, die Filialkette zu übernehmen. Stolz durften sie fortan ihren Firmennamen mit dem Zusatz »Größter Warenhauskonzern Europas« versehen. Die Erben des Oscar Tietz konnten damals noch nicht ahnen, daß sie mit der Firma Jandorf gleichzeitig ihren eigenen Nachfolger übernommen hatten; Georg Karg fand sich 1926 unversehens bei »Hermann Tietz« wieder – vorerst jedoch »nur« als Chef des gesamten Textileinkaufs, jedoch ohne Konfektion.

Der Einstand des inzwischen 38jährigen Kaufmanns in der neuen Firma hätte kaum verheißungsvoller sein können. Bei der Durchsicht der Bücher stellte er fest, daß die Stoffabrikanten, die Jandorf stets zwei bis drei, in einzelnen Fällen sogar fünf Prozent Bonus auf alle Einkäufe gewährt hatten, gegenüber Tietz dazu nicht bereit waren. Als er wenig später mit dem Wuppertaler Textilindustriellen Harald Frowein zusammentraf, einem der größten Lieferanten, bearbeitete Karg seinen Gesprächspartner so lange, bis dieser ihm den Bonus gleich rückwirkend für das ganze Jahr 1926 zugestand. Damit hatte der schlaue Kaufmann das nötige Druckmittel in der Hand, um auch alle übrigen Fabrikanten zur Zahlung der umstrittenen Prozente zu zwingen. Kargs Morgengabe half Hermann Tietz, seine beiden neuen Filialen in der Brunnenstraße und am Cottbuserdamm zu finanzieren.

## 500 000-Mark-Angebot von Karstadt

Als einflußreichster Zentraleinkäufer bei Tietz – ihm unterstanden außer Stoffen auch Wäsche, Kurzwaren und Herrenartikel – gehörte Georg Karg bereits zu den bestbezahlten Warenhausmanagern Deutschlands. Wie glänzend er gestellt war, zeigte sich, als er 1931 ein Angebot Karstadts, einen mit großen Vollmachten ausgestatteten und jährlich mit 500 000 Mark dotierten Vorstandsposten zu übernehmen, ausschlug. Das Unternehmen war durch die expansive Geschäftspolitik des Kommerzienrates Hermann Schöndorff in finanzielle Schwierigkeiten geraten und hielt jetzt nach einem starken Mann Ausschau. Vor allem wegen einer schweren Nierenerkrankung, die ihn zu dieser Zeit lange ans Bett fesselte, lehnte es Karg ab, die Führung der im Vergleich zu Hermann Tietz doppelt so großen Firma zu übernehmen. Vielleicht hätte er sich trotz gesundheitlicher Rücksichten entschlossen, Tietz doch zu verlassen, wenn Karstadts Banken seiner Forderung entsprechend bereit gewesen wären, für die Zahlung seines fürstlichen Gehalts eine mehrjährige Garantie zu übernehmen.

Georg Karg konnte nicht verhindern, daß wenig später, auf dem Höhepunkt der Weltwirtschaftskrise, »Hermann Tietz« gleichfalls in eine Existenzkrise geriet. Die Brüder Georg und Martin Tietz sowie ihr ebenfalls der Geschäftsführung angehörender Schwager Dr. Hugo Zwillenberg hatten die Liquidität der Firma, vor allem durch ausgedehnte Grundstückskäufe, so stark eingeschränkt, daß sie sich in der mit dem Schwarzen Freitag beginnenden Rezession nur durch umfangreiche Bankkredite über Wasser halten konnten.

Zudem hatten Georg Karg und seine Einkäufer zum 50jährigen Jubiläum von »Hermann Tietz« im Jahre 1932 große Mengen billiger Ware eingekauft. Als jedoch der Festverkauf vor der Tür stand, waren die Preise als Folge der scharfen Rezession inzwischen so stark gefallen, daß der Einkauf noch einmal kurzfristig nachdisponieren mußte. Auf diese Weise konnte man seinen Kunden doch noch ein attraktives Angebot machen, allerdings um den Preis erheblicher Lagerüberhänge am Ende der Jubiläumsaktion. Für die Firma »Hermann Tietz« wirkte sich die Rezession besonders verheerend aus, weil sie – im Gegensatz etwa zu Wertheim – ihre Kundschaft vor allem in den einkommensschwachen Kreisen der Arbeiterbevölkerung hatte.

Allein von 1930 bis 1933 gingen die Umsätze in den Tietz-Filialen um 46 Prozent zurück.

Bereits 1932 zitierten die um die Rückzahlung ihrer Kredite besorgten Bankiers die geschäftsführenden Mitglieder der Familie Tietz zu sich, um mit ihnen die Zukunft der angeschlagenen Warenhausfirma zu erörtern. Es war für sie nicht gerade einfach, von der wirklichen Finanzlage des Unternehmens ein einigermaßen klares Bild zu gewinnen. Der Zustand des Rechnungswesens machte auf sie den Eindruck, den ein Chronist jener Zeit von einem Tietz-Warenhaus hatte: »Es gleicht einem labyrinthischen Zaubergarten, in dessen Irrgängen man Aladins Wunderlampe zu bedürfen scheint.« Lieferantenrechnungen waren teilweise drei Jahre nicht bezahlt, aber längst verbucht worden. Außerdem mußten die Revisoren der Banken feststellen, daß die Bilanz das gesamte Ausmaß der Finanzmisere nur unvollständig widerspiegelte, so daß sie einen neuen Status verlangten.

Sie erkannten sehr schnell, daß ihre Schuldner in eine ausweglose Lage geraten waren, aus der sie nur durch neue Geldspritzen gerettet werden konnten. Die Gläubigerbanken, vor allem die bei »Hermann Tietz« besonders stark engagierte Dresdner Bank, verspürten allerdings wenig Neigung, ohne entscheidenden Einfluß auf die Geschäftsführung weitere Mittel in die Konzernkasse zu leiten. Im weiteren Verlauf der Verhandlungen drängten sie daher immer nachdrücklicher auf ein Ausscheiden der Familie Tietz aus dem Unternehmen. Langsam begannen die Erben des genialen Warenhausgründers einzusehen, daß sie durch die Folgen des eigenen geschäftlichen Mißerfolges und der antijüdischen Kampagne des Nationalsozialismus allmählich auf verlorenen Boden geraten waren. In der Endphase des Tauziehens um das Schicksal der Firma ging es schließlich nur noch um eine Abfindung von zwölf Millionen Mark, mit denen sich die Tietz-Brüder und ihr Schwager im Ausland eine neue Existenz aufbauen wollten.

Die Emigration der Eigentümer löste allerdings längst nicht alle Probleme, die einer raschen Sanierung der gefährdeten Warenhauskette im Wege standen. Vor allem der Altnationalsozialist Gottfried Feder, der unter Hitler zum Staatssekretär im Reichswirtschaftsministerium aufgestiegen war, versuchte die Rettung des Tietz-Konzerns zu hintertreiben. Feder, der führende Wirtschaftsideologe seiner Partei, hatte sich nicht nur als geistiger Vater der Theorie von der Zinsknechtschaft des Kapitals hervorgetan, sondern auch den Passus im Parteiprogramm der NSDAP entworfen, der die »sofortige Kommunalisierung der Großwarenhäuser und Vermietung zu billigen Preisen an kleine Gewerbetreibende« vorsah. Doch Feder hatte das Pech, in dem ehemaligen Allianz-Vorstandsmitglied Kurt Schmitt einem Minister unterstellt zu sein, der eher nach wirtschaftlichen Überlegungen als nach ideologisch gefärbten Parteistatuten entscheiden gelernt hatte.

Im Reichskabinett, das sich im Juli 1933 mit der Zukunft des angeschlagenen Handelsunternehmens beschäftigte, ließ Schmitt – kurioserweise von Feder – seine Meinung vortragen, »daß von dem Warenhausbetrieb Tietz eine große Zahl mittelständischer Interessenten, insbesondere als Warenlieferanten, abhingen und daher eine Sanierung zu begrüßen wäre«. So wörtlich im Sitzungsprotokoll.

Hatte Hitler noch vier Monate zuvor, bei den Beratungen über eine Kredithilfe für Karstadt, erklärt, »daß die Darlehenshingabe nicht zu verantworten sei, wenn nicht die Frage der Warenhausbetriebe, die Zehntausende von Geschäften zugrunde richten, gelöst würde«, so gab er im Falle Tietz überraschenderweise grünes Licht für eine »auf kaufmännischer Grundlage, ohne Beteiligung des Reiches, erfolgende Sanierung«.

Nach Hitlers Sinneswandel sahen die Gläubigerbanken ihrerseits keine Gründe mehr, mit praktischen Hilfsmaßnahmen länger zu warten. Sie gründeten zunächst die »Hertie-Waren- und Kaufhaus-Verwaltungs GmbH«, die als Auffanggesellschaft der alten »Hermann Tietz OHG« von nun ab die Politik der Warenhausgruppe bestimmte. Ihre Forderungen aus früheren Kreditzahlungen wandelten die Geldinstitute anschließend in Gesellschaftsanteile der neuen Firma um. Erst nachdem sie die Besitzverhältnisse des Unternehmens zu ihren Gunsten geregelt hatten, bewilligten die Bankiers einen weiteren Sanierungskredit von elf Millionen Mark. An die Spitze der wiederbelebten Firma stellten die Bankiers einen Mann, der ihnen am ehesten eine Gewähr dafür bot, daß ihr Geld nicht zum Fenster hinausgeworfen war: Den Leiter des zentralen Textileinkaufs bei »Hermann Tietz«, Georg Karg. Mit betonter Bescheidenheit reduziert der Konzernherr heute die Gründe für seine damalige Berufung auf einen einzigen Vorzug: »Ich war weit und breit der einzige, der vor Angriffen aus rassischen Motiven sicher war.«

Weshalb ihn die Finanziers in Wirklichkeit berufen hatten, wurde schon bald allen Beteiligten klar. Denn vom ersten Tage seiner Geschäftsführung an verfolgte Georg Karg eine kompromißlose Sparpolitik, um die überschuldete Firma vor dem Ruin zu retten. Obwohl nach Hitlers Regierungsantritt viele jüdische Angestellte, vor allem aus der Konfektionsabteilung, »Hermann Tietz« verlassen hatten und emigriert waren, gab sich der neue Chef mit der damit verbundenen Senkung des Personalbudgets noch nicht zufrieden. Auf sein Geheiß wurden freigewordene Positionen, mit Ausnahme wichtiger Schlüsselstellungen, nicht neu besetzt; gleichzeitig verfügte er eine Senkung der Ausgaben für Inserate auf ein Drittel des früheren Umfangs.

In diesen Monaten kam Georg Karg nur noch selten dazu, sich auf seinem Gut Briest an der Havel als Freizeitlandwirt zu betätigen. Aus seinem Krisenstab ging dem rührigen Hertie-Chef damals ein Mann besonders zur Hand, der von Hause aus alles andere als ein Kaufmann war: Der Politiker Dr. Heinrich Vockel, der nach der Gleichschaltung der Parteien durch die Nazis sein Amt als Generalsekretär des Zentrums verloren und bei Hertie Unterschlupf gefunden hatte. Vockel half dem öffentlichkeitsscheuen Karg vor allem durch seine guten Beziehungen zu den Behörden, Hindernisse aus dem Weg zu räumen. Als politisches Opfer des Hitler-Regimes war er nach dem Kriege der ideale Verbindungsmann zu den alliierten Militärverwaltungen. Aus Kargs Diensten schied Vockel erst 1950 aus, als ihn Konrad Adenauer zum Bundesbevollmächtigten für Berlin ernannte.

Ein Mann mit einem so ausgeprägten Verhältnis zur Macht, wie es Georg Karg besitzt, mußte irgendwann zwischen 1933 und 1936 die Chance erkennen und nutzen, den noch auf schwachen Füßen stehenden Hertie-Konzern an sich zu bringen. Die Situation war aus mehrerlei Gründen hierfür äußerst günstig. Im Gegensatz zu heute mußten die Banken Warenhausbeteiligungen eher als Bürde denn als Zierde ihres Firmenbesitzes empfinden. Hinzu kam, daß niemand genau wußte, ob die Nationalsozialisten nicht, wie es ihr Parteiprogramm forderte, den Großbetrieben des Einzelhandels den Garaus machen würden. Daneben kam Karg die den Geldinstituten auferlegte Verpflichtung entgegen, sich möglichst wenig auf branchenfremdem Terrain zu tummeln, woran sich die unter die Kontrolle des

Reiches geratene Dresdner Bank besonders streng zu halten hatte. Als Karg 1936 die Bankiers schließlich mit der Forderung konfrontierte, den Konzern an ihn zu verkaufen, hatte er relativ schnell gewonnenes Spiel. 50 Prozent des Kapitals übernahm er sofort – gegen Zahlung von 2,5 Millionen Mark, die er sich zum Teil auf dem Kreditweg beschaffte; die restlichen 50 Prozent erwarb er einige Jahre später.

Im Juni 1940 – mit der Übernahme des letzten Anteils der Deutschen Bank – war Karg am Ziel seiner Karriere: Der 30 Jahre zuvor als einfacher Verkäufer nach Berlin gekommene märkische Tuchwebersohn war Alleineigentümer des Hertie-Konzerns. Doch sein Triumph trübte ihm nicht den Blick für das Risiko, das er damit eingegangen war. Karg zurückblickend: »Bei drei Unterbilanzen in ununterbrochener Folge und 129 Millionen Mark Schulden gehörte schon einiger Mut dazu, dieses Wagnis zu übernehmen.«

Die durch staatliche Arbeitsbeschaffungsprogramme wiederbelebte Konjunktur rechtfertigte Kargs Wagnis in eindrucksvoller Weise. Die Menschen hatten endlich wieder Geld und trugen es zu einem guten Teil in die Warenhäuser, die jetzt ihrerseits an den Abbau ihres Schuldenberges gehen konnten. Doch einen Faktor hatte Karg nicht einkalkulieren können, der all seinen Rechnungen jäh den Boden entzog: der Krieg.

Mehr als jedes andere Warenhausunternehmen wurde Hertie mit seinen überwiegend in Berlin gelegenen Filialen ein Opfer der Bomben. Als 1943 auch die Firmenverwaltung in der Krausenstraße getroffen wurde, regierte Georg Karg sein untergehendes Reich aus einem alten Weinkeller des Hauses, der mit Hilfe primitiver Möbel aus Holzlatten notdürftig hergerichtet worden war. Die technischen Büros hatte er rechtzeitig in ein sicheres Ausweichquartier nach Gera umgesiedelt. Bei Kriegsende mußte Karg eine bittere Bilanz ziehen: Sämtliche Filialen waren mehr oder weniger stark zerstört; außer dem KaDeWe, dem Alsterhaus in Hamburg sowie seinen Stützpunkten in München, Stuttgart, Karlsruhe sowie in der Wilmersdorfer Straße in Berlin lag der größte Teil seines lädierten Warenhausbesitzes – genau 83 Prozent – im Hoheitsbereich der sowjetischen Besatzungsmacht.

Georg Karg, Herr über ein Reich aus Ruinen! Manch einer in seiner Lage hätte resigniert. Karg nicht. Mittlerweile 57 Jahre alt, fing er unverdrossen noch einmal ganz von vorn an. In behelfsmäßig wiederhergerichteten Erdgeschoßräumen und in angemieteten Ausweichlokalen begann Karg wieder mit dem Verkauf – sofern er Ware hatte. Jeden Morgen schwärmten seine Mitarbeiter mit Lastwagen oft Hunderte von Kilometern in alle Himmelsrichtungen aus, um bei befreundeten Fabrikanten Lebensmittel, Schuhe und Bekleidung aufzutreiben. Noch spätabends wartete Georg Karg auf dem Hof vor seinem Kellerdomizil auf die Rückkehr seiner Einkäufer, bevor er sich in einem alten BMW auf die Heimfahrt machte. In dieser Situation kam ihm zugute, daß er im Auftrag der sowjetischen Militärverwaltung zwei Schulen in Berlin-Karlshorst zu Einkaufsstätten für die Russen herrichten mußte und aus den munter sprudelnden Bezugsquellen der Besatzer vorübergehend auch einiges in seine eigenen Filialen floß.

Im Eifer des Neubeginns drohte Karg bisweilen der Sinn für die politischen Realitäten zu verlieren. So trug er sich zeitweise mit dem Gedanken, eines seiner Prunkstücke, das im Krieg zerstörte Haus am Alexanderplatz im Ostsektor Berlins, wieder im alten Glanz entstehen zu lassen. Freunden vertraute er an, er wolle an diesem Brennpunkt der Hauptstadt als erster präsent sein, wenn sich »die Lage wieder normalisiert« habe. Doch je mehr sich der Graben zwischen dem östlichen Besatzungsgebiet und den drei Westzonen vertiefte, desto stärker bekam er die Isolierung seiner Berliner Häuser zu spüren. Immer häufiger wurden Mitarbeiter von ihm bei Reisen nach Westdeutschland belästigt und Warentransporte aufgehalten, manchmal sogar Ware konfisziert. Schweren Herzens entschloß sich Georg Karg daher im Jahre 1948, seine Führungszentrale nach Hamburg zu verlegen, wo er sich im vierten Stock des wieder aufgebauten Alsterhauses einen Bürotrakt einrichten ließ.

### Vergleich mit den Tietz-Erben

Unterdessen waren auch die früheren Besitzer des Hertie-Konzerns, die mittlerweile die amerikanische Staatsbürgerschaft angenommen hatten, nach Deutschland zurückgekehrt, um die Rückgabe ihres 1933 arisierten Vermögens zu beantragen. Karg vertrat den Standpunkt, die Familie Tietz sei nicht durch die Arisierung, sondern in Wirklichkeit schon früher durch wirtschaftliche Schwierigkeiten aus dem Unternehmen gedrängt worden. Um Beweise für seine Theorie erbringen zu können, schickte Karg einen Ratgeber zu Beteiligten der seinerzeitigen Tietz-Sanierung, der bereits vor dem Krieg für ihn tätig gewesen war: Den Rechtsanwalt Dr. Otto Lenz, Konrad Adenauers späteren Staatssekretär im Bundeskanzleramt. Den Restitutionsbehörden, die den Fall Tietz bearbeiteten, konnte Karg seine Version allerdings nicht plausibel machen. Auch sein Einwand, er selbst habe die Tietz-Häuser ja von den Banken erworben und sei daher zur Rückgabe seines Besitzes schon deshalb nicht verpflichtet, machte auf die US-Besatzer keinen Eindruck. Doch anstatt mit den Nachkommen des Firmengründers jahrelange Prozesse zu führen, stimmte Georg Karg 1949 einem Vergleichsvorschlag zu, der folgende Regelung vorsah: Die Tietz-Erben erhielten die drei Filialen München, Stuttgart und Karlsruhe zurück, die sie jedoch gegen Zahlung einer Umsatzmiete der Geschäftsführung des Hertie-Konzerns unterstellten. Für die ehemaligen Besitzer erwies sich dieser Vergleich als außerordentlich günstig. Sie partizipierten an den kräftig steigenden Umsätzen der folgenden Jahre und konnten ihre auf teuersten Citygrundstücken stehenden Häuser später zu glänzenden Konditionen an Karg zurückverkaufen.

Der nach der Währungsreform einsetzende Wirtschaftsboom ließ Georg Karg die Restitutionslast schnell vergessen. Unter Aufbietung aller finanziellen Möglichkeiten nahm der ehrgeizige Warenhausboß den Wettbewerb mit den führenden Konzernen Karstadt und Kaufhof auf. In manchen Jahren eröffnete er doppelt so viele Filialen wie seine vor ihm liegenden Konkurrenten. Ihm kam dabei zugute, daß er als Alleininhaber seine Gewinne voll investieren konnte, während die als Aktiengesellschaften geführten Unternehmen Karstadt und Kaufhof jedes Jahr etwa den Gegenwert eines Warenhausneubaus an Dividende ausschütten mußten. Hatte Karg Ende 1950 erst zehn Hertie-Häuser und neun »Bilka«-Kleinpreisgeschäfte in Betrieb, so waren es fünf Jahre später bereits 25 Hertie- und neun »Bilka«-Filialen. Ende 1960 herrschte der scheue Warenhauschef schließlich über eine Kette von 35 Hertie- und 14 »Bilka«-Häusern. Georg Karg hatte die Tür zum Club der ganz Großen aufgestoßen.

Eine glänzende Rechtfertigung seines Rufes, ein gewiegter Taktiker zu sein, glückte Karg in den Verhandlungen über den Erwerb der Frankfurter Firma Kaufhaus Hansa AG. Das Unternehmen, das außer seinem Stammhaus auf der Frankfurter Einkaufsstraße Zeil über zwei Filialen in Hanau und Mannheim verfügte, war in den zwanziger Jahren von dem jüdischen Kaufmann Hermann Wronker gegründet worden und 1933 an die Dresdner Bank gefallen. Als Karg 1952 erfuhr, daß die auch von seinen Konkurrenten begehrte Kaufhauskette zu haben sei, führte er die Gespräche mit dem Vorstandsmitglied Hugo Zinsser von der Rhein-Main-Bank (einem der Nachfolgeinstitute der Dresdner Bank) so geschickt, daß der Hansa-Vorstand erst am Vorabend der Übernahme von der Transaktion erfuhr. Über die Verhandlungen Zinssers mit Karg waren nicht einmal die Vertreter der Rhein-Main-Bank im Hansa-Aufsichtsrat informiert worden. Noch kurz vor dem Besitzwechsel verlängerten sie die Verträge der Hansa-Vorstandsmitglieder um fünf Jahre.

Etwa zur selben Zeit übernahm Georg Karg die Aktienmehrheit des traditionsreichen Warenhausunternehmens Wertheim, das seinerzeit nur noch eine kleinere Vorortfiliale in Berlin unterhielt und damit kaum mehr als einen leeren Firmenmantel darstellte. Unter dem klangvollen Namen errichtete der Hertie-Chef bis heute neue Häuser in Berlin-Steglitz, Bochum, Essen und Kaiserslautern.

Das vehemente Wachstum des Hertie-Konzerns konnte in keiner Phase den spezifischen Stil verwischen, den der alte Warenhauskönig seinem Handelsimperium aufgeprägt hat. Seine Häuser treffen tendenziell eher den Geschmack konservativer, älterer Käufer als junger progressiverer Kunden. Experimentieren seine Konkurrenten, unterstützt von namhaften Ladendesignern, permanent an Einrichtung und Warenpräsentation, so bevorzugt Georg Karg in seinen Filialen eine betont konservative Note. Seine Etagen sind enger möbliert, und zwar weit mehr mit traditionellen Bedienungskarrees als mit modernen Gondeln zur Vorauswahl. Mit teppichverlegten »Shops-in-the-shop« sind Hertie-Filialen wesentlich sparsamer ausgestattet als etwa Horten-Häuser. Um eine warme Verkaufsatmosphäre zu schaffen, plant Karg seine Kaufpaläste bevorzugt mit Parkettfußböden und dunklen Verkaufsmöbeln aus tropischen Edelhölzern. Auch die Struktur des Sortiments läßt Kargs ureigene Handschrift erkennen. So führt der ehemalige Stoffeinkäufer in seinen Häusern noch heute Stoffabteilungen, die teilweise doppelt so groß wie die der anderen Konzerne sind und in einigen Fällen – so im KaDeWe – die besten Erdgeschoßflächen belegen.

Die auf die Person Kargs zugeschnittene Führungsstruktur erklärt, daß Hertie in der Zentrale mit einer Belegschaft auskommt, die mit knapp 1000 Personen nur halb so groß wie die seiner Konkurrenten Karstadt und Kaufhof ist. Der Konzern besitzt weder Abteilungen für Marktforschung noch für Öffentlichkeitsarbeit und verfügt nur über dünn besetzte Ressorts für Rechts-, Einrichtungs- und Grundstücksangelegenheiten. Selbst Bewunderer Kargs spötteln bisweilen, der alte Herr führe seinen Viermilliarden-Konzern noch immer wie einen mittelständischen Familienbetrieb.

Eine solche Feststellung mag überspitzt sein, ganz ohne Wahrheit ist sie jedoch nicht. Wie einst als Einkaufschef bei Tietz, so empfängt der Konzernboß noch heute regelmäßig Textileinkäufer, läßt sich Musterstücke vorführen und diskutiert Preise und Qualitäten. Georg Karg ist es ernst, wenn er erklärt, er sei auch heute noch in der Lage, jederzeit eine Einkaufsabteilung zu übernehmen. Im Gegensatz zu allen anderen Warenhausunternehmen, die getrennte Vorstandsposten für die Bereiche Einkauf und Verkauf besetzen, sind die bei Hertie für Textilien, Hartwaren und Lebensmittel zuständigen drei Spitzenmanager Einkäufer und Verkäufer in einer Person. Karg: »Nur derjenige kauft richtig ein, der auch die Verantwortung für den Verkauf der von ihm disponierten Ware trägt.«

Dem betagten Familienpatriarchen kommen bei seinen Entscheidungen ein erstaunliches Erinnerungsvermögen, das sich sogar auf Umsätze und Kalkulationen einzelner Abteilungen bestimmter Filialen erstreckt, sowie ein ausgeprägtes Gespür für attraktive Standorte zugute. Immer wieder verblüffte er seine Konkurrenten dadurch, daß er Grundstückskäufe bisweilen in wenigen Augenblicken am Telefon abwickelte, wozu sie selbst durch zeitraubende Beratungen mit ihren Aufsichtsräten manchmal Monate brauchen.

## Wenn der Chef in seine Häuser kommt . . .

In Tuchfühlung mit der Praxis bleibt Georg Karg durch ausgedehnte Besuche seiner Filialen. Bis heute hält er an der Übung fest, seine Häuser einmal jährlich – einige sogar öfter – zu inspizieren. Dabei kann sich sein Besuchsprogramm durchaus mit dem eines vierzigjährigen Vollblutmanagers messen. In seiner achtsitzigen Privatmaschine vom Typ »Mystère 20« fliegt er nicht selten frühmorgens von Frankfurt (wohin er seine Verwaltung wegen der zentralen Lage der Stadt 1965 verlegte) nach Hamburg, besucht dort seine fünf Filialen und reist noch am selben Nachmittag im Linienflug zu einer Stipvisite des KaDeWe nach Berlin weiter. Am Abend geht es auf derselben Route wieder nach Frankfurt zurück.

In seinen Warenhäusern hat der mobile Hertie-Chef selbst für scheinbare Nebensächlichkeiten einen Blick. Er achtet nicht nur darauf, ob die Schaufenster nach seinen Vorstellungen dekoriert sind, sondern auch, ob Artikel richtig ausgezeichnet sind und Plakate genau in Augenhöhe aufgehängt wurden. Um sich gegen überraschende Blitzbesuche ihres kritischen Chefs abzusichern, entwickelten Hertie-Geschäftsführer eine Art Frühwarnsystem. Sobald Georg Karg bei einem von ihnen unangemeldet auftaucht, erhalten die Kollegen in den Nachbarfilialen sofort einen Wink.

In den diskreten Gesprächen, zu denen sich die Spitzen der in der »Gruppe der befreundeten Warenhäuser« zusammengeschlossenen Großen Vier zwecks Abstimmung ihrer Interessen regelmäßig treffen, war der scheue Karg nur zögernd bereit, sich in seine Karten blicken zu lassen. Bevor er sich dazu durchrang, in den unter den »Befreundeten« üblichen Austausch sämtlicher Geschäftszahlen auch die Ergebnisse seiner Tochterfirmen Bilka und Wertheim einzubeziehen, mußten die Vertreter von Karstadt, Kaufhof und Horten milden Druck auf den Senior ausüben. Der alte Herr, so argwöhnen seine Gesprächspartner aus den anderen Häusern, komme ohnehin nur, um zu hören, ohne selbst mehr als das Nötigste zu sagen. Einen Schock versetzte Georg Karg seinen Kontrahenten 1968, als er ihnen kurz und bündig mitteilte, sich nicht länger an das zwischen den vier Konzernen geschlossene Regionalabkommen zu halten, in dem die für den Bau neuer Warenhäuser interessanten Städte jahrelang brüderlich verteilt worden waren. Der Hertie-Chef war nicht mehr bereit, sich bei seiner Expansion Fesseln anlegen zu lassen. Das heimliche Standortkartell war damit geplatzt.

Beherrschende Führungsnaturen verraten immer wieder einen erschreckenden Mangel an Weitblick, wenn es um den Aufbau ihres eigenen Nachfolgers geht. Eine ihrem autoritären Regierungsstil entsprechende Geringschätzung anderer als der eigenen Führungsqualitäten, verbunden mit der Sorge, womöglich vor dem selbstgewählten Rücktrittstermin vom Thron gedrängt zu werden, hindern sie daran, einen Kronprinzen an die Schalthebel der Macht zu lassen. Ohne Frage ist Georg Karg diesem Herrschertyp nicht ganz unähnlich. Der unbeugsame Konzernchef schuf zwar bereits 1953 mit der Übertragung nahezu des gesamten Warenhausvermögens auf die zu diesem Zweck gegründete Kargsche Familienstiftung die Voraussetzung dafür, daß seine Erben später einmal keine Erbschaftssteuer zahlen müssen und sein auf mehr als eine Milliarde taxierter Besitz damit unangetastet bleibt. Fest steht auch, daß Kargs einziger Sohn Hans-Georg das Familienunternehmen einmal zusammen mit seinem Vetter Dietrich Karg leiten wird. Doch obwohl der Junior 1971 bereits das stattliche Alter von 50 Jahren erreichte, hält der alte Herr, der wegen seines Nierenleidens ständig einen Arzt in seiner Nähe hat, die Zügel bei Hertie noch immer fest in der Hand.

Wie fern der bejahrte Warenhauskaufmann jedem Gedanken an einen bevorstehenden Rückzug aufs Altenteil steht, demonstrierte er der Umwelt auf dem Empfang zu seinem 80. Geburtstag im Schloßhotel Kronberg im Taunus. Gegen 13 Uhr machte sich der Jubilar unbemerkt davon, ruhte sich in seiner Bad Homburger Villa eine Stunde aus und saß um halb vier wieder in seinem Büro.

ERICH H. DIEDERICHS

## Edeka — der erwachte Riese

Die Schlacht fand im Saale statt, im großen Saal des Weinrestaurants »Winzerverein Bad Dürkheim« in Bad Dürkheim. 75 Lebensmittelhändler, sämtlich Mitglieder der Edeka-Genossenschaft Frankenthal, waren gekommen, um die geplante Fusion ihrer Gruppe mit den Nachbarverbänden Worms und Grünstadt zu diskutieren. So jedenfalls stand es in der Einladung. In Wirklichkeit ging es den meisten jedoch an diesem Abend darum, dem Gast, der ihnen in einer Rede diesen Plan »verkaufen« wollte, gehörig die Meinung zu sagen. Erregte Zwischenrufe wie »Fahren Sie doch nach Hamburg zurück!«, »Wir wollen selbständig bleiben!« und »Wir brauchen nicht den Rat eines studierten Verbandsdirektors!« brachten den Referenten immer wieder aus dem Konzept.

Als er zum wiederholten Mal von einem besonders stimmgewaltigen Opponenten in seinen Ausführungen unterbrochen wurde, zitierte er diesen mit den Worten »Kommen Sie, lassen Sie uns vor die Tür gehen« in einen Nebenraum. Umringt von den neugierigen Kaufleuten, die nach ihnen aus dem Saal geströmt waren, lieferten sich die beiden draußen einen heftigen Privatdisput. Nach diesem rhetorischen Schlagabtausch konnte die Sitzung ohne weitere Störungen fortgesetzt werden. Übrigens sind die drei kleinen Genossenschaften inzwischen längst zu einer großen Edeka-Genossenschaft verschmolzen worden.

Mit dem Überzeugungswillen eines Wanderpredigers, der geradlinigen Denkweise eines Generalstäblers und der Arbeitskraft eines Managers, der in der Woche 80 Stunden im Dienst ist, hat Erich H. Diederichs die Edeka, Deutschlands führende Lebensmittelhandels-Gruppe, in zehn Jahren von einem genossenschaftlichen Einkaufsverbund in eine moderne Absatzorganisation verwandelt. 35 000 Edeka-Kaufleute, in 105 regionalen Genossenschaften zusammengeschlossen, setzten 1970 rund elf Milliarden Mark um und brachten es im westdeutschen Lebensmittel-Einzelhandel auf einen Marktanteil von knapp 20 Prozent. 35 000 Edeka-Kaufleute hören zwar nicht gerade auf Erich Diederichs Kommando – dafür ist die Edeka kein auf Befehlsempfang eingestellter Konzern, sondern ein recht schwer zu bewegendes Gebilde –, aber im Kampf ums Überleben haben sie sich immer bereitwilliger seiner Gruppenstrategie angeschlossen.

Eigentlich hatte der als Sohn eines Gutsbesitzers aus der Mark Brandenburg 1913 in Berlin geborene Erich Horst Diederichs in jungen Jahren den Wunsch, einmal Pfarrer zu werden. Der Berliner, der bereits im Alter von zwei Jahren seine Mutter verloren hatte und bei Verwandten aufgewachsen war, zeigte sich stets als einer der Eifrigsten, wenn es am Dorotheenstädter Realgymnasium in der Nähe der Prachtstraße »Unter den Linden« um theologische und weltanschauliche Streitfragen ging. Besonders heiß wurde im Religionsunterricht das 1926 erschienene Buch »Im Westen nichts Neues« von Erich Maria Remarque diskutiert.

Die kritische Einstellung, die er jedoch allmählich zur Theologie gewann (Diederichs: »Ich wäre wahrscheinlich ein sehr unbequemer Pfarrer geworden.«), ließ es ihm geraten erscheinen, sich nach einem anderen Beruf umzusehen. Er entschied sich dafür, in Berlin Nationalökonomie und Soziologie zu studieren. In den Seminaren Karl Sombarts, des wohl scharfsinnigsten Analytikers des Kapitalismus und engagierten Marx-Gegners sowie des Genossenschaftlers August Müller gewann Erich Diederichs entscheidende Anregungen für sein weiteres Leben. Wie können mittelständische Unternehmen – um diese Frage ging es immer wieder – in einer großkapitalistisch geprägten Wirtschaftsverfassung bestehen? Diederichs: »Marx war für uns kein Ansatzpunkt, den hatten wir uns längst von den Schuhen abgelaufen.«

Zwischen den Vorlesungen fand der Studiosus noch genügend Zeit, um eine Volontariats-Vermittlung für angehende Volkswirte zu gründen und mit zwei Kommilitonen drei Jahre lang zu leiten. Das Büro unterhielt Verbindungen zu rund 300 Firmen. Gleichzeitig organisierte Diederichs, der schon als Schüler mit der Bündischen Jugend ausgedehnte Zeltfahrten nach Schweden und Finnland unternommen hatte, einen freiwilligen Arbeitsdienst, durch den Tausende von Studenten beispielsweise zur Ödlandkultivierung ins Emsland oder in den Warthebruch fuhren. Die Bewegung hatte ihre geistige Wurzel in den Bestrebungen der antibürgerlich eingestellten akademischen Jugend, in der von ihr innerlich abgelehnten Welt einen Standort zu finden.

Als nach 1933 Reichsarbeitsdienst-Führer Hierl Diederichs' Organisation zu einer staatlichen Pflichteinrichtung machen wollte, wehrte sich der damals gerade 21jährige Student entschieden gegen dieses Ansinnen. Der widerspenstige Jung-Akademiker wurde wegen »landesverräterischer Umtriebe« verhaftet, ins Polizeigefängnis am Anhalter Bahnhof eingesperrt und später in die Haftanstalt Tempelhof überführt. Als er nach einem Dreivierteljahr wieder auf freien Fuß gesetzt wurde, hatte man ihn längst relegiert. Erst eine dank guter Beziehungen erteilte Sondergenehmigung des preußischen Kultusministers Rust ermöglichte es ihm, sein Studium wieder aufzunehmen und zwei Semester später sein Examen abzulegen.

Zu dieser Zeit suchte die neugebildete »Wirtschaftsgruppe Gemeinschaftseinkauf«, der sich sämtliche Genossenschaften des Handwerks, sowie des Groß- und Einzelhandels anzuschließen hatten, nach akademischen Nachwuchsleuten. Der 23jährige Diederichs bewarb sich und wurde als Referent für Preispolitik und verschiedene Warenbereiche, an erster Stelle Lebensmittel, eingestellt. 1938 wechselte er in die vorgesetzte »Reichsgruppe Handel« und bearbeitete dort vor allem Fragen der Preispolitik und des Kartellrechts. Während des Krieges – Diederichs kämpfte als Infantrist in Polen, Frankreich und Rußland und wurde dabei fünfmal verwundet – mußte er wiederholt zivile Sonderaufgaben übernehmen. 1942 schickte man ihn sogar als Handelsreferent nach Rowno in die Ukraine, wo er an der Versorgung der Bevölkerung mitwirkte.

## Gastspiel bei der Rewe

Im Frühjahr 1945 wurde der Ordonnanz-Offizier Erich Diederichs mit seinem Armee-Corps im Sauerland von der 7. amerikanischen Panzerdivision überrollt und gefangengenommen. Nach fast zweijährigem Lageraufenthalt in Belgien und Frankreich ließen ihn die Amerikaner Ende 1946 wieder frei. Im Sauerländischen, wo der Krieg für ihn zu Ende gegangen war, unternahm er auch seinen ersten Schritt ins Zivilleben. In der Kleinstadt Fredeburg unweit von Meschede hatte die Rewe, nach der Edeka die zweitgrößte deutsche Einkaufsgenossenschaft, ein provisorisches Ausweichquartier gefunden. Diederichs, auf der Suche nach einer Stellung, trat zu den versprengten Rewe-Genossen in Kontakt und wurde kurz darauf in die Geschäftsführung der Organisation berufen.

Mit dem einstigen Referenten der Reichsgruppe Handel hatte die unter der Warenknappheit leidende Rewe gerade den richtigen Mann engagiert. Denn seine intime Kenntnis des zentralen Versorgungs-Systems, das die Besatzer nahezu unverändert übernommen hatten, erleichterte ihm die seinerzeit wichtigste Aufgabe, bei den zentralen Verwaltungsämtern für Ernährung um möglichst hohe Warenzuteilungen zu antichambrieren. Doch bei der Rewe blieb Erich Diederichs nur eineinhalb Jahre. Die britische Militärregierung drängte nämlich auf die Neugründung eines genossenschaftlichen Spitzenverbandes als Gesprächspartner für alle Fragen der Versorgung. Der 35jährige Berliner schien den Engländern in hohem Maße geeignet, den neuen Verband zu repräsentieren. Als geschäftsführendes Vorstandsmitglied übernahm er daraufhin die Mitte 1947 ins Leben gerufene Arbeitsgemeinschaft Edeka-Rewe, die später in »Zentralverband des genossenschaftlichen Groß- und Außenhandels« umbenannt wurde. Als Repräsentant der Warengenossenschaften trat Diederichs 1952 überdies in den Vorstand des Deutschen Genossenschaftsverbandes in Bonn ein. Seine fundierten Fachkenntnisse – der vielbeschäftigte Edeka-Chef hält sich auch heute noch in der modernen Wirtschaftstheorie auf dem laufenden – machten ihn für Wirtschaftsminister Erhards Wettbewerbs-Experten Eberhard Günther, zur Zeit Präsident des Bundeskartellamts in Berlin, bei der Vorbereitung des Kartellgesetzes zu einem anregenden Gesprächspartner. Ein Angebot Ludwig Erhards, als Abteilungsleiter in sein Ministerium einzutreten, lehnte Erich Diederichs jedoch ab.

Dafür begannen sich für den Berliner Mitte der fünfziger Jahre andere berufliche Perspektiven abzuzeichnen. Durch seine Verbandsarbeit hatte er zu den Genossenschaften draußen im Lande, die er vor allem in wirtschaftspolitischen und steuerrechtlichen Fragen beriet, engsten Kontakt gepflegt. Es war deshalb nichts ungewöhnliches, daß Vertreter führender Edeka-Genossenschaften gerade an ihn dachten, als sie sich Gedanken über einen geeigneten Nachfolger für ihren (mit einer längeren Unterbrechung) seit 1938 amtierenden Verbandsdirektor Paul König machten. Die von maßgeblichen Kräften der Edeka gewünschte Berufung Diederichs in den Vorstand scheiterte 1957 jedoch zunächst am Widerstand des konservativen Königs und zweier Vorstandsmitglieder, in deren Augen die reformerischen Ideen des forschen Kronprinzen-Kandidaten fast einen Verrat an den durch den Patrimonialrichter Hermann Schulze aus Delitzsch verkündeten Genossenschaftsidealen darstellten.

Statt in den Vorstand der Edeka zog Erich Diederichs 1957 deshalb zunächst einmal in den Vorstand der zum Besitz der Waschmittel-Dynastie Henkel gehörenden Hamburger Firma Norddeutsche Hefe-Industrie AG ein. Der ehemalige Verbandsgeschäftsführer (»Ich wollte mir unbedingt noch Industrieerfahrung aneignen«), zentralisierte den Vertrieb von Backhefe, erwarb sich das Verdienst, den nach dem Ende der Reglementierung 1959 ins Rutschen gekommenen Hefepreis zu stabilisieren und baute das Spirituosengeschäft der Firmentochter Heinrich Helbing (Helbing's Kümmel«) beträchtlich aus. Doch die Verbindungen zur Edeka ließ Diederichs auch in dieser Zeit nicht abreißen. Der glänzende Informationsstand, mit dem er später sein Vorstandsamt antrat, überzeugte die meisten erst nachträglich davon, daß er das Edeka-Haus an der Alster während seiner Tätigkeit bei der Norddeutschen Hefe fest im Visier gehabt hatte. Als führende Genossenschaftler aus allen Teilen der Bundesrepublik 1960 einen zweiten Versuch unternahmen, Diederichs in den Vorstand zu wählen, war das Eis schnell gebrochen. Am 1. Juli 1961 nahm der 48jährige Berliner als designierter Nachfolger des inzwischen 70 Jahre alten Edeka-Patriarchen König am Vorstandstisch Platz.

Ein Blick in die Geschichte der Edeka macht deutlich, welchen vordringlichen Aufgaben sich Erich Diederichs in seinem neuen Amt gegenübergestellt sah. – »Hilf dir selbst, dann hilft dir Gott! Nur der ist verloren, der sich selbst aufgibt!« Unter diesem in die Edeka-Analen eingegangenen (Über-)lebensmotto schlossen sich in der zweiten Hälfte des vorigen Jahrhunderts vor allem in Mittel- und Ostdeutschland zahlreiche Kolonialwarenhändler zum Zwecke des gemeinsamen Einkaufs zusammen. An der Krämeridylle des späten Mittelalters hatte sich bis zu diesem Zeitpunkt nicht allzuviel geändert. Die engen Läden waren meist holzgetäfelt und mit Hilfe von Öllampen beleuchtet, links und rechts der Theke standen offene Fässer und Säcke. Jeder Kaufmann röstete noch seinen eigenen Kaffee. Der mit dieser Aufgabe betraute Gehilfe oder »Commis«, wie er damals genannt wurde, mußte an den Rösttagen schon um vier Uhr im Laden sein.

Mit dem Beginn des Industrie-Zeitalters ging das betuliche Händlerdasein jedoch sehr schnell zu Ende. Die ersten Filialunternehmen und Warenhäuser entstanden: 1879 wurde die Firma Leonhard Tietz (der heutige Kaufhof) gegründet, 1880 Kaiser's Kaffeegeschäft, 1892 Hermann Tietz und 1893 Tengelmann. Viele Fabrikanten gingen dazu über, Direktvertriebs-Einrichtungen aufzubauen. Am anderen Ende der Verteilerkette begannen vor allem die Arbeiter der Großstädte, durch die Gründung von Konsumvereinen den Einzelhandel ebenfalls auszuschalten.

## Für eine »große Coalition«

Ein engagierter Journalist namens C. W. Zimmermann, Redakteur der in Leipzig erscheinenden »Kolonialwaren-Zeitung«, legte den ratlosen Krämern 1885 einen wegweisenden Selbsthilfeplan vor. Die Kleinhändler sollten eine »große Coalition« bilden, um da »wo es dem einzelnen nicht möglich ist, große Posten einer Warengattung zusammen einzukaufen« und damit »alle Vorteile des Masseneinkaufs, der Fracht, Spesen usw. gemeinsam zu genießen«. In Zimmermanns Artikeln werden bereits die Umrisse einer Art Marketing-Konzeption erkennbar. »Um aber das Geschäft der neuen Coalition zu beleben und nutzbar zu machen«, heißt es da, »müßte selbstverständlich mittels Reklame auf dem Inseratenwege das consumierende Publicum über die »neue Vereinigung der Kaufleute« verständigt werden, wozu je nach Verhältnis jeder der Betheiligten beizutragen hat.«

Drei Jahre nachdem Zimmermann in der »Kolonialwaren-Zeitung« seine für damalige Zeiten revolutionären Vorschläge veröffentlicht hatte, trieb ein lokales Ereignis die Kleinhändler zu ungeahnter Aktivität. Der »Görlitzer Wareneinkaufsverein«, ein von niederschlesischen Arbeitern gegründeter Konsumverein, beschloß 1888, in Frankfurt an der Oder eine Filiale zu eröffnen.

Unter dem Druck der neuen Konkurrenz mußten binnen kurzer Zeit 12 Kolonialwarenhändler ihre Läden schließen. Um sich gegen den gefährlichen Eindringling besser wehren zu können, riefen 36 Kaufleute den »Frankfurter Wareneinkaufsverein«, die erste Genossenschaft mittelständischer Kolonialwarenhändler, ins Leben.

Das Frankfurter Beispiel machte sehr schnell Schule: schon wenige Wochen später schlossen Kleinhändler in Guben ein ähnliches Schutz- und Trutzbündnis, den »Gubener Handelsverein«, in Brandenburg an der Havel tat sich 1889 der »Brandenburgische Wareneinkaufsverein« und in Cottbus noch im selben Jahr der »Niederlausitzer Wareneinkaufsverein« auf. Begünstigt durch die Verankerung der beschränkten Haftpflicht im neuen Genossenschaftsgesetz vom 1. Mai 1889, entstanden bis 1893 im Reich insgesamt 30 Einkaufsvereine.

Je mehr Kleinhändler sich organisierten, desto lauter wurde der Ruf nach einer zentralen Einkaufsstelle für alle örtlichen Genossenschaften. Der Versuch, eine Einkaufszentrale für das ganze Reich zu gründen, endete allerdings mit einer spektakulären Pleite, über die in den Edeka-Chroniken sicherlich deshalb so ungeschminkt berichtet wird, weil der Hauptschuldige ein »Mann der Gegenseite« war, wie es an einer Stelle heißt. Denn dieser Pionier mit Namen Hugo Papst, der 1904 die Führung der von ihm initiierten »Zentraleinkaufsgesellschaft deutscher Kolonialwarenhändler« in Hamburg übernahm, hatte früher einmal den Konsumverein in Meiningen und später sogar eine Einkaufsagentur mehrerer Konsumvereine geleitet.

Zugunsten dieses Hugo Papst muß jedoch gesagt werden, daß die Gründer der Zentraleinkaufs-Gesellschaft ihr Kind mit erheblichen Geburtsfehlern der rauhen Wirklichkeit ausgesetzt hatten. Als schwerwiegendster Makel erwies sich vor allem die ungesunde Mitgliederstruktur: von den mehr als 1000 Mitgliedern waren die meisten mittelständische Einzelhändler und nur wenige größere Genossenschaften. Kein Wunder also, daß sich in den Büchern der Einkaufszentrale überwiegend Kleckerbeträge summierten. Im Startjahr 1904 lautete die Durchschnitts-Bestellung nur auf einen Betrag von 82,50 Mark. Zu allem Unglück kam hinzu, daß von dem auf 415 000 Mark festgesetzten Stammkapital am Ende des Gründungsjahres noch nicht einmal ein Drittel eingezahlt worden war.

Umfangreiche Importgeschäfte auf Wechselbasis wurden dem ehrgeizigen Papst, der die Gesellschaft zu einem auf seine Person zugeschnittenen Großunternehmen ausbauen wollte, schließlich zum Verhängnis. Der Aufsichtsrat sprach ihm die Sorgfaltspflicht eines ordentlichen Kaufmanns ab und entband ihn 1905 von der Geschäftsführung. In einer denkwürdigen Sitzung am 21. Oktober 1907 im Leipziger »Hotel de Pologne« liquidierten die Sachwalter des organisierten Kolonialwarenhandels ihre erste Einkaufszentrale. Doch mit einer Begräbnisfeier wollten es die 50 Vertreter von 21 Genossenschaften nicht bewenden lassen. Nach einem gemeinsamen Mittagsmahl gründeten sie den »Verband deutscher Kaufmännischer Genossenschaften eGmbH«. Er sollte die ihm angeschlossenen Genossenschaften beraten und die gesetzlich vorgeschriebene Prüfung ihrer Jahresabschlüsse übernehmen. Dagegen durfte er sich geschäftlich selbst nicht betätigen.

Zur Abwicklung des gemeinsamen Einkaufs gründete ein Fähnlein von acht Verbandsvätern einige Wochen später die »Zentraleinkaufsgenossenschaft des Verbandes deutscher Kaufmännischer Genossenschaften eGmbH«. An der Aufbringung des Gründungskapitals beteiligte sich jeder der Acht mit einem Betrag von 100 Mark. »Arm an Geld, aber reich an Selbstvertrauen und Liebe zum Berufsstand, haben die weitschauenden Männer im Jahre 1907 die Samenkörner der Edeka-Bewegung ausgestreut, die im Laufe der 25 Jahre tausendfältige Frucht gebracht haben«, feierten die »Edekaner« 1932 ein wenig blumig die Veteranen ihrer Bewegung.

Den Namen »Edeka«, die lautschriftliche Abkürzung für »Einkaufszentrale der Kolonialwarenhändler«, übernahm die neue Gruppe aber erst 1911 von ihrer Berliner Genossenschaft. Der äußere Rahmen, in dem die Edeka ihre Arbeit aufnahm, war mehr als dürftig. Zwei kostenlos zur Verfügung gestellte Zimmer in der Lindenstraße 108 – das war alles. An Ausgaben für die Geschäftsführung hatten die sparsamen Edeka-Gründer für das erste Jahr nicht mehr als 1500 Mark in ihr Budget einzusetzen gewagt.

Die Industrie, die sich daran gewöhnt hatte, dem unorganisierten Kleinhandel mühelos ihre Konditionen aufzuzwingen, beobachtete den wachsenden Einkaufsverbund mit nicht geringer Sorge. Um die Edeka, solange es noch möglich war, zur Strecke zu bringen, verhängten im Jahre 1912 mehr als 40 Markenartikel-Hersteller über sie einen Lieferboykott. Doch als die Angreifer die zu dieser Zeit bereits von knapp hundert Genossenschaften mit über 6000 Mitgliedern getragene Einkaufszentrale nach einem Jahr noch immer nicht in die Knie gezwungen hatten, brachen sie ihre Aktion wieder ab. Die Edeka hatte ihre Feuertaufe bestanden.

## Die »Zucker-Genossen«

Von nun an stieg die Zahl der Genossenschaften rapide an: bei Ausbruch des Ersten Weltkrieges waren es 126, bei Kriegsende 194, im Jahre 1922 bereits 454 und ein weiteres Jahr später sogar 578. Das

Gründungsfieber in den Jahren 1922/23 erlaubt allerdings nicht den Schluß, daß plötzlich besonders viele Kolonialwarenhändler vom genossenschaftlichen Geist erleuchtet worden wären. Vielmehr waren es recht vordergründige Überlegungen, die es zahlreichen Kaufleuten nahelegten, sich einer Genossenschaft anzuschließen oder da, wo es noch keine gab, schnellstens eine zu gründen. Denn ihr Interesse war es allein, leichter an Zucker zu gelangen, der damals bewirtschaftet wurde und den geschäftstüchtige Großhändler nur noch in Verbindung mit ansehnlichen Mengen anderer Nährmittel abgaben. Von den Idealisten der Edeka wurden auf diese Weise entstandene Genossenschaften etwas geringschätzig als »Zucker-Genossenschaften« tituliert.

Dennoch, der Aufstieg der Edeka war jetzt nicht mehr aufzuhalten. 1924 wurde in Berlin ein neues Verwaltungsgebäude eingeweiht, 1925 erschien zum erstenmal die Kundenzeitschrift »Die kluge Hausfrau«, die heute in einer Auflage von 1,3 Millionen Stück wöchentlich in den Geschäften der Edeka kostenlos angeboten wird. 1926 wurde die erste »Reichs-Edeka-Woche« mit einheitlichen Anzeigen und Flugblättern veranstaltet. Unterstützt wurde die Aktion durch eine ideenreiche Rundfunkwerbung. 1928 überschritt der Umsatz der Edeka-Zentrale erstmalig die Schwelle von 100 Millionen Reichsmark.

Daß der Großhandel noch weit davon entfernt war, sich mit der Konkurrenz der Genossenschaften abzufinden, wurde unmittelbar nach der Machtergreifung deutlich. In einer für die Reichsregierung bestimmten Vorlage heißt es: »Die Einkaufs-Genossenschaften sind unvereinbar mit einem gesunden Aufbau der Volkswirtschaft, weil sie ... den Einbruch eines Berufsstandes in das Arbeitsgebiet eines anderen zum Schaden aller zum Prinzip haben.« Geschickt nutzten die Verbandssprecher die ideologischen Schranken zwischen Konsum- und Einkaufsgenossenschaften aus:

»Einig ist sich der gesamte Einzelhandel darin, daß die Verbraucher-Genossenschaften einen Schaden in der Wirtschaft darstellen und zu beseitigen sind. Das wird auch von den Einkaufs-Genossenschaften des Einzelhandels gefordert. Wenn man aber auf dem Standpunkt steht, daß der Zusammenschluß der Verbraucher in Genossenschaften zwecks Ausschaltung des Einzelhandels unzulässig ist, so ist es unvereinbar mit der Anschauung, andererseits Einzelhandels-Genossenschaften aufzuziehen, um denselben Einbruch gegenüber dem Großhandel durchzuführen.«

Der Deutsche Genossenschaftsverband konterte mit einer Sammlung freundlicher Zitate aus dem Munde höchster Parteiführer und den Spalten linientreuer Zeitungen. Man muß es wohl mit der äußerst schwierigen Lage entschuldigen, daß sich die Verbandssyndizi in ihrem Abwehrkampf teilweise recht trüber Quellen bedienten und die Ressentiments der Nationalsozialisten gegen Warenhäuser und Konsumvereine geschickt in ihr taktisches Kalkül mit einbezogen. »Die Einkaufsgenossenschaften waren es ja«, heißt es beispielsweise in einem Zitat aus der Essener »National-Zeitung«, »die seit jeher im Kampf gegen Warenhäuser und Konsumvereine gestanden hatten, die ihren Ursprung der Kampfeinstellung des Einzelhandels gegen diese übermächtige Konkurrenz verdankten und die nicht zuletzt der nationalsozialistischen Idee die Treue geschworen haben.«

Einer Stilblüten-Lese scheint folgendes Zitat aus der Verbands-Broschüre entnommen: »Genossenschaften waren früher und sind heute noch für den Berufsstand das, was die Zuchtwahl für die Landwirtschaft ist ... Sie sind ein Stück altgermanischer Rechtsauffassung der Selbsthilfe und der Gegenseitigkeitshilfe, das sich bis in die jüngste Zeit herübergerettet hat ...«

Im Gegensatz zu den während des Dritten Reiches ideologisch verteufelten Konsumgenossenschaften, die Robert Ley 1941 seinem »Gemeinschaftswerk der Deutschen Arbeitsfront« einverleibte, kam die Edeka organisatorisch intakt, wenngleich durch die Zerstörung vieler Lager und Geschäfte stark geschwächt, über den Krieg. Schon Anfang 1946 trafen sich trotz der von den Militärregierungen verfügten Reisebeschränkungen Edekaner aus allen vier Besatzungszonen zu einer ersten Sitzung in Göttingen.

## Wiederbeginn nach alten Rezepten

Die Gruppe begann da, wo sie bei Kriegsausbruch aufgehört hatte – mit denselben Männern und von denselben Idealen geleitet. Das war nur allzu verständlich und bis zur Währungsreform ohne nachteilige Folgen. Spätestens Mitte der fünfziger Jahre hätte der Edeka-Führung jedoch klarwerden müssen, daß ein Prüfungsverband mit einer angeschlossenen Einkaufszentrale kaum ausreichen würde, um 45 000 unter dem blau-gelben Gruppen-Symbol verkaufende Lebensmittelhändler konkurrenzfähig zu erhalten. Überhaupt waren durch die

Zerstörung oder die spätere Sanierung gerade der Großstädte viele kleinere Edeka-Läden von der Bildfläche verschwunden; an ihrer Stelle eröffneten in den wiederaufgebauten Stadtteilen vielfach Filialunternehmen oder starke Konsumgenossenschaften neue Geschäfte. Noch heute ist die Edeka im Unterschied zu den meisten ländlichen Gebieten in vielen Großstädten wie Hamburg, Düsseldorf und Frankfurt relativ schwach vertreten.

Noch als Erich Diederichs 1961 in den Edeka-Vorstand einzog, waren die tragenden Säulen des Verbandes die Prüfungs-, Steuer- und Rechtsabteilungen. Die Betreuung der Mitglieder wurde dagegen traditionell als Aufgabe der Genossenschaften angesehen. Im Gegensatz zu Paul König, dessen Traum es gewesen war, im Bundesgebiet noch einmal wie zuvor im ganzen Reich 50 000 Kaufleute unter dem Edeka-Emblem vereint zu sehen, sah Diederichs klar die Folgen des unvermeidbaren Ausleseprozesses voraus. Und noch etwas stand für ihn außer Zweifel: ohne direkte Unterstützung von zentraler Stelle würde die Macht der Gruppe weiter abbröckeln. Rund zehn Millionen Deutsche, so prophezeiten die Städteplaner bereits damals, werden bis zum Jahre 1980 aus abbruchreifen Altbauwohnungen in neu errichtete Häuser ziehen. Auf sich allein gestellt würden – wie Diederichs erkannte – die meisten Edeka-Kaufleute in neuen Siedlungen und Trabantenstädten bei der Vergabe von Laden-Standorten gegenüber schnelleren und betuchteren Konkurrenten das Nachsehen haben.

Ende 1963 engagierte er ein halbes Dutzend Städteplaner, die mit dem Auftrag, sich nach Projekten zu erkundigen, die für die Einrichtung neuer Läden interessant sein könnten, Stadtplanungsämter und private Baugesellschaften im gesamten Bundesgebiet besuchten. Waren die Genossenschaften bis dahin vielfach nur zufällig an neue Geschäfte gekommen, so konnten sie mit den Informationen der Experten jetzt planmäßig Standortsicherung betreiben. In Spezialseminaren, die Diederichs' Städteplaner abhielten, lernten die Genossenschaftler aus der Provinz, was ein Flächennutzungsplan ist, wie ein Bebauungsplan beeinflußt werden kann und wie man erfolgreich Kontakte zu Behörden pflegt.

Die heiße Nachfrage expansiver Handelsfirmen nach attraktiven Geschäftslokalen in Neubausiedlungen ermunterte immer mehr Bauherren, Interessenten gleich auf die Erstellung ganzer Nachbarschafts-Zentren in eigener Regie anzusprechen. Um in diesem Wettbewerb bestehen zu können, rief Erich Diederichs 1967 als Tochter des Edeka-Verbandes die Edeka Treuhand-Verwaltungsgesellschaft GmbH ins Leben. Sie war dazu bestimmt, Ladengruppen und kleinere Einkaufszentren zu konzipieren und als Generalmieter zu übernehmen. Als Bauherr fungiert die ebenfalls zu diesem Zweck gegründete »Immobilien Treuhand AG«, deren Aktionäre die Deutsche Genossenschaftskasse (51 Prozent), die Edekabank – das 1914 errichtete zentrale Kreditinstitut der Gruppe – (35 Prozent) und der Edeka-Verband (14 Prozent) sind. Mit der Edeka als Partner (Diederichs: »Höchste Bonitätsstufe«) hat die AG keine Mühe, sich am freien Markt zu finanzieren. Für die Genossenschaften, die sich bei der Kapitalbildung schwertun, weil sie keine verzinsbaren Anteile anbieten können und nicht emissionsfähig sind, sicherte die Edeka-Spitze auf diese Weise bis Ende 1971 20 Stützpunkte im ganzen Bundesgebiet. Die außer einem Edeka-Supermarkt in den Einkaufszentren gebauten Geschäftslokale werden an andere Fachhändler, an Apotheker, Drogisten, Gastwirte und vereinzelt sogar an die Deutsche Bundespost vermietet.

Fast noch schwieriger als die Sicherung interessanter Standorte ist die Besetzung der neuen Läden mit tüchtigen Kaufleuten. Da die Edeka fast regelmäßig mit einem Personalkredit einspringen muß, weil kaum ein Interessent die 200 000 bis 250 000 Mark für Einrichtung und Warenerstausstattung aufbringen kann, haben nur gut ausgebildete Leute eine Chance. Vielfach übernehmen ehemalige Filialleiter »kapitalistischer« Unternehmen ein Edeka-Geschäft in der Aussicht, nach Rückzahlung aller Schulden in 10 oder 15 Jahren selbständig zu sein. Dazu Diederichs: »Wer heute selbständig werden will, muß sich nach gewissen Spielregeln diese Selbständigkeit aufbauen, sonst kann er nicht Unternehmer werden. Er kann sich in einen kleinen Laden setzen, wo er keine Aufbaukredite braucht, aber damit hätte er auf die Dauer keine Chancen.«

Die von Einzelhändlern gegründete Edeka ist heute an einem Punkt, an dem sie für die von ihr geschaffenen Läden selbst Einzelhändler »produzieren« muß. Über ein zweijähriges Praktikum und eine anschließende Tätigkeit als stellvertretende Geschäftsleiter werden tüchtige Nachwuchskräfte systematisch zu einsatzfähigen »Reservekaufleuten« ausgebildet.

Um das »Produktions«-Soll von jährlich 400 neuen Edeka-Händlern zu erfüllen, leitete Erich Diederichs 1970 eine Reorganisation der im Jahre 1930 gegründeten Junioren-Vereinigung »Spara« ein. In dieser »Spar- und Arbeitsgemeinschaft der Jungkaufleute des Lebensmittel- und Feinkost-Einzelhandels e. V.«, wie der Verein mit vollem Namen heißt, waren Mitte 1970 rund 8000 Mitglieder in zehn Bezirksverbänden und 65 örtlichen »Spara«-Gruppen organisiert. In der »Spara« konnten sich Lehrlinge und Gehilfen ein kleines Kapital ansparen, das ihnen in Verbindung mit einem Kredit des Vereins später einmal den Aufbau einer selbständigen Existenz ermöglichte.

Diese Art des Sparens ist heute längst bedeutungslos geworden. Denn selbst der bestbezahlte Gehilfe würde über das Sparen für einen modernen Lebensmittel-Supermarkt alt und grau werden. Den Anforderungen der Zeit genügte auch das in den »Spara«-Gruppen vermittelte Wissen immer weniger: Anstatt auf eine praxisnahe Ausbildung konzentrierte sich der Verein vor allem auf wirtschaftsgeographische und warenkundliche Themen.

Auf Diederichs' Anregung konzipierte der Edeka-Verband die »Spara« unter dem neuen Namen »Edeka-Juniorengruppe« in eine echte Kaderorganisation zur Rekrutierung des kaufmännischen Führungsnachwuchses um. Erfahrene Edeka-Berater sprechen bei den Zusammenkünften über zeitgemäße Werbung und Warenpräsentation, Probleme der Menschenführung, die Deutung betriebswirtschaftlicher Kennzahlen oder die Kalkulations-Methoden bei Obst und Gemüse. Im Gegensatz zur alten »Spara« mit ihrem in sich geschlossenen Vereinsleben ist die neue Juniorengruppe eng mit den regionalen Genossenschaften verbunden. Die Jung-Edekaner sollen dem Verband nach dem Reformplan nur eine begrenzte Zeit von etwa zwei bis drei Jahren angehören und sich möglichst schnell für die Praktikantenstufe und damit für die Laufbahn des selbständigen Kaufmanns qualifizieren.

## 35 000 nach einer Strategie

Erich Diederichs mußte seinen fast 35 000 Mitgliedern in den letzten Jahren noch auf vielfältige Weise unter die Arme greifen, um sie im Kampf gegen die zentral geführten Filialbetriebe, co op-Geschäfte und Lebensmittelabteilungen der Warenhäuser konkurrenzfähig zu erhalten. Eine eigene Firma bietet den Edeka-Kaufleuten für alle Ladentypen und Ladengrößen ein standardisiertes Einrichtungsprogramm – von Regalen über Frischtheken und Tiefkühlmöbel bis zu Kaffeegondeln – an. 22 über das ganze Bundesgebiet verteilte stationäre Ladenausstattungsteams mit insgesamt 100 Spezialisten sind jeweils für die in einem bestimmten Bezirk tätigen Einzelhändler zuständig. Die Anschaffung einer neuen Einrichtung erleichtern sie ihren Kunden durch einen großzügigen Einrichtungskredit. Die Firma arbeitet mit wenigen Vertragslieferanten zusammen und bringt es auf einen Umsatz von jährlich mehr als 100 Millionen Mark.

»Ihr Betrieb wird leistungsfähiger, krisenfester und wettbewerbsstark« – mit dieser Verheißung wirbt eine andere Tochterfirma der Edeka, die 1963 als Betriebsberatungsgesellschaft der Gruppe gegründet wurde. Mit mehreren Experten besetzte Außenbüros in Hannover, Köln, Frankfurt, Stuttgart und München übernehmen Standortanalysen, Beratungen bei Neueröffnungen oder Angliederung neuer Fachabteilungen oder eine »Durchleuchtung« bestehender Betriebe von der Unternehmensführung bis zur Verkaufsförderung.

Um sich ganz seiner eigentlichen Aufgabe, der Führung des Geschäfts, widmen zu können, kann der Edeka-Kaufmann seine gesamte Buchhaltung der vom Edeka-Verband unterhaltenen Buchstellen-Organisation mit ihren 27 Außenstellen übergeben. Die Büros erledigen nicht nur die gesamte Buchführung einschließlich der Erstellung der Bilanz, sondern liefern dem Einzelhändler monatlich detaillierte Berichte mit sämtlichen Schlüsselzahlen seines Betriebs wie Umsatz, Kosten und Gewinn. Anhand der vom Computer ausgeworfenen Durchschnitts-Kennziffern aller betreuten Kaufleute kann er auf einen Blick feststellen, ob seine Zwischenergebnisse im allgemeinen Trend liegen oder nicht. Zur Lokalisierung etwaiger Fehlerquellen genügt vielfach bereits eine Analyse des monatlich von der Genossenschaft an alle bei ihr einkaufenden Mitglieder verschickten Artikel-Gruppen-Berichts. Aus dem mit Hilfe der EDV gewonnenen Zahlenwerk kann der Edeka-Kaufmann ablesen, in welcher der 26 aufgeführten Artikel-Gruppen er im Vergleich zu seinen Kollegen Schwächen aufweist.

Ihre Führungsrolle dehnte die Edeka-Spitze in den letzten Jahren immer stärker auch auf die Verkaufsförderung aus. Schon im Herbst planen die Marketing-Experten in der Zentrale für das nächste Jahr nationale Verkaufsaktionen, bei denen unter einem werbewirksamen Motto sechs bis acht in großen Mengen eingekaufte Artikel besonders herausgestellt werden. 75 Verkaufsförderer der Edeka-Zentrale übernehmen dabei die Aufgabe, etwa 10 000 besonders fortschrittliche Mitglieder mit einem Umsatzanteil von 60 Prozent über Einzelheiten der Aktionen von der Präsentation der Ware bis zur Werbung zu informieren. Alle Geschäfte werden zentral mit Tragetaschen, Display-Material und Plakaten versorgt; gleichzeitig unterstützt Hamburg die Aktionen durch eine großangelegte Zeitschriften- und Rundfunkwerbung, für die die hauseigene Agentur »MK-Werbe« verantwortlich ist.

Es ist wiederholt die Frage gestellt worden, inwieweit sich in dem von Diederichs aufgebauten Betreuungs-System der Kaufmann noch von einem Filialleiter unterscheidet. Diese Frage scheint berechtigt, denkt man – um das Problem an einem Extremfall zu verdeutlichen – etwa an einen von der Edeka zum Kaufmann ausgebildeten Mann, der ohne einen Pfennig Eigenkapital einen von der Edeka gebauten und voll eingerichteten Supermarkt erhält, im Rahmen eines Dauerberatungs-Vertrages seine Bücher bei der Edeka führen läßt, seine Ware fast ausschließlich bei der Edeka einkauft und in zentrale Marketing-Aktionen der Edeka mit einbezogen wird. Kein Zweifel, ein selbständiger Lebensmittelkaufmann ist heute im engeren Sinne des Worte weniger frei als noch vor 20 Jahren. Mit der Verschärfung des Gruppenwettbewerbs ist der ohne jede Bindung an eine starke Service-Organisation operierende Kaufmann jedoch in eine immer aussichtslosere Lage gedrängt worden. Der rapide Rückgang unorganisierter Geschäfte spricht eine unmißverständliche Sprache: Trugen sie zum Gesamtumsatz des deutschen Lebensmittel-Einzelhandels 1955 noch mit 50 Prozent bei, so sank diese Quote bis zum Jahre 1970 auf nur noch drei Prozent.

Mit der gleichen Energie, mit der er sich an die Aufgabe machte, seine 40 000 Edeka-Kaufleute durch ein ganzes Bukett von zentralen Betreuungsleistungen für den Kampf gegen die »kapitalistischen« Konkurrenten zu rüsten, nahm sich Erich Diederichs auch der Genossenschaften mit ihren strukturellen Schwächen an. Die meisten der Großhandelsbetriebe waren durch die starke Branchen-Konzentration allein wegen der fehlenden Größe kaum in der Lage, ihre Mitglieder optimal zu führen. Waren in der Ära König Fusionen zwischen zwei Genossenschaften höchst seltene Ereignisse, die schon durch akute Schwierigkeiten unausweichlich geworden sein mußten, so erhob der 1966 an die Spitze der Edeka getretene Diederichs die Schaffung leistungsfähiger Großgenossenschaften sogar zu einem der Hauptziele seiner Geschäftspolitik. Der Erfolg, den er dabei hatte, spricht für sich: Gab es bei seinem Eintritt in den Vorstand 1961 noch 223 Genossenschaften, so waren es zehn Jahre später nur noch 95.

In einer nach demokratischen Prinzipien dreistufig gegliederten Organisation wie der Edeka, in der durch einen Knopfdruck so gut wie nichts zu bewegen ist, mußte Diederichs das ganze Gewicht seiner persönlichen Überzeugungskraft in die Waagschale werfen, um in endlosen, teilweise turbulenten Versammlungen mit Einzelhändlern, in Vorstandssitzungen und Einzelbesprechungen die oft aus rein lokalen Animositäten geborenen Widerstände gegen eine Fusion mit der Nachbar-Genossenschaft zu überwinden. Es dämpfte den Eifer des unnachgiebig fechtenden Edeka-Chefs nicht, wenn er – was nicht selten vorkam – die Kampfarena als Verlierer verließ und erst nach weiteren Besuchen bei den betreffenden Genossenschaften sein Ziel erreichte. Diederichs: »Das war eine echte Missionsaufgabe.«

Allein durch Fusionen konnte er jedoch zwei entscheidende Schwächen der Genossenschaften nicht beseitigen: Einmal ihren chronischen Eigenkapitalmangel, zum anderen ihr zu schwach ausgeprägtes Gruppenbewußtsein im Warengeschäft. Aus diesem Grunde entwickelte Diederichs 1969 den Plan, das reine Handelsgeschäft auf der zentralen und regionalen Ebene aus den Genossenschaften auszugliedern und in neu zu gründende Handelsgesellschaften in der Rechtsform der GmbH zu übertragen. Damit waren eindeutig Elemente einer Kapitalgesellschaft oder, wenn man so will, eines Konzerns, in die Edeka-Organisation eingebaut worden.

An den 1970 zunächst in zehn Genossenschaften ins Leben gerufenen »Edeka-Handelsgesellschaften (EHG)« sind die Genossenschaftsmitglieder als stille Gesellschafter mit Anspruch auf eine garantierte Dividende sowie die einzelne Genossenschaft zur Hälfte beteiligt; die restlichen 50 Prozent liegen – und hier zeigt sich der für die Edeka-Zentrale entscheidende Effekt – bei der in Hamburg als Dachfirma gegründeten »Edeka Zentralhandelsgesellschaft mbH«. Die Vorzüge der neuen Konstruktion liegen auf der Hand: Anstelle der einzelnen Genossenschaften kauft die Zentrale das gemeinsam festgelegte Kernsortiment ein und kann als Großnachfrager gegenüber der Industrie wesentlich günstigere Konditionen verlangen. Darüberhinaus arbeiten alle regionalen Handelsgesellschaften nach ein und demselben Organisations-Schema und Vertriebssystem, was die Betriebsführung erleichtert. Als 50prozentiger Teilhaber kann die Edeka-Spitze überdies auch andere wichtige Entscheidungen, wie etwa den Bau neuer Verbrauchermärkte oder Lagerhäuser, entscheidend beeinflussen.

## Wenn die Edeka mit der Rewe . . .

Parallel zur Straffung der Gruppe bahnte der in den Dimensionen eines Großkonzerns planende Edeka-Chef die Fusion mit Deutschlands zweitgrößter Einkaufsgenossenschaft, der Rewe, an. Die Rewe, eine Abkürzung für »Revisionsverband West«, war 1926 von überwiegend kleineren rheinischen Kaufleuten gegründet worden, die vergeblich versucht hatten, sich an die Edeka anzulehnen. Dies erklärt die fast ideologisch gefärbte Gegnerschaft der beiden Organisationen, die über Jahrzehnte anhielt und soweit ging, daß die beiden Verbandsdirektoren König und Brendgen regelrecht verfeindet waren.

Schon als junger Referent in der Wirtschaftsgruppe Gemeinschaftseinkauf war Erich Diederichs in der Rolle eines neutralen Ratgebers zumindest mittelbar an den ersten Versuchen beteiligt, die rivalisierenden Schwestern zusammenzuführen. Doch hierzu war, wie sich sehr schnell zeigte, die Zeit noch nicht reif. An lokalen Eifersüchteleien scheiterten auch in den fünfziger und sechziger Jahren mehrere Anläufe, die rund 40 000 Edeka- und 12 000 Rewe-Lebensmittelhändler zu einem mächtigen Block mit einem Marktanteil von 27 Prozent zu verschmelzen. Doch mit zunehmendem Zwang zur Größe traten die emotionalen Widerstände gegen eine Fusion immer stärker hinter die Einsicht zurück, daß durch eine Zusammenführung der beiden Organisationen im Einkauf, in der Verwaltung, im Lager- und Transportwesen erhebliche Rationalisierungs-Vorteile zu erzielen seien.

Mit Verhandlungen zwischen größeren Kommissionen traten die Fusionsbemühungen im Herbst 1970 in ein entscheidendes Stadium. Um den sehr auf die Wahrung seines Prestiges bedachten kleineren Partner von den lauteren Absichten der Edeka zu überzeugen, benutzte der taktisch geschickte Diederichs (»In allem steckt Politik«) die Bereitschaft der Mitglieder der Rewe-Genossenschaft Rheinfelden, sich der Edeka Freiburg anzuschließen, zu einem demonstrativen Akt der Fairneß. Anstatt die Rewe-Genossen einfach zu übernehmen, initiierte er gemeinsam mit je drei örtlichen Vertretern der Edeka und der Rewe als siebenter Mann eine Art Auffang-Genossenschaft, die anschließend beide Gruppen übernahm. Doch auch in der klimatisch entspannten Gesprächs-Atmosphäre gediehen die schwierigen Verhandlungen über die Verschmelzung der unterschiedlich strukturierten Organisationen auf Bundesebene so langsam, daß die beiden Kommissionen im Sommer 1971 auseinandergingen. Diederichs: »Die Fusion zweier Stahlkonzerne ist im Vergleich zur Vereinigung von Edeka und Rewe ein Kinderspiel.«

Zur Erreichung seiner weitgesteckten Ziele absolviert Erich Diederichs ein Arbeitspensum, das seine engsten Mitarbeiter immer wieder zu Meditationen über den Sinn des Lebens anregt. Mindestens an drei Tagen der Woche ist er auf Reisen. Wenn er von Auswärtsterminen spätabends in sein Haus im Hamburger Walddörfer-Vorort Wohldorf zurückkehrt, liegt für ihn bereits die von einem Kurier aus dem Edeka-Haus überbrachte Tagespost bereit, die er regelmäßig bis weit nach Mitternacht durcharbeitet. Am nächsten Morgen finden seine Manager die von ihm mit Randnotizen versehenen Vorlagen schon auf ihrem Schreibtisch.

Mit Pullover, Kordhose und Pfeife fährt der Edeka-Chef meist auch samstags in sein Büro, um sich ungestört in schwierige Probleme vertiefen zu können. Viel Zeit nimmt er sich, um seine zahlreichen Reden, die er vor Genossenschaften und Verbänden hält, handschriftlich zu Papier zu bringen. Sein Referat, mit dem er den jährlichen Edeka-Verbandstag einleitet, formuliert er nicht selten erst wenige Stunden vor Beginn der Veranstaltung frühmorgens um fünf Uhr im Hotel. Den Sonntag nutzt Diederichs vor allem zur Lektüre wirtschaftlicher Werke oder politischer Bücher, vor allem Biografien großer Staatsmänner, sofern nicht gerade eine Rede vor der Generalversammlung einer Genossenschaft auf dem Programm steht.

Als Nervenbalsam bevorzugt der Edeka-Boß auf besonders strapaziösen Dienstreisen ein erprobtes Hausmittel: Psycho-Thriller von Georges Simenon, die er sich hin und wieder am Flughafen kauft.

JOSEF NECKERMANN

# Der Möglichmacher

Zu einem ungewöhnlichen Denksport fanden sich die kreativen Köpfe der Werbeagentur McCann mit einem prominenten Kunden im Sitzungssaal ihres Frankfurter Bürohochhauses ein. Mit dem Versandhändler Josef Neckermann und einigen in seiner Begleitung erschienenen Experten vertieften sie sich in keine geringere Aufgabe, als möglichst noch am selben Tag einen neuen zündenden Slogan für den zum Druck freigegebenen Katalog zu ersinnen. Das alte Werbemotto – »Besser dran mit Neckermann« – hatte Konkurrent Quelle unter juristischen Beschuß genommen. Die Luft war bereits rauchgeschwangert, und das Gespräch plätscherte ohne Ziel müde dahin, als einem jungen Texter namens Horst Joachim Wilke der erlösende Satz entfuhr: »Neckermann macht's möglich.«

Der eingängige Reklamehit, im Sommer 1961 entstanden, gehört heute zum »Sprachschatz eines jeden Deutschen«, wie Neckermanns Public-Relations-Fachleute mit unüberhörbarem Stolz verkünden. Ob es sich um das preiswerteste Farbfernsehgerät, die günstigste Mallorca-Reise oder um eine Goldmedaille für Deutschland bei der olympischen Dressur von Tokio handelte – stets wußte der Frankfurter Versandhändler seine anspruchsvolle Werbeformel mit greifbarem Inhalt zu füllen.

Mit bemerkenswertem Geschick hat der hagere Großkaufmann mit dem telegenen Äußeren, der als Promoter seiner Verkaufsschlager bisweilen persönlich auf dem Bildschirm zu sehen ist, in der Vorstellung breiter Massen die Rolle eines Anwalts der Verbraucher angenommen. Als er gelegentlich gefragt wurde, welcher politischen Partei er zuneige, antwortete er ausweichend: »Am allerliebsten möchte ich selber eine Partei gründen«, und fügte hinzu: »Die Partei der Verbraucher.« Ludwig Erhard, der einsame Prediger des Maßhaltens, feierte ihn als seinen Verbündeten, Karl Schiller bekundete ihm öffentlich sein Wohlwollen.

Wenn Josef Neckermann vor seine Aktionäre tritt, kann er sicher sein, in den ersten Stuhlreihen eine Schar Getreuer zu finden, die trotz der nicht gerade üppigen Dividende bis aus Niedersachsen und Schleswig-Holstein angereist kommen, um ihm auf manchmal rührende Art ihr Vertrauen auszudrücken, mögen die professionellen Opponenten auch noch so hart mit ihm ins Gericht gehen. Der populäre Möglichmacher, der für seine Verehrer stets handsignierte Bildpostkarten bei sich zu tragen pflegt, hat seinem Unternehmen in der Phantasie weitester Kreise zweifellos stark vergrößerte Proportionen verliehen. Die meisten Deutschen sind spontan der Meinung, daß kein anderer als Neckermann der Größte unter den Versandhäusern sei, obwohl die Quelle des Gustav Schickedanz doppelt soviel Umsatz macht.

Die festgefügten Traditionen der alten Bischofsstadt Würzburg, in der Josef Carl Neckermann 1912 geboren wurde, inspirierten wohlbehütete Sprößlinge aus gutem Hause eigentlich nicht gerade dazu, ungewöhnliche Wege einzuschlagen. So galt es schon früh als ausgemacht, daß Josef als ältestes von drei Kindern einmal die angesehene Kohlenhandlung seines Vaters übernehmen werde, die rund 80 Leute beschäftigte und unter anderem Großlieferant der Deutschen Reichsbahn war. Vater Neckermann, der auch Anteile der Bayerischen Staatszeitung und der Frankfurter Zeitung (der Vorgängerin der heutigen FAZ) erworben hatte, unterhielt darüber hinaus auf dem Main und dem Rhein einige Schiffe.

Mit Blick auf die ihm zugedachte Aufgabe absolvierte Josef Neckermann zunächst eine zweieinhalbjährige Lehre bei der Bayerischen Hypotheken- und Wechselbank in Würzburg und begann anschließend ein 18monatiges Praktikum bei der Hedwigshütte in Stettin, die Kohle aus Schlesien und von der Ruhr vor allem nach Skandinavien verschiffte und eine Brikettfabrik unterhielt. Da man in der Firma viel davon hielt, schon jungen Mitarbeitern verantwortungsvolle Aufgaben anzuvertrauen, war es nichts Ungewöhnliches, daß dem gerade 21jährigen Praktikanten aus dem Mainfränkischen eines Tages aufgetragen wurde, den Detailvertrieb im Raume Stettin von Pferdegespann auf Automobil umzustellen. Bei einer befreundeten englischen Firma in Newcastle arbeitete Josef Neckermann anschließend sogar eine Zeitlang unter Tage; letzte Station seiner Wanderschaft war ein dem elterlichen Geschäft eng verbundenes Unternehmen in Lüttich.

Die als Reaktion auf Hitlers Machtergreifung in Belgien aufflakkernden antideutschen Tendenzen beschleunigten allerdings seinen Entschluß, wieder nach Hause zurückzukehren und seiner Mutter zu helfen, die nach dem Tode Vater Neckermanns im Jahre 1928 die Kohlenhandlung allein weitergeführt hatte. Doch der mit frischen Eindrücken heimgekehrte Junior benötigte nicht viel Zeit zu der Erkenntnis, daß ihn seine neue Rolle auf die Dauer nicht befriedigen würde. Neckermann: »Das Kohlengeschäft war mir in seinen Ausdehnungsmöglichkeiten einfach zu begrenzt.«

Durch die Vermittlung seines Schwiegervaters (Neckermann hatte 1934 geheiratet) erhielt der 23jährige 1935 von der Dresdner Bank das Angebot, im Zuge der Arisierung das auf der Würzburger Schönbornstraße gelegene Textilkaufhaus Ruschkewitz und das dazugehörige Kleinpreisgeschäft Merkur zu übernehmen. Mit einem Darlehen seiner Mutter (Neckermann: »Sie war von meinem Vorhaben zunächst leicht erschüttert«) und einem Personalkredit, den die Bayerische Hypotheken- und Wechselbank ihrem einstigen Lehrling ohne jede Sicherheit gewährte, gelang es ihm, die beiden Geschäfte zu kaufen.

Gegen die Absicht des couragierten Kohlenhändersohns, das jüdische Kaufhaus unter eigenem Namen weiterzubetreiben, regte sich sofort heftiger Protest des örtlichen Einzelhandels und der Partei. In einer Resolution drohten sie Neckermanns Mutter einen Boykott der Kohlenhandlung für den Fall an, daß es ihr nicht gelingen würde, ihren Sohn von seinem Vorhaben abzubringen. Neckermann wollte jedoch von Rückzug nichts wissen. Wie geplant, eröffnete er im Oktober 1935 allen Warnungen zum Trotz sein Kaufhaus. Aber schon wenige Stunden später betrat die Gestapo das Haus und wünschte den neuen Chef zu sprechen. Als ihm ein Dekorateur das Erscheinen der Herren meldete, bat Neckermann diesen, die ungebetenen Gäste in ein hinhaltendes Gespräch zu verwickeln, verließ ohne Zeit zu verlieren das Geschäft durch einen Hinterausgang und raste mit seinem Wagen in Richtung Berlin.

Die im Reichswirtschaftsministerium für Einzelhandelsfragen zuständigen Beamten, bei denen er tags darauf vorsprach, versuchten dem geflüchteten Kaufhausbesitzer zu seinem Recht zu verhelfen. Aber erst als sich Wirtschaftsminister Hjalmar Schacht persönlich für ihn verwendet hatte, konnte Josef Neckermann wieder nach Würzburg zurückkehren und sein inzwischen geschlossenes Geschäft von neuem eröffnen. Die gegen die Verfügung aus Berlin machtlosen Würzburger Einzelhändler aber ließen von nun an keine Gelegenheit ungenutzt verstreichen, um dem verhaßten Außenseiter das Leben sauer zu machen. Die gegen ihn erstatteten Anzeigen waren kaum noch zu zählen. Neckermann: »Ich schlidderte von einem Prozeß in den andern und lebte Tag und Nacht in Abwehrstellung.«

## Ein Angebot aus Berlin

Mit seiner aggressiven Preispolitik machte es der angefeindete Kaufmann seinen Rivalen auch nicht gerade schwer, immer wieder Angriffspunkte gegen sich zu finden. So ziehen sie ihn der Preisschleuderei und der Mißachtung von Sicherheitsvorschriften, als er einmal mehrere Tausend Stehlampen zu ungewöhnlich niedrigen Preisen anbot. Anstatt die Lampen fertig zu kaufen, hatte er die Füße, Glasschirme, Kabel und Glühlampen separat bezogen und anschließend montieren lassen. Als Neckermann, der 1937 noch das Pleite gegangene Textilfachgeschäft Vetter übernommen hatte, Anfang 1938, wiederum durch Vermittlung seines Schwiegervaters, ein Angebot des Bankhauses Hardy & Co. erhielt, das Berliner Versandgeschäft »Wäschemanufaktur Carl Joel« zu kaufen, überlegte der in Würzburg auf ziemlich verlorenem Posten kämpfende Kaufhauschef nicht lange. Mit einem Versandhaus hoffte er ungehinderter expandieren zu können als mit seinen stationären Geschäften, die er nach den damals geltenden Gesetzen zum Schutz des Einzelhandels weder durch die Errichtung neuer Filialen, noch durch Erweiterung um mehr als 20 Quadratmeter Verkaufsfläche vergrößern durfte.

Mit der Transaktion erwarb Josef Neckermann das nach Witt in Weiden und Quelle in Nürnberg drittgrößte deutsche Versandhaus (Umsatz 1937: rund 28 Millionen Mark). Der jüdische Firmenchef Carl Joel, der sich zur Emigration gezwungen sah, hatte seinen ursprünglich in Nürnberg ansässigen Betrieb unter dem Regime des berüchtigten Gauleiters von Franken, Julius Streicher, 1934 nach Berlin verlegt. Unter der Protektion eines einflußreichen Stadtrates war es ihm gelungen, seinen Katalog unter dem Namen Joel bis Anfang 1938 zu verschicken. Joel, zu dessen Versandhaus auch eine Wäschefabrik in Nürnberg gehörte, bot wie Witt insbesondere Weißwaren an, belieferte im Gegensatz zu seinem Konkurrenten aber überwiegend norddeutsche Kunden, vor allem in Pommern, Mecklenburg und Ostpreußen.

Den Kaufpreis, um dessen Zahlungsmodalitäten sich nach dem Kriege im Zuge der Restitutions-Auseinandersetzungen ein jahrelanger, erbittert geführter Prozeß entzündete, brachte Josef Neckermann durch eine Hypothek, die er auf sein Würzburger Kaufhaus eintragen ließ sowie durch einen Kredit der Deutschen Bank von einer Million Mark auf. Neckermann übernahm Lieferantenverbindlichkeiten des Carl Joel in Höhe von 666 000 Reichsmark und überwies außerdem 1 079 960 Reichsmark auf ein Sonderkonto bei der Hardy-Bank, das nach der Flucht Joels in die Schweiz von der Oberfinanzdirektion beschlagnahmt und eingezogen wurde. Die »Wäsche- und Kleiderfabrik Josef Neckermann«, wie das Versandhaus Joel nach der Übernahme firmierte, gedieh prächtig, weil der neue Chef es verstand, seinem schmal kontingentierten Weißwarensortiment durch die Erweiterung um Kleider, Schürzen, Unterwäsche und sogar Möbelstoffe und Gardinen eine wesentlich breitere Basis zu geben. Gefahr drohte dem Unternehmen jedoch zu Beginn des Krieges, als einflußreiche Stellen wegen der Einführung der Kleiderkarte und des militärischen Bedarfs an Transportmitteln darauf drängten, die Versandhäuser zu schließen.

Der gerade 27jährige Neckermann, der inzwischen auch in der Zweckvereinigung Versandgeschäfte beratend mitwirkte, verfocht gegenüber dem Reichswirtschaftsministerium temperamentvoll die Ansicht, daß gerade die Versandhäuser geeignet seien, in Kriegszeiten besondere Aufgaben der Massenversorgung zu übernehmen. Gelegenheit, seine Dienste anzubieten, fand er schon bald. Denn mit dem schnellen Vormarsch der deutschen Divisionen war das Problem der Versorgung der in den besetzten Gebieten tätigen Zivilpersonen der Wehrmacht mit Kleidung ungelöst geblieben.

Um die Übertragung dieser Aufgabe wetteiferten die Deutsche Arbeitsfront und der Reichsarbeitsdienst. Neckermann schwante Böses: »Wenn Sie die Dinge in staatliche Hände geben«, beschwor er Franz Hayler, Chef der Reichsgruppe Handel, »werden unsere Betriebe in kurzer Zeit verstaatlicht sein.« Hayler gelang es, Reichswirtschaftsminister Funk für Neckermanns Vorschlag zu gewinnen, das Problem auf privater Grundlage zu lösen. Zu diesem Zweck gründete Josef

Neckermann zusammen mit Hertie-Chef Georg Karg die »Zentrallagergemeinschaft für Bekleidung GmbH«, an deren Kapital von zwei Millionen Mark beide je zur Hälfte beteiligt waren. Unter ihrem Alleingeschäftsführer Josef Neckermann führte die im staatlichen Auftrag arbeitende Privatfirma in den folgenden Jahren zahlreiche Kriegssonderprogramme durch. Kleiderfabrikanten im ganzen Reich produzierten im Auftrag der Zentrallagergemeinschaft, die ihnen auch die Rohstoffe zuwies, Einfachtextilien en gros, meist aus billiger Zellwolle. Die fertige Ware mußten sie nach entsprechenden Weisungen aus Berlin an bestimmte, als »Großverteiler« eingesetzte Textilgeschäfte liefern, die sie ihrerseits an den übrigen Fachhandel ihres Gebietes weiterverteilten. Die mit begrenzten Gewinnen kalkulierten Artikel erhielten nur Kunden, die eine Kleiderkarte oder einen anderen Bezugsschein vorweisen konnten. Die zentral gesteuerte Verteilerkette (Neckermann: »Eine der größten Versorgungseinrichtungen der Welt«) hatte den für die damalige Zeit entscheidenden Vorteil, daß sie nahezu ausschließlich mit weiblichem Personal auskam.

Die Folgen des Krieges bescherten der Zentrallagergemeinschaft immer neue Aufgaben. Sie nahm die Altkleiderverwertung in eigene Regie, versorgte die Fliegergeschädigten mit Textilien und kleidete Millionen Fremdarbeiter im Rahmen des »Sonderprogramms A« von Kopf bis Fuß ein. Auch um die Ostfrontkämpfer mußte sich der zum stellvertretenden »Reichsbeauftragten für Kleidung und verwandte Gebiete« avancierte Versandhändler schließlich kümmern. Denn die von der amtlichen Kriegspropaganda ausgegebene Parole, der deutsche Soldat werde sich seine Kriegsbekleidung in Moskau selber holen, erwies sich im Schreckenswinter 1941/42 als Schall und Rauch.

Als Ersatz für die von der Wehrmacht verwendete Papier- und Wattekleidung entwickelte Neckermann eine wattierte Winterbekleidung mit einem wärmenden Opanol-Bestrich. Im Norden Finnlands und in einer Kältekammer, in der er durch Abkühlung auf minus 60 Grad und künstliche Schneestürme sibirische Verhältnisse simulierte, erprobte er seine Wintermontur an einer eigens für ihn abgestellten Kompanie.

Seine neue Kampfkleidung mußte Josef Neckermann im April 1942 im Führerbunker Wolfsschanze Hitler, Göring, Himmler und der gesamten Generalität vorstellen. Offensichtlich auf Veranlassung führender Männer der Wehrmacht, die sich nur höchst ungern von einem einfachen Zivilisten ausstatten lassen wollten, wurde er genau einen Tag vor der Präsentation eingezogen und sofort nach Fürstenwalde beordert. Neckermann: »Zufällig erfuhr Rüstungs-Minister Speer von der Sache und flog mich am nächsten Morgen ins Hauptquartier.«

Erst nach dem Kriege erfuhr die Öffentlichkeit, daß die deutsche Widerstandsbewegung Neckermanns Kleiderschau dazu ausersehen hatte, Hitler und seine engsten Mitarbeiter zu beseitigen. Und zwar sollten einige Soldaten ihre neuen Kampfanzüge mit Tornistern vorführen, in denen man eine Sprengstoffladung versteckt hatte. Doch in letzter Minute wurde – wahrscheinlich aus Sicherheitsgründen – entschieden, auf Tornister zu verzichten.

## Als Strafgefangener 659 in Ebrach

Den Tag der Kapitulation erlebte der zur provisorischen »Handelsgruppe Süd« in Bad Wiessee abgestellte Textilverteiler auf dem Wege nach München, in der Nähe von Rottach-Egern, wo ihn amerikanische Panzer einholten. Nach einigen Monaten Einzelhaft wurde er im Dezember 1945 von einem Militärgericht in Würzburg zu einem Jahr »hard labour« verurteilt, weil er versucht habe, unter Verletzung des Kontrollratsgesetzes Nr. 52 seine treuhänderisch verwalteten Würzburger Geschäfte wieder in Betrieb zu nehmen. In einer vom Oberbürgermeister der Stadt am 4. Januar 1946 als »Wurfzettel Nr. 209« herausgegebenen Liste mit Namen von Einwohnern, die ihrer »gerechten Bestrafung zugeführt« wurden, ist Neckermanns Fehltritt zwischen Delikten wie Bandenbildung (sechs Monate Zuchthaus), Diebstahl amerikanischen Heeresgutes (sechzig Tage Zuchthaus) und Überschreiten der Sperrstunde (ebenfalls sechzig Tage Zuchthaus) aufgeführt.

Als Strafgefangener 659 zog der Verurteilte kurz vor Weihnachten in das Zuchthaus Ebrach in Unterfranken ein, hinter dessen Mauern fast ausnahmslos Kriminelle, meist Lebenslängliche, saßen. Die Zellen des ehemaligen Klosters waren auch nachts durch Deckenstrahler hell beleuchtet.

Da Neckermann bei seiner Registrierung als Beruf »Textilkaufmann« angegeben hatte, teilte man ihn einer Nähkolonne zu. Unter der Anleitung gefälliger »Kumpel« lernte er, mit einer Nähmaschine umzugehen, ohne ständig kostbare Nadeln abzubrechen. Es kam ihm bitter auf, als er sah, für wen er sein erstes Stück, eine Schürze, geschneidert hatte: Sie war für seine eigene Firma bestimmt, die er aus dem bombardierten Berlin nach Würzburg und nach der Zerstörung der alten Bischofsstadt im März 1945 in die Nähe von Ochsenfurt verlegt hatte und an deren Spitze jetzt ein Treuhänder stand.

Mit Verdacht auf Bauchspeicheldrüsen-Tuberkulose wurde Josef Neckermann schon nach zehn Monaten in die Haftstation des Bamberger Krankenhauses eingeliefert, wo er anstatt zu nähen hin und wieder Böden schrubbte. Wenige Wochen vor Verbüßung seiner Strafe war der auf ein Gewicht von 89 Pfund abgemagerte Kaufmann wieder ein freier Mann. Aber 1949 wurde er ein zweitesmal von einem Militärgericht angeklagt. Er mußte sich gegen den Vorwurf verteidigen, wiederum unter Verletzung des alliierten Gesetzes Nr. 52 seinen Wirtschaftsprüfer damit beauftragt zu haben, die nach dem Westen verlagerten Betriebe der Zentrallagergemeinschaft zu liquidieren. Das Gericht erkannte auf fünf Jahre Zuchthaus und 30 000 Mark Geldstrafe. Neckermann legte Berufung ein und erreichte, daß ihn das Oberste Militärgericht in Nürnberg 1950 wegen erwiesener Unschuld freisprach.

Schon vor Beginn seines zweiten Prozesses, Anfang September 1948, hatte der mit seiner Familie in einer ausgebauten Arbeitsdienstbaracke in Oberursel untergekommene Kaufmann im obersten Stock des Frankfurter Nestlé-Hauses die Großhandlung »Textilgesellschaft Neckermann KG« eröffnet. Da er sich selbst noch nicht wieder beruflich betätigen durfte, trat an seiner Stelle Ehefrau Annemarie als persönlich haftende Gesellschafterin in das kleine Unternehmen ein. Erst im Oktober 1951, ein halbes Jahr nachdem die Großhandlung in »Neckermann Versand KG« umfirmiert hatte, erschien sein Name im Handelsregister.

Finanzielle Starthilfe gewährten dem nahezu mittellosen Neckermann nach einem ersten persönlichen Kredit von Bankier Friedrich Hengst in Höhe von 250 000 DM zusätzlich der Bamberger Taschentuchfabrikant Helmut Winkler, Chef der Greiff-Werke, der sich mit einer Million Mark an der Firma beteiligte, sowie etwas später die Grafen von Derneburg-Münster mit einer Kommanditeinlage in gleicher Höhe. An der Spitze einer Belegschaft von 107 Leuten begann der Neuanfänger seine zweite Karriere. Der erste Katalog, mit zwölf Seiten Umfang eigentlich mehr ein Prospekt, enthielt genau 107 Angebote.

Ähnlich wie seinerzeit in Würzburg, bezog die Konkurrenz auch diesmal geschlossen Stellung gegen Neckermann, der seine in großen Stückzahlen eingekauften Artikel, vor allem Kleider, erheblich billiger als sie selbst anbot. Mit Unterstützung der Bundesarbeitsgemeinschaft der Mittel- und Großbetriebe (BAG) Hessens fanden sich im Sommer 1951 führende Waren- und Kaufhäuser zu einer geheimen Aktion gegen das Versandhaus zusammen. Unter Androhung eines Abbruchs sämtlicher Geschäftsbeziehungen forderten sie Fabrikanten, die für Neckermann arbeiteten, auf, ihre Lieferungen an die Firma unverzüglich einzustellen. Der durch erste Nachschubschwierigkeiten aufgeschreckte Neckermann hatte jedoch das Glück, über eine Angestellte der BAG in den Besitz des vollständigen Schlachtplans seiner Gegner zu gelangen. Die Frondeure mußten nach einem aufsehenerregenden Prozeß ihren Boykottaufruf widerrufen und die Kosten des Verfahrens in Höhe von 40 000 Mark tragen.

Es war zweifellos eine Pionierleistung Josef Neckermanns, gegen den harten Widerstand weiter Teile der Industrie und des Fachhandels aus teueren Gebrauchsartikeln, ja sogar Luxusgütern, erschwingliche Massenartikel gemacht zu haben. Es fing damit an, daß er 1953 das erste Radiogerät, einen Klaviertastensuper mit UKW, Mittel- und Langwellenteil zum sensationell niedrigen Preis von 187 Mark in sein Katalogangebot aufnahm. Geräte vergleichbarer Qualität waren bis dahin unter 300 Mark nicht zu haben. Seinen Versandschlager hatte der Frankfurter Außenseiter, den keiner der führenden Rundfunkgerätehersteller hatte beliefern wollen, gemeinsam mit der wenig bekannten Firma Apparatewerk Bayern nach Maß kalkuliert und gebaut.

Dem verblüfften Fachhandel fiel auch diesmal nichts Besseres ein, als das bewährte Mittel des Boykotts. »Wir reparieren keine Neckermann-Erzeugnisse« inserierten beispielsweise elf Freisinger Rundfunkhändler, und der Obermeister der Elektroinnung im schwäbischen Ahlen appellierte an die Standesehre aller Radio- und Elektrohändler seines Bezirks:

»Wir machen unsere Mitglieder darauf aufmerksam, sich in keinem Fall als Handlanger für das Versandhaus herzugeben, was auch letztlich mit unserer Berufsehre in keiner Weise in Einklang steht, ganz abgesehen davon, daß wir Elektro- und Radiogeräte in eigenen Geschäften verkaufen können und hierzu keine Versandhäuser brauchen.« – Um den Service für seine Klaviertastensuper garantieren zu können, mußte Neckermann schließlich einen eigenen Technischen Kundendienst mit inzwischen 114 Stationen aufbauen.

Luxus zu kleinen Preisen wollte Neckermann auch mit einem billigen Fernsehgerät ins Haus bringen. Sämtliche renommierten Markenfirmen winkten – durch die Reaktion des Fachhandels auf Neckermanns Radioangebot hinlänglich gewarnt – verängstigt ab, als der Frankfurter Preisbrecher bei ihnen wegen einer Belieferung seines Hauses vorfühlte. Doch auch jetzt hatte er das Glück, in den Körting-Werken in Grassau (Chiemgau) einen Hersteller zu finden, der ihm nicht nur den gewünschten Fernseher lieferte, sondern auf dem deutschen Markt seither ausschließlich für Neckermann arbeitet. Das erstmalig im Herbst/Winter-Katalog 1954/55 angebotene Körting-Fernsehgerät »Weltblick« machte ein weiteres Mal Schlagzeilen. Mit 648 Mark war es über 300 Mark billiger als die Modelle der bekannten Markenfirmen. Ebenfalls 1954 brachte er als erster deutscher Versender einen 55-Liter-Kühlschrank für weniger als 300 Mark heraus.

Um den mit dem schnellen Wachstum verbundenen Finanzbedarf decken zu können, beteiligte Josef Neckermann Mitte 1953 den Industriellen Willy Kaus, Chef der Metzeler AG, mit einer Kommanditeinlage von drei Millionen Mark an seinem Unternehmen. Kaus und Neckermann waren über die Kaus-Firma Deffler in Aschaffenburg zusammengekommen, die das Versandhaus mit Popelinekleidung belieferte. Da sich Kaus nicht mit der Rolle eines untätigen Kommanditisten begnügen wollte, kam es zwischen den eigenwilligen Männern schon bald zu »erheblichen Meinungsunterschieden« (Neckermann). Auf dem Verhältnis der beiden lastete überdies die ständige Ungewißheit über den Ausgang des jahrelangen Rückerstattungsprozesses zwischen Carl Joel und Neckermann.

## Prozeß mit Joel

Carl Joel hatte einen nach endlosem Tauziehen Anfang 1955 geschlossenen Vergleich, in dem sich Neckermann zur Zahlung von zwei Millionen Mark verpflichtet hatte, sofort nach Empfang des Geldes wieder angefochten. Begründung: Neckermann habe ihn 1938 bei der Zahlung des Kaufpreises für seine Wäschemanufaktur dadurch getäuscht, daß er einen Teil des Geldes auf ein Konto »Sonderrechnungen Joel« bei der Hardy-Bank überwiesen habe, das er Kraft seiner Verfügungsberechtigung später wieder aufgehoben habe. Durch mehrere Staranwälte vertreten, forderte Joel jetzt nicht weniger als die Anordnung des Gerichts, »daß der Antragsteller Carl Joel als Geschäftsführer und Komplementär in die Neckermann Versand KG aufzunehmen ist, mit der Maßgabe, daß die Gesellschafter Josef und Annemarie Neckermann aus der Gesellschaft ausscheiden und daß die von denselben bisher ausgeübten Gesellschafterrechte dem Antragsteller Carl Joel in vollem Umfang übertragen werden.«

Joel stützte seinen Anspruch auf die These, daß Neckermanns Firma wirtschaftlich aus seinem Berliner Versandhaus hervorgegangen sei. Dieser Standpunkt war im Grunde unhaltbar. Denn während Neckermann 1951 in Frankfurt wieder damit begann, Pakete zu versenden, siechte sein nach Gossmannsdorf ausgelagerter und nacheinander von mehreren Treuhändern verwalteter Betrieb langsam dahin. Neckermann: »Während ich das Unternehmen nicht einmal betreten durfte, ja nicht einmal eine Auskunft erhielt, wurde die letzte Mark verwirtschaftet.« Hatten in der DM-Eröffnungsbilanz per 21. 6. 1948 noch wertvolle Warenvorräte von über 17 000 Mark zu Buch gestanden, so lasteten bei Beendigung der Treuhänderschaft im Jahre 1956 auf der Firma Schulden in Höhe von 188 000 Mark. Die Verwalter hatten, als die Betriebsmittel nicht mehr ausreichten, auf den Betrieb sogar ein Darlehen aufgenommen und die Kundenkartei verkauft.

Um dem gegen ihn erhobenen Vorwurf des Betruges entgegenzutreten, forderte Josef Neckermann vom Bankhaus Hardy die Akten an, die dort seinerzeit über die Abwicklung der Joel-Transaktion geführt worden waren. Doch er erhielt nur die Mitteilung, daß alle Unterlagen über den Verkauf im Krieg verbrannt seien. Erste Zweifel an der Richtigkeit dieser Angaben kamen Neckermann jedoch, als ihm in der Verhandlung die gegnerischen Anwälte verschiedentlich Schriftstücke vorhielten, die nur aus den »verbrannten« Akten stammen konnten. Erst als das Verfahren längst vorüber war, erhielt der Versandhauschef durch die Aussage des Justitiars völlige Gewißheit, daß die Unterlagen tatsächlich vollzählig vorgelegen hatten.

Eine Reihe weiterer Indizien bestärkte Neckermann in der Gewißheit, daß aus dem Kreise seiner Konkurrenz interessierte Kräfte Carl Joel in seinem kostspieligen Prozeß finanziell unterstützten:

»Man wollte mich damals auf Biegen und Brechen zur Strecke bringen und das Unternehmen praktisch beseitigen.« Über vier Jahre nach der Anfechtung, im Frühjahr 1959, fällte das Oberste Rückerstattungsgericht in Nürnberg sein Urteil. Als unbegründet wurde Joels Antrag verworfen und der Vorwurf der Täuschung zurückgewiesen. Für den mitten im Aufbau stehenden Versandunternehmer waren die Jahre des Prozesses alles andere als leicht gewesen. Es war nicht allein die physische Belastung, unter der Neckermann durch das ständige Hin- und Herpendeln zwischen Gerichtssaal und Firma stand. Mindestens ebenso deprimierend waren die besorgten Fragen der Banken, was geschehen werde, wenn Joel mit seiner Forderung tatsächlich durchkomme. Neckermann: »In der Zeit von 1956 bis 1959 konnten wir praktisch nichts unternehmen, wir waren wie gelähmt.«

Zum Glück hatte, nachdem Willy Kaus mit einer soliden Abfindung von 10,5 Millionen Mark aus dem Versandhaus ausgeschieden war, inzwischen ein anderer Industrieller die Rolle eines finanzstarken Gesellschafters bei Neckermann übernommen. Über seinen Freund Franz Hayler kam der Frankfurter Großversender 1955 in Kontakt mit Friedrich Flick und dessem Vetter Konrad Kaletsch, die zusammen mit dem einstigen Chef der Reichsgruppe Handel im Kriegsverbrechergefängnis Landsberg gesessen hatten. Durch die Auflage der Alliierten, seinen Montanbesitz zu verkaufen, hatte der Konzernherr damals viel Geld in der Kasse. 36 Millionen legte er davon bei Neckermann an. Auf seine Kommanditeinlage kassierte er neun Prozent Zinsen nebst Gewinnbeteiligung.

Flicks Neckermann-Anteil hielt die Firma Investiha, die zwei Direktoren der Berliner Handelsgesellschaft vertraten, so daß die Liaison zwischen dem Großindustriellen und dem seinerzeit noch größten deutschen Versandhaus lange Zeit ein Geheimnis blieb. Neckermann: »Herr Flick sagte mir einmal, es sei für ihn undenkbar, daß die Leute sagen könnten, er habe nach Kohle und Stahl nichts anderes als Kleider und Schürzen gefunden.« Mit den Worten »Am Geldverdienen ist noch keiner gestorben« ermunterte der branchenfremde Industriemagnat den billigen Versandhändler gelegentlich, seine Preise etwas höher zu kalkulieren. »Eine Mark mehr pro Kleid, wieviel ergibt das?«, pflegte der Milliardär in solchen Fällen seine Gesprächspartner zu fragen.

## Kein Akkord mit Helmut Horten

Sein verstärktes Engagement in der Automobil- und Papierindustrie veranlaßte Friedrich Flick im Jahre 1962, sich zusammen mit Neckermann nach einem Übernahmeinteressenten für seinen Gesellschaftsanteil umzusehen. Verhandlungen zwischen Neckermann und Helmut Horten endeten Anfang 1963 ohne Ergebnis. Zwar waren beide davon überzeugt, daß sich ihre Unternehmen in idealer Weise ergänzen würden; doch weckte ihre ausgeprägte Führungsnatur von Anfang an Zweifel an einer wirklichen Partnerschaft. Vor allem Neckermann gewann schnell den Eindruck, daß es Horten allein darauf angelegt habe, das Versandhaus unter seine alleinige Kontrolle zu bringen. Nach Darstellung Hortens war für ihn, Horten, »die Sache erledigt«, als er erkennen mußte, daß Neckermann lediglich einen passiven Teilhaber suchte und nicht bereit war, ihm Einfluß auf die Geschäftsführung einzuräumen.

Während Horten seinem Ziel durch direkte Verhandlungen mit Friedrich Flick näherzukommen suchte, schickte der Versandhauschef seinen ältesten Sohn Peter zu Gesprächen mit dem amerikanischen Morgan Guaranty Trust Company nach New York. Die Morgan-Bankiers hatten bereits 1961 Fritz Aurel Goergen bei der Sanierung der Kasseler Henschel-Werke geholfen und ein Jahr später den Eschweger Kaufmann Wolfgang Lehnig, Chef des größten deutschen Getränke-Heimdienstes, aus finanzieller Bedrängnis befreit. Mit Morgans Hilfe wurde die Neckermann KG 1963 in eine Kommanditgesellschaft auf Aktien mit 85 Millionen Mark Grundkapital umgewandelt. Die Majorität von 51,8 Prozent behielt die Familie Neckermann, die übrigen 49,2 Prozent plazierte der amerikanische Finanztrust in zwölf europäischen und überseeischen Ländern. Um die Mehrheit in seinem Unternehmen zu erzielen, mußte Neckermann zusätzlich 25 Millionen Mark aufbringen, die er von der Chase-Manhattan-Bank erhielt.

Im Jahre der Umwandlung konnte Neckermann bereits einen Umsatz von 803 Millionen Mark verbuchen, von denen er fast 56 Prozent in seinen mittlerweile 56 Kaufhäusern erzielte. In diesem Jahr nahm er auch das Reisegeschäft auf. Er hatte diesen Schritt schon Ende der fünfziger Jahre geplant, dazu aber nicht die Zustimmung seines Mitgesellschafters Friedrich Flick gefunden. »Sie glauben doch nicht im

Ernst, daß 50 Leute zusammen verreisen«, hatte ihm seinerzeit ein Flick-Manager entgegengehalten.

Den Weg in die Touristik ebnete Neckermann die zu Gottlieb Duttweilers Migros-Genossenschaft gehörende Firma Hotelplan International, die sich nach kurzer Zusammenarbeit mit der Quelle gerade nach einem neuen Partner umsah, der ihr Reiseprogramm in der Bundesrepublik vertreiben sollte. Der erste gemeinsam mit Hotelplan gestaltete, nur vier DIN-A 4-Seiten »starke« Prospekt, den die Frankfurter 1963 ihrem Hauptkatalog beilegten, enthielt vor allem Reisen nach Mallorca, aber auch schon nach Italien, Jugoslawien, Rumänien und Tunesien. Doch die in der Form einer Gesellschaft bürgerlichen Rechts fixierte Kooperation hielt nicht lange. Anlaß der Trennung war im Herbst 1964 ein Vertrag zwischen Hotelplan und dem Gütersloher Verlagshaus Bertelsmann, das ebenfalls Pauschalreisen des Schweizer Veranstalters anbieten wollte.

Vor die Frage gestellt, ob er das Reisegeschäft fortan allein betreiben oder eine erneute Partnerschaft eingehen solle, entschied sich Josef Neckermann für eine ebenso günstige wie delikate Liaison, und zwar mit der als 100prozentige Lufthansa-Tochter geführten Chartergesellschaft »Condor Flugdienst« in Frankfurt. Um die mit Neckermann eingegangene Verbindung vor ihren übrigen Kunden geheimzuhalten, ließ die Lufthansa-Tochter ihren 50prozentigen Anteil an der neugegründeten »Neckermann Urlaubsreisen GmbH & Co. KG« auf den Namen der »Strohfrau« Eva Michelsen eintragen, die auch bei der mit Condor verbundenen Reisegesellschaft Transeuropa als Teilhaberin registriert war. Als jedoch schon nach kurzer Zeit die Identität der Frau Michelsen branchenbekannt wurde, drängte der Lufthansa-Vorstand auf eine schnelle Trennung ihrer Charterfirma von Neckermann.

Unter der Regie des ehemaligen Unilever-Managers Herbert Haum entwickelte sich das Reisegeschäft des Versandhauses prächtig. Haums Erfolgsrezept war es, die Preise auf der Basis einer Flugzeugauslastung von über 90 Prozent zu kalkulieren, wodurch er konkurrenzlos billig sein konnte. Obwohl das etablierte Touristikgewerbe besorgt zur »Abwehr des Einbruchs branchenfremder Unternehmen« aufrief, stieg die in »N-U-R Neckermann und Reisen« umbenannte Firma innerhalb von nur fünf Jahren zum größten Veranstalter von Flugreisen (Marktanteil: 30 Prozent) auf. Über seine 150 eigenen

Buchungsstellen sowie über 2000 Volksbank-Filialen verkaufte Neckermann 1971 insgesamt 550 000 Pauschalreisen im Werte von 350 Millionen Mark.

Zunächst in ruhigeren Bahnen verlief demgegenüber die Entwicklung der ebenfalls 1963 gegründeten Versandtochter »Neckermann Eigenheim GmbH«. Die meisten Fertighäuser stammen von der Firma Streif Eigenheimbau in Losheim an der Saar, die wie Körting ausschließlich für Neckermann arbeitet und an der der Frankfurter Versender mit 26 Prozent beteiligt ist. Stellte Neckermann 1964 erst 456 Häuser im Werte von rund 26 Millionen Mark auf, so ergeben die 1970 verkauften 3103 Eigenheime (Umsatz: 217 Millionen Mark) zusammen schon eine mittlere Stadt.

1965 ließ Josef Neckermann mit der Ankündigung aufhorchen, er werde über Kataloge und Kaufhäuser nun auch Versicherungspolicen unter das Volk bringen. Die zu diesem Zweck gegründete »Neckura Neckermann Versicherungs-AG«, an der das Versandhaus zunächst mit 49 und der amerikanische Versicherungstrust Nationwide mit 51 Prozent beteiligt war, bereitete dem von den Tücken der Assekuranz überraschten Einzelhändler jedoch erhebliche Kopfschmerzen. Zum überwiegenden Teil auf die Sparte Autohaftpflicht gestützt, wurde die Neckura voll von der Schaden- und Kostenlawine der letzten Jahre erfaßt. Ihre Folgen bekam sie überdies besonders stark zu spüren, weil sich durch den verkaufswirksamen Tarif und den unerwartet hohen Anteil der über Kaufhäuser vertriebenen Policen in das Heer der bis jetzt 157 000 Neckura-Versicherten überdurchschnittlich viele Anfänger und Großstadtfahrer eingereiht hatten, deren Prämien lange Zeit viel zu niedrig kalkuliert waren. 1970 mußten die beiden Aktionäre nicht weniger als 27,4 Millionen Mark, mehr als die halbe Beitragseinnahme, in die Firmenkasse einschießen. Da die Amerikaner den Großteil des Verlustes übernahmen, verringerte sich der Neckermann-Anteil an der Neckura inzwischen auf knapp 40 Prozent.

## Schatten auf der Bilanz

Neckermanns Erfolge auf dem Touristik- und Fertighausmarkt konnten jedoch nicht die in den letzten Jahren sichtbar gewordenen Schwächen im Warengeschäft verdecken. Hauptproblem ist die mangelnde

Ertragskraft des Unternehmens, die das Wachstum und die Reservenbildung nachhaltig hemmten. Schon 1958 wurde Neckermann von der Quelle überrundet, 1966 fiel er im reinen Versandgeschäft hinter Otto auf den dritten Platz zurück. Mit einer Umsatzrendite von nur 0,58 Prozent lag das Unternehmen 1970 hinter den beiden führenden Konkurrenten und hinter den publizitätspflichtigen Warenhauskonzernen. Es erzielte zwar fast soviel Umsatz wie Horten, aber nicht einmal ein Siebentel des Horten-Gewinns.

Neckermann war, um seine Investitionen finanzieren zu können, auf hohe Fremdmittel angewiesen. Sein Verschuldungsgrad, das heißt die Relation von Kapitalmarktverbindlichkeiten und kurzfristigem Fremdkapital zur Bilanzsumme, liegt mit 72 Prozent fast doppelt so hoch wie bei den als Aktiengesellschaft geführten drei Warenhausunternehmen. Seine hohen Verbindlichkeiten zwangen Neckermann 1970 dazu, mehr Zinsen aufzubringen als der doppelt so große Karstadt-Konzern.

Die Lage des Unternehmens spitzte sich 1969 zu, als Josef Neckermann seinen etwa 20 000 Aktionären nur noch eine Dividende von zwei (im Vorjahr sechs) Mark je 50-Mark-Aktie auszahlen konnte. Daß sie nicht ganz leer ausgingen, hatten sie einzig der Reisetochter N-U-R zu danken, die in diesem Jahr einen Gewinn von 5,4 Millionen Mark an die Muttergesellschaft abführte. Im Stammgeschäft verblieb bei einem Umsatz von 1,6 Milliarden Mark nur eine Million Überschuß. An der Börse begannen Gerüchte die Runde zu machen, wonach Neckermann mit Helmut Horten und dem bei Schwab engagierten Singer-Konzern über eine Beteiligung an seiner Firma verhandele.

Die Ursachen seines Dilemmas suchte Josef Neckermann seinerzeit vor allem außerhalb seines Hauses. Doch die stark gestiegenen Löhne und Zinsen hätten ihn wohl kaum aus dem Tritt kommen lassen, wenn er durch eine ertragsorientierte Sortiments- und Preispolitik frühzeitig das finanzielle Fundament seines Unternehmens gestärkt hätte.

Die hier begangenen Fehler berühren nicht zuletzt das Führungsproblem im Hause Neckermann. Der Versandhauschef hat seinen 1935 geborenen Sohn Peter in den letzten Jahren planmäßig aufgebaut; neben seinem Vater bislang einziger persönlich haftender Gesellschafter, kümmert er sich vor allem um die Tochterfirmen. Als

Prokurist in der Vertriebsleitung hofft derzeit Peters Bruder Johannes, Jahrgang 1942, Dritter im Bunde zu werden. Laut § 9 der Satzung des Versandhauses kann Josef Neckermann die Aufnahme seines Jüngsten als Gesellschafter verlangen, wenn dieser »die erforderliche Eignung und Erfahrung aufweist«.

Ohne Zweifel verrät das in der Mischform einer Personen- und Kapitalgesellschaft geführte Unternehmen deutlichere Züge eines Familienbetriebes als mancher Familienbetrieb. Der Versandpionier, Preisbrecher, Dressurreiter, Olympiasieger und Sporthilfechef Josef Neckermann ist in allen Rollen und Phasen seines Lebens bis auf den heutigen Tag ein engagierter Einzelkämpfer geblieben. Ein ihm nahestehender Mann nannte ihn einmal, sicherlich nicht ganz zu Unrecht, einen geborenen Außenseiter. Vielleicht erklärt dies die Tatsache, daß er in leitende Stellungen seines Hauses vor allem Männer berief, die ihm in irgendeiner Weise über schwere Zeiten hinweg die Treue bewahrten und die mehr oder weniger bereits zum erweiterten Kreis der Neckermann-Familie zählen. Ganz ohne Zweifel hat die starke persönliche Ausstrahlung Josef Neckermanns dazu beigetragen, daß in seinem Schatten profilierte Spitzenmanager öffentlich weit weniger in Erscheinung treten als bei seinen unmittelbaren Konkurrenten. Wie viele Unternehmer der Gründergeneration steht auch er den Tagesgeschäften immer noch sehr nahe. Wenn der Versandhändler nach dem täglichen Dressurritt, den er zwischen halb sieben und halb neun in seinem Reitstall in Götzenhain absolviert, in seinem Mercedes 300 SEL »Bild«-lesenderweise in die Firmenzentrale in der Hanauer Landstraße fährt, ist seine erste Amtshandlung ein Blick auf die Liste mit den am Vortag eingegangenen Bestellungen.

GUSTAV SCHICKEDANZ

# Die Milliarden-Quelle

Kurz vor der Rückkehr in seine Heimat besuchte der Botschafter Kenias in der Bundesrepublik vor einigen Jahren das Großversandhaus Quelle in Fürth. Als der Diplomat mit seiner Begleitung durch die Möbelabteilung kam, konnte er seiner Kauflust nicht länger widerstehen. Als Besitzer eines Wohnzimmers im altdeutschen Stil verließ er die Versandzentrale. Wenig später waren die Diplomatenmöbel aus dem Quelle-Katalog bereits per Schiff unterwegs nach Afrika.

Für Kunden mit Diplomatenpaß unterhält Deutschlands führendes Versandhaus eigens einen speziellen Lieferdienst, der allein 5000 regelmäßige Besteller in aller Welt, meist über amtliche Kuriere, beliefert. Unter den Empfängern befinden sich in nicht geringer Zahl auch östliche Diplomaten, die meist an modischer Kleidung interessiert sind. In 135 Länder der Erde sprudelt die Quelle ihre Päckchen und Pakete; sie sind an Missionare in Neuguinea, an deutsche Auswanderer in Milwaukee und an junge Entwicklungshelfer in Chile adressiert.

In Deutschland selbst liegt der Quelle-Katalog in jedem dritten Haushalt. In mancher Wohnstube ist er schlechthin das einzige »Buch«. Jede zehnte Waschmaschine, die in der Bundesrepublik verkauft wird, jeder siebente Kühlschrank, jede sechste Schmalfilmkamera und jede vierte elektrische Nähmaschine stammen aus der fränkischen Versandhochburg. Tag für Tag verlassen nicht weniger als 60 000 Pakete die Quelle-Zentrale, vor Weihnachten sind es meist über 100 000. Eine Flotte von hundert Lastwagen transportiert die gigantische Fracht im Nonstop-Pendelverkehr zu einem eigens für die Quelle errichteten Auffangbahnhof. Von hier aus starten täglich 50 bis 60, in Spitzenzeiten hundert bis 120 Eisenbahnwagen mit vorsortierten Paketen zu 23 Knotenpunktstationen. Daneben bringt das Versandhaus zweimal im Jahr 6,5 Millionen Kataloge im Gesamtgewicht von jeweils 13 000 Tonnen auf den Weg. Gestapelt ergäben sie einen Turm von 130 Kilometer Höhe. Über sechs zentrale Postämter wird die gewaltige Papierflut nach einem bis ins kleinste Detail geregelten Einsatzplan geschleust. Mehr als 60 Millionen Mark an Porto zahlt Quelle im Jahr – ein Betrag, der ausreicht, um etwa 6000 Briefträger zu besolden.

Fünfzig- bis sechzigtausend Aufträge führt Europas größtes Versandhaus täglich aus, kurz nach Erscheinen des Katalogs und vor Weihnachten sogar über 100 000. Den permanenten Warenstrom reguliert ein Großcomputersystem, das die Firma IBM 1970 für 90 Millionen Mark in der Quelle-Zentrale installierte. Sogenannte Terminal-Typistinnen tippen wie auf einer Schreibmaschine eingehende Bestellungen in den Elektronenrechner und lösen damit eine ganze Kette von Impulsen aus: Der Computer prüft zunächst einmal, ob der gewünschte Artikel auf Lager ist; wenn ja, bucht er die bestellte Stückzahl vom Lagerbestand gleich ab. 19 angeschlossene Schnelldrucker schreiben vollautomatisch Warenentnahmescheine, Rechnungen und Versandpapiere. Jeder Druckroboter hämmert pro Minute 1100 Zeilen auf die von der Rolle laufenden Formulare. Zusammen bedrucken die Schnellschreiber täglich sieben Tonnen Papier.

Der Computer errechnet außerdem Gewicht und Volumen der bestellten Ware, legt danach die Größe des benötigten Versandkartons fest und ermittelt schließlich sogar das Porto. Damit aber noch nicht genug: Ist ein bestellter Artikel nicht auf Lager, sorgt der IBM-Rechner für die Nachlieferung, sobald das Lager wieder aufgefüllt ist; in bestimmten Fällen weist er auch die Nachsendung eines teureren Artikels an, dann jedoch zum Preis der vom Besteller gewünschten Ware.

Das vielseitige Elektronenhirn leistet noch einen weiteren Dienst: Haben Quelle-Kunden vergessen, auf ihrer Bestellung die Kundennummer zu vermerken, unter der sie bei der Quelle registriert sind, brauchen die Mädchen an den Terminals nur den Namen des Absenders einzutippen, und in Bruchteilen einer Sekunde erscheint auf dem Bildschirm die gesuchte Ziffer – aus einer auf Magnetplatten festgehaltenen Adressenkartei mit acht Millionen Namen. Deutlich geschriebene Bestellungen bearbeitet ein optischer Handschriftenleser. Das elektronische Auge liest die Bestellungen nicht nur, sondern signalisiert sie im selben Moment dem Computer.

Das jeden Laien verblüffende Wunderwerk gehorcht dem Willen eines Mannes, der – figürlich klein, mit glatt gestutztem eisgrauen

Schnurrbart und einer schmalgefaßten Brille – eher dem Typ eines emeritierten Archäologie-Professors als der landläufigen Vorstellung von einem erfolgreichen Großunternehmer entspricht: Gustav Schickedanz, Ehrendoktor, Ehrenbürger seiner Geburtsstadt Fürth, Honorarkonsul von Griechenland und Träger zahlloser Auszeichnungen, angefangen vom Bundesverdienstkreuz bis zum St.-Markus-Orden des Patriarchen von Alexandria und Gesamtafrika. Der vieldekorierte Quelle-Chef baute in fast einem halben Jahrhundert ein Unternehmen auf, das sich heute »größtes Versandhaus Europas« nennen darf und in seiner Modernität den Vergleich mit den amerikanischen Versandriesen Sears, Roebuck und Montgomery Ward nicht zu scheuen braucht.

Erfolgreiche Unternehmer zeigen sich oft überraschend wortkarg, wenn sie nach »dem Rezept« gefragt werden, dem sie letztlich ihren Erfolg zu verdanken haben. Meist steht dahinter nicht die Absicht, etwas zu verheimlichen, sondern die Tatsache, daß es »das Rezept«, von dem aller Segen ausgegangen ist, überhaupt nicht gibt. Auch Gustav Schickedanz orientierte sich nicht an einem in schlaflosen Nächten ersonnenen Plan, mit dem ehrgeizige junge Männer vielfach ins Leben treten. Der am Neujahrstag 1895 als Sohn des Werkmeisters Leonhard Schickedanz und seiner aus einem kleinen Steigerwalddorf stammenden Ehefrau Elisabeth geborene Kolb war vielmehr nach der Realschule, einer anschließenden kaufmännischen Lehre in einer Exportfirma und der Teilnahme am Ersten Weltkrieg zunächst als Teilhaber in eine Kurzwarengroßhandlung eingetreten und hatte sich nach einem Streit mit seinen Kompagnons im Inflationsjahr 1923 als Wollwarengrossist selbständig gemacht. Mit Musterkoffer und Auftragsbuch zog der 28jährige Schickedanz durch Franken und die Oberpfalz. Doch in seinem Geschäft, in dem zunächst nur noch zwei Lehrmädchen arbeiteten, kauften nicht nur die Einzelhändler der Umgebung; auch einfachen Hausfrauen, meist aus ärmeren Kreisen, gelang es durch kleine Tricks, sich mit preiswerter Strickwolle – wie sie sagten – »direkt an der Quelle« einzudecken.

## 10 000 Hosenträger gratis

Gustav Schickedanz erkannte, daß er mit der regulären Bedienung des breiten Publikums seine Geschäftsbasis erheblich würde erweitern können. In Fürth ließ sich dieses Ziel allerdings kaum erreichen. Die von ihm belieferten Einzelhändler hätten seine Vertreter wahrscheinlich von der Tür gewiesen, wäre er als ihr Konkurrent aufgetreten. Er entschied sich deshalb dafür, Abnehmer für seine Wolle unter den überwiegend ländlichen Bewohnern Ostpreußens und Schlesiens zu suchen. Und da er seine Pläne schnell und ohne allzu großen finanziellen Aufwand verwirklichen wollte, lag es nahe, sich den zweiten Vertriebsweg über ein Versandgeschäft zu erschließen. Letztverbraucher konnten fortan nach Belieben »an der Quelle« kaufen – nämlich bei der Firma »Quelle«, wie Gustav Schickedanz sein 1927 eröffnetes Versandhaus beziehungsreich taufte.

Daß ein Versandgeschäft – und dazu ein gerade gegründetes – von einer guten Werbung lebt, begriff Gustav Schickedanz sehr rasch. Um an Kundenadressen zu kommen, inserierte er in ostelbischen Provinzblättern: »Ich verschenke 10 000 Hosenträger und 5000 Geldbörsen.« Doch anstelle des versprochenen Geschenks erhielten Tausende von Briefschreibern nur die Mitteilung, Gratisträger und -börsen erhielten selbstverständlich nur Quelle-Kunden. Der kleine Makel ließ sich allerdings schnell beheben, denn der schlaue Schickedanz hatte gleich seinen Katalog beigelegt. Ein anderes Mal schnitt er die Zeitungsanzeige eines Schweizer Versicherungskonzerns aus, in der – als Symbol für die Schutzbedürftigkeit des Menschen – ein frierendes kleines Mädchen in einem kurzen Rock abgebildet war. Dem Reklamebild unterlegte Schickedanz das neueste Quelle-Angebot: »Strickwolle, ganz billig, Muster umsonst«, und schickte das umfrisierte Inserat an die katholische Zeitung »Stadt Gottes« in Kevelaer. Doch die frommen Herausgeber monierten den nach ihrer Ansicht zu kurzen Rock, so daß der Quelle-Chef ihn mit dem Zeichenstift eigenhändig verlängern mußte, bevor seine Annonce erscheinen konnte.

Noch viele Jahre später, als er längst über ein Milliardenunternehmen herrschte, steuerte Schickedanz regelmäßig eigene Ideen zur Werbung bei. Von ihm stammt beispielsweise der noch in den sechziger Jahren verwendete Slogan »Quelle-Waren sind mehr wert als sie kosten«. Um die auf jedes Weihnachtsgeschäft folgende Januar-Flaute zu mildern, animierte er speziell seine ländliche Kundschaft mit Hilfe eines von ihm selbst ersonnenen Werbegeschenks zu Frühbestellungen: Ein volkstümliches Jahrbuch mit Tips für Landwirte und Gartenfreunde, erbaulichen Versen von Peter Rosegger sowie Trächtigkeitskalendern für Rinder und Pferde. Noch heute überarbeitet Gustav Schickedanz jeden Entwurf für ein Katalogvorwort nach Feierabend selbst und redigiert mit dem kleinen Bleistiftstummel, den er stets in seiner Rocktasche hat, in Werbebrief-Manuskripten, die nur über seinen Schreibtisch in Druck gehen.

Damals, Ende der zwanziger Jahre, schien ein Unglück, von dem die Familie Schickedanz betroffen wurde, die Karriere des ideenreichen Versandhändlers über Nacht zu beenden. Während einer Autofahrt prallte der von Frau Anna Schickedanz gesteuerte Wagen zwischen Ingolstadt und München gegen einen Baum. Gustav Schickedanz wurde schwerverletzt geborgen, seine Frau, sein einziger Sohn Leo und sein Vater aber waren auf der Stelle tot.

Die Beschäftigten des Fürther Versandhauses hatten zunächst allen Grund zu der Befürchtung, daß ihr Chef unter dem Eindruck der Familienkatastrophe resigniert habe. Doch eines Tages erschien Gustav Schickedanz wieder in seinem Geschäft. Seine Arbeit, von der er sich in dieser Zeit meist erst nach Mitternacht trennte, erleichterte es ihm, die Krise zu überwinden. Mehr als sonst erforderte gerade die nun einsetzende Zeit der Massenarbeitslosigkeit eine ebenso mutige wie geschickte Führung des Unternehmens. Schickedanz kalkulierte seine Preise so scharf, daß selbst die Erwerbslosen, die sich ihr karges Stempelgeld abholten, sich aus seinem Katalog das Nötigste gerade noch leisten konnten.

Auf dem Höhepunkt der Weltwirtschaftskrise 1932 kostete es nur 9,95 Mark, sich aus dem Quelle-Angebot von Kopf bis Fuß einzukleiden. Für diesen Betrag erhielt man ein Paar Knickerbocker, ein Oberhemd, eine Krawatte, einen Pullover aus reiner Wolle, Strümpfe und eine Mütze. Schickedanz: »Wir mußten Tag und Nacht arbeiten, um die Ware in die Kartons zu bekommen.«

Solche und ähnliche Angebotsschlager ließen die Kundenkartei der Quelle bis 1936 auf über eine Million Namen anschwellen. In dieser Zeit legte Gustav Schickedanz auch den Grundstock zu seinem umfangreichen Industriebesitz, der sich um seinen Handelskonzern gruppiert: Er erwarb die Aktien der Fürther Brauerei Humbser, der er später die Lederer Bräu AG in Nürnberg, die Brauerei Geismann in Fürth sowie eine Beteiligung an der Stern-Bräu Dettelbach AG hinzufügte. Durch eine Fusion seines Bierimperiums mit vier von der

Bayerischen Hypotheken- und Wechselbank kontrollierten fränkischen Brauereien im Jahre 1971 herrscht Gustav Schickedanz inzwischen über die zweitgrößte Braumacht Bayerns.

## Ein Industriekonzern aus Bier und Papier

1935 erwarb Gustav Schickedanz von der nach England emigrierten jüdischen Fabrikantenfamilie Rosenfelder die Perle seines heutigen Industriebesitzes, die Vereinigten Papierwerke. Die zur Zeit der Übernahme noch recht bescheidene Firma – sie setzte nicht mehr als vier Millionen Mark um – wuchs unter der Regie des Quelle-Chefs zu einem Großunternehmen heran, das mittlerweile für rund eine halbe Milliarde Mark Fliesstoffe, Hygienepapiere und Wellpappe aus insgesamt elf Werken absetzt. In seinen Papierfabriken produziert Schickedanz so bekannte Markenartikel wie »Camelia«-Pflegeprodukte, »Moltex«-Windeln, »best«-Toilettenpapier sowie täglich 20 Millionen »Tempo«-Taschentücher. Außer Bier und Papier produziert der Fürther auch Fahrräder, Wäsche, Damenkonfektion, Bettfedern, Steppdecken und sogar Likör in eigenen Fabriken.

Krisenunabhängige Produkte wie »Tempo« und »Camelia« (Schickedanz: »Camelia galt sogar als kriegswichtiger Artikel«) hielten den fränkischen Großkaufmann schließlich sogar über Wasser, nachdem im August 1943 alliierte Bomber die Versandzentrale der Quelle in Schutt und Asche gelegt hatten. Bei einem weiteren Angriff Anfang 1945, dem die letzten Betriebsgebäude zum Opfer fielen, wurde auch die Adressenkartei, das bestgehütete Kapital jedes Versandbetriebs, ein Opfer der Flammen.

Mit dem Wiederaufbau seines Unternehmens mußte sich Schickedanz allerdings gedulden. Die Politoffiziere der US-Army hatten nämlich herausgefunden, daß er bereits vor 1933 Parteigenosse geworden und später auch in den Rat der Stadt Fürth eingezogen war. Mehrfach wurde er im Jeep zu ausgedehnten Verhören abgeholt, doch abends war er mit seinem Köfferchen, das er für den Fall einer längeren Inhaftierung stets mitgenommen hatte, immer wieder zu Hause. Während er seine Firma nicht betreten durfte und im Ausweichquartier der Familie im fränkischen Städtchen Hersbruck Lebensmittelkarten auseinanderschnitt oder Pilze sammelte, richtete sich seine zweite Frau Grete, die er einst als Lehrling bei sich eingestellt hatte, am Ort ein kleines Textilgeschäft ein. Als Ursprung der späteren Kaufhauskette verliehen Quelles Chronisten Frau Gretes »Gschäftle«, das als eine Art Familiendenkmal noch heute existiert, nachträglichen Ruhm.

Als Gustav Schickedanz Ende 1947 selbst wieder in das Geschehen eingriff, erlebte er eine angenehme Überraschung: Viele alte Quelle-Kunden schrieben von sich aus an ihn und baten um Übersendung eines Katalogs. Was er ihnen zuschicken konnte, war eine dünne Broschüre mit gezeichneten Abbildungen auf grauem Papier. Aber sie enthielt bereits eine Reihe von Artikeln, nach denen seine Packerinnen immer wieder greifen mußten: Nesselbettwäsche, mit Baumwollresten gefütterte Kopfkissen und einfache Liegen mit Querbrettern. 1948, im Jahr der Währungsreform, setzte die Quelle bereits wieder 315 000 Mark um. Von da an ging es schnell aufwärts: 1949 erreichte der Umsatz 12 Millionen Mark, 1950 bereits 48 Millionen, ein Jahr später 88 Millionen, 1952 immerhin schon 111 und 1953 knapp 148 Millionen Mark. 1954 empfingen fast zwei Millionen Haushalte Quelle-Pakete im Wert von 171 Millionen Mark.

Abgesehen von den Segnungen des Wirtschaftswunders kamen Gustav Schickedanz spezifische Vorteile des Einkaufs nach Katalog zugute. Den seinerzeit noch wenig motorisierten Landbewohnern boten die Versandhäuser überhaupt die einzige Möglichkeit, ohne aufwendige Fahrt in die nächste Stadt etwa einen Kühlschrank, Wäsche für die Aussteuer oder eine neue Polstergarnitur anzuschaffen. Aber auch die Städter empfanden es als angenehm, ohne Rücksicht auf Ladenschlußzeiten im Kreise der Familie buchstäblich vom Sofa aus einkaufen zu können.

Die entscheidende Waffe der Versandhäuser war und ist weitgehend auch heute noch ihr Preisvorteil. Ein Blick auf die Zusammensetzung der Quelle-Kundschaft bestätigt die Bedeutung des Preisarguments: Nicht weniger als 38 Prozent aller Quelle-Käufer sind Arbeiter, 21,4 Prozent Hausfrauen, 21,3 Prozent Angestellte, 8,6 Prozent Beamte, 6 Prozent Selbständige und 4,8 Prozent Landwirte. Um billiger als der stationäre Einzelhandel sein zu können, mußten die Versandfirmen, an ihrer Spitze die Quelle, ihre ganze Einkaufsmacht ausspielen. Daß einstige Luxusartikel wie Kühlschränke, Fernsehgeräte oder Waschautomaten bereits in den fünfziger Jahren für jedermann erschwingliche Güter des Massenkonsums wurden, ist nicht so sehr das Verdienst der Warenhäuser, die sich durchweg auf preisgebundene Industriemarken stützten, als das der Großversender, die auf der Basis wesentlich höherer Stückzahlen mit billigeren Eigenmarken den Markt bestimmten. Mit ihren Eigenmarken, vor allem »Privileg« (Haushaltsgeräte) »Universum« (Radio, Fernsehen) und »Revue« (Foto) erzielt die Quelle heute 38 Prozent ihres Umsatzes.

Im Zeichen steigender Preisforderungen deutscher Fabrikanten erhöhte das Unternehmen seine Importe, gemessen am Gesamtumsatz, auf 36 Prozent. Frau Grete Schickedanz, die den aus 70 Fachabteilungen bestehenden Quelle-Einkauf leitet, hat vor allem den asiatischen Markt über zwei Außenbüros ständig im Blick: In der japanischen Handelsstadt Kobe sind 20 Quelle-Beschäftigte stationiert, in Hongkong arbeiten sogar 25 Leute, davon 10 Chinesen, für das Versandhaus. Einmal im Jahr reist Grete Schickedanz mit einem Stab von 6 bis 8 Einkäufern selbst für drei Wochen nach Fernost, um aus den vorgemusterten Modellen die Perlen für den Modeteil ihres neuen Katalogs herauszusuchen. Der nie erlahmende Eifer, mit dem die blonde Einkaufschefin dabei per Auto oder Flugzeug, bisweilen auch in überfüllten Zügen, ein genau festgelegtes Reiseprogramm absolviert und häufig noch zu mitternächtlicher Stunde im Hotel mit ihrem Begleitertroß konferiert, versetzt vor allem neue Mitarbeiter stets in Staunen.

70 Prozent der im Quelle-Katalog angebotenen Kleider, Kostüme und Mäntel werden in den Ateliers des Fürther Versandhauses selbst entworfen, nach Anregungen des unverwüstlichen Heinz Oestergaard, den Gustav Schickedanz als ständigen Modeberater engagierte. Die Fabrikation übernehmen meist Lohnkonfektionäre in Jugoslawien, Rumänien, Hongkong oder Formosa. Sie schneiden nach Quelle-Maßblättern mit den Abmessungen aller Konfektionsgrößen zu und verarbeiten von der Quelle eingekaufte Stoffe.

Nach einer Fernostreise regte Grete Schickedanz 1959 an, es doch im nächsten Katalog einmal mit einer elektrischen Nähmaschine zu versuchen, die ihr in Japan angeboten worden war. Ihr Mann riet dringend ab. Welche Frau nähe sich denn ihre Kleider heute noch selbst, wandte er ein. Die Nähmaschine erschien dennoch im Katalog, zum Preis von 275 Mark. Das Unerwartete trat ein: Die für drei Monate disponierten 900 Stück waren schon nach 14 Tagen ausverkauft. Um seine Kunden nicht zu enttäuschen, mußte der Quelle-

Chef unter anderem in Italien, Spanien und der Tschechoslowakei zehn ähnliche Modelle in großen Stückzahlen nachkaufen. Verdient wurde an ihnen jedoch nicht mehr. Bis 1971 setzte das Unternehmen insgesamt 1,5 Millionen elektrische Nähmaschinen ab.

## Qualitätsprüfung direkt beim Hersteller

Wie weit der Handel sich von seiner früheren Rolle als reiner Warenverteiler teilweise schon entfernt hat, demonstriert Gustav Schickedanz täglich in seinem Prüflabor, das nicht weniger als 130 Leute beschäftigt. Bereits beim Abschluß von Lieferverträgen müssen sich Fabrikanten verpflichten, ihre Ware einer von der Quelle vorgeschriebenen Testprozedur zu unterwerfen. Damit schadhafte Artikel gar nicht erst das Herstellerwerk verlassen, nehmen Quelles Prüfingenieure Prüfungen bereits an Ort und Stelle vor und arbeiten an der Behebung etwaiger Mängel mit. Sie untersuchen beispielsweise in volkseigenen Betrieben der DDR die Korrosionsbeständigkeit von Herden und Öfen, bei jugoslawischen und rumänischen Konfektionären die Verarbeitung von Kleidern und Kostümen und in polnischen Webereien Ausrüstung und Farbe von Stoffen. Allein in Hongkong überwachen sieben Quelle-Tester, ein Deutscher und sechs Chinesen, die Qualität transportbereiter Waren. Bei großen Konfektionsaufträgen müssen Fabrikanten, bevor sie mit der Arbeit beginnen, Stoffproben an das Quelle-Prüflabor einsenden. Erst wenn sie aus Fürth grünes Licht bekommen, dürfen sie an den Auftrag gehen.

Nirgendwo anders im Einzelhandel ist es so schwer, die richtige Ware in der richtigen Menge zu disponieren wie im Versandgeschäft und nirgendwo verhängnisvoller, wenn es nicht gelingt. Der Besitzer eines Fachgeschäfts etwa, dem ein bestimmter Artikel ausgegangen ist, nimmt das Musterstück aus dem Fenster oder führt dem Kunden ein ähnliches Angebot vor. Der Käufer verläßt zufrieden den Laden. Nicht so dagegen derjenige, der etwas aus dem Katalog bestellt, sich 14 Tage auf die Sendung freut und dann erfährt, daß der gewünschte Artikel nicht mehr lieferbar ist. Der Besteller reagiert meist verärgert und ist nicht selten für das Versandhaus als Kunde verloren.

Einen Einkauf nach Maß erschwert nicht zuletzt der durch die zeitraubende Katalogproduktion bedingte Zwang, bereits sehr früh zu disponieren. Wenn Quelle jeweils im Februar und August sein über

800 Seiten starkes Halbjahresangebot verschickt, sind in Fürth bereits 200 Organisatoren, Layouter, Texter und Fotografen mit der Herstellung des nächsten Tiefdruckfolianten beschäftigt. Schon in den ersten Tagen eines neuen Jahres, sechs Wochen vor dem Erscheinen des Frühjahr-/Sommerkatalogs, werden Umfang und Aufteilung des Herbst-/Winterwerkes festgelegt. Einige Tage später erfahren die Leiter der Einkaufsabteilungen dann, bis wann sie Musterstücke, die abgebildet werden sollen, einreichen müssen. Besonders früh fertig werden alle Seiten mit weniger aktuellen Artikelgruppen, etwa Herrenkleidung, die kurzfristigen Modeschwankungen kaum ausgesetzt ist. Etwa zur gleichen Zeit werden in den hauseigenen Ateliers Bettwäsche, Möbel und Haushaltswaren fotografiert und betextet. Erst ganz zum Schluß entscheiden Quelles Einkäufer über hochmodische Damenbekleidung und Groß-Elektrogeräte, die im Mittelpunkt des Interesses stehen. Acht Wochen bevor sich die Papierflut in Bewegung setzt, müssen jedoch auch die letzten Seiten druckfertig sein.

Dem aktuellen Modetrend angepaßt ist vor allem auch das Umschlagbild. Daß die Frontansicht des Katalogs regelmäßig ein modisches Angebot ziert, hat seinen Grund. Die Marketingspezialisten der großen Sortimentsversender wissen nur zu genau, daß die Hausfrau, die das dickleibige Einkaufsbuch aus der Hand des Postboten in Empfang nimmt, durch ein attraktives Titelmotiv schnell zu einem ersten Blick in den modischen Teil zu verführen ist. Das abgebildete Mannequin soll weder zu bieder, noch zu sexy wirken, damit sich möglichst viele Frauen mit ihm identifizieren können.

Mit geradezu generalstabsmäßiger Präzision wird der Quelle-Katalog hergestellt und verschickt. Da er das einzige Kontaktmedium zwischen dem Versandhaus und seiner Kundschaft ist, würde eine nur um wenige Tage verspätete Auslieferung bereits verheerende Folgen haben. Acht Großdruckereien, darunter mit Mondadori in Verona auch eine ausländische Firma, sind am Druck des Quelle-Angebots beteiligt. Die auf ihren Maschinen hergestellten Fragmente werden anschließend in drei Werken in Nürnberg und Darmstadt auf riesigen Bandstraßen zusammengefaßt und geheftet.

Täglich 300 000 Exemplare läßt Quelle-Chef Gustav Schickedanz in den ersten zwei Wochen nach Erscheinen eines neuen Katalogs verschicken. Rund die Hälfte von ihnen macht den Umweg über

(Foto: dpa)

*Gustav und Grete Schickedanz*

(Foto: Georg Weise)

*Helmut Horten (links) bei der Einweihung seiner neuen Hauptverwaltung*

bayerische Strafanstalten, deren Insassen den druckfrischen »Bestsellern« Bestellkarten und Prospektzettel beilegen und die Sendung anschließend kuvertieren. Um den Rest der Auflage kümmern sich Heimarbeiterinnen-Betriebe im Bayerischen Wald und im Zonenrandgebiet. Die vom Computer ausgedruckten Adressen sind nach Zielgebieten geordnet, so daß die Kataloge bereits im Versandhaus ohne Mühe bis in die einzelnen Zustellbezirke einer Stadt vorsortiert werden können.

Um die Kundenresonanz vor allem auf hochmodische Angebote frühzeitig abschätzen zu können, versendet die Quelle vier Wochen vor Erscheinen ihres Angebots einen im einfachen Rotationsdruck hergestellten Auszug an etwa 30 000 Sammelbesteller. Je nachdem ob ein Artikel »geht« oder nur selten verlangt wird, können Schickedanz' Einkäufer nachdisponieren oder in Gesprächen mit Lieferanten den Auftrag zu strecken versuchen, bevor die eigentliche Kaufwelle einsetzt. Inwieweit sie mit ihren übrigen Angeboten im erwarteten Trend liegen, erfahren Quelles Disponenten schon wenige Wochen nach Erscheinen des Katalogs, wenn ihnen der Computer eine anhand saisonaler Absatzkurven vergangener Jahre vorgenommene Hochrechnung auf das bisherige Verkaufsergebnis liefert.

## »Lassen Sie da mal endlich Dampf rein«

Gustav Schickedanz selbst studiert jeden Morgen eine Liste mit den jüngsten Umsatzzahlen und Lagerbeständen, die ihm noch vor der wichtigsten Tagespost auf den Schreibtisch gelegt wird. Mit demselben Sinn fürs Detail, mit dem er eine seltene Blume in seinem Garten oder einen filigranen Kupferstich der Maria Sybilla Merian in seiner Kunstgalerie betrachtet, versteht es der betagte Versandhauschef heute noch, schwachen Stellen in seinem Katalog, die er aus dem umfänglichen Zahlenmaterial herausliest, unbarmherzig auf den Grund zu gehen. Die Mahnung »Lassen Sie da mal endlich Dampf rein!«, mit der er ins Kreuzverhör genommene Einkäufer zu verabschieden pflegt, ist im Hause Quelle bereits so etwas wie ein geflügeltes Wort.

So wie die Manager der Warenhäuser die Quadratmeterumsätze ihrer Filialen bis in die letzte Abteilung ständig im Blick halten, so beobachten Versandhändler laufend die mit jeder Seite ihres Katalogs ausgelösten Bestellungen. Der Herbst-/Winterkatalog der Quelle, der wegen des Weihnachtsgeschäfts den Großteil des Jahresumsatzes, nämlich 57 Prozent, auf sich vereinigt, zieht den Bundesbürgern mit jeder Seite 1,8 Millionen Mark aus der Tasche, das Frühjahr-/Sommerangebot bringt es nur auf 1,5 Millionen Mark. Die Umsätze pro Seite entscheiden nicht zuletzt darüber, wieviel Raum der Abteilungsleiter der betreffenden Artikelgruppe in der nächsten Auflage erwarten darf. Vor ein paar Jahren mußte beispielsweise der Platz, auf dem Nachtwäsche angeboten wurde, halbiert werden, weil die verbreitete Mode, nackt zu schlafen, die Nachfrage nach Nachthemden und Pyjamas spürbar hatte erlahmen lassen.

Die ständig steigende Paketflut stellte Gustav Schickedanz schon Ende der fünfziger Jahre vor die unausweichliche Entscheidung, seine Versandzentrale von Grund auf zu modernisieren. Die an Transportbändern durch die Lagerhallen schwebenden Körbe, die auf ihrer Fahrt in den Packraum anhand mitlaufender Bestellzettel gefüllt wurden, konnten den riesigen Warenumschlag selbst im Nonstop-Betrieb nur mühsam verkraften. In zweijähriger Arbeit tüftelte der von Schickedanz mit der Lösung des Problems beauftragte Organisationsexperte Georg Reinicke, im Krieg General der Pioniere, zusammen mit 35 Ingenieuren das Modell einer völlig neuartigen Transportanlage aus: Ein System von zehn Warenpaternostern, die sechs Lagerstockwerke durchwandern und in deren Fächer Arbeiterinnen jeweils einen auf einem Computerformular angegebenen Artikel legen. Der Paternoster befördert die Ware ins Parterre und kippt sie in Wannen, die auf einem Fließband unter den sich leerenden Fächern herlaufen. Horizontale und vertikale Bewegungen sind elektronisch so gesteuert, daß alle zu einer Bestellung gehörenden Artikel in ein und dieselbe Wanne fallen.

In Sorge, der gesamte Versandbetrieb könne durch die Umstellung zusammenbrechen, warnten nahezu alle führenden Quelle-Manager Gustav Schickedanz davor, Reinickes System einzuführen. Doch der Versandhauschef entschied anders. Noch heute gehört die Paternosteranlage zu den modernsten Transporteinrichtungen der Branche. Sogar Fachleute der US-Handelskonzerne Sears, Roebuck und Montgomery Ward, die das elektronisch dirigierte Wunderwerk studierten, bestätigten freimütig, keine bessere Anlage zu besitzen.

Erheblich später als sein Erzrivale Josef Neckermann begann Gustav Schickedanz, sein Versandgeschäft durch die Einrichtung von

Kaufhäusern zu ergänzen. Den letzten Anstoß gab eigentlich der Zufall. Soweit sich zurückdenken läßt, kamen Quelle-Kunden von überall her nach Nürnberg, um sich die Versandzentrale, in der ihre Pakete gepackt wurden, einmal aus der Nähe anzusehen. Doch was sie zu sehen bekamen, waren stets nur Maschinen und Kartons. Schickedanz kam auf die Idee, für seine Besucher – unter ihnen befanden sich besonders zahlreich Eisenbahner, die mit ihren Familien auf Freifahrtscheinen anreisten – einen Ausstellungsraum mit einer Auswahl seiner Katalogartikel einzurichten. Woran er jedoch nicht gedacht hatte: Die Leute wollten immer wieder Ausstellungsstücke an Ort und Stelle kaufen und gleich mit nach Hause nehmen, so daß laufend für Nachschub gesorgt werden mußte. Warum also nicht gleich ein reguläres Einkaufsgeschäft eröffnen, fragte sich der Versandhauschef. Gegen den geschlossenen Widerstand seiner engsten Mitarbeiter, die sich von dieser wenig frequentierten Stelle der Fürther Straße nicht viel versprachen, baute Gustav Schickedanz 1960 seinen »Quelle-Markt«. Er wurde ein großer Erfolg und ist längst zu einem vierstöckigen Kaufhaus ausgebaut worden.

Typisch für die Art, wie Gustav Schickedanz ehrgeizige junge Männer seines Hauses auf Projekte ansetzt, war damals der Auftrag an den seinerzeit erst 29jährigen Einkäufer für Baumwollwaren, Willi Laschet, in der mit dem Bau des »Quelle-Marktes« markierten Richtung weiterzuplanen. Laschet, der seine ersten Sporen im Kaufhof verdient hatte (sein Zwillingsbruder Karl ist stellvertretendes Vorstandsmitglied bei Karstadt), brachte in den letzten Jahren eine der steilsten Managerkarrieren hinter sich. Auf seinen Schultern ruht heute der gesamte Kaufhausbereich der Schickedanz-Gruppe, der zum Quelle-Umsatz bereits fast soviel beiträgt wie das Versandgeschäft.

## Die Häuser mit dem blauen »Q«

Das Niveau seiner neuen Häuser mußte Schickedanz notgedrungen »eine Etage unter Karstadt und Kaufhof« (Laschet) ansetzen, schon allein weil 65 Prozent des Sortiments mit dem Katalogangebot identisch sind. Den Rest, vor allem Artikel des Spitzengenres sowie Lebensmittel, kaufen Laschets Einkäufer separat ein. Schon ein Jahr nachdem er mit seinem »Quelle-Markt« Premiere gefeiert hatte, eröffnete Gustav Schickedanz auch in Augsburg eine Filiale. Nun tauchte das Firmensymbol, ein blaues »Q« mit einer ausgestreckten Hand, in einer Stadt nach der anderen auf: 1962 in Koblenz und Bielefeld, 1963 in Ansbach und Mainz, 1964 in Duisburg und Bochum, 1965 in Mönchengladbach und Kempten, 1966 in Hamburg, Berlin und Hagen, 1967 in Regensburg, Neuß und ein weiteres Mal in Berlin. Dadurch, daß viele Kunden einen im Katalog entdeckten Artikel ihrer Wahl der Einfachheit halber gleich im Quelle-Kaufhaus kaufen, kommen die Fürther auf Quadratmeterumsätze, die rund um ein Drittel über denen der Warenhauskonzerne liegen.

So wie er Willi Laschet seinerzeit die Chance gab, sich durch den Aufbau einer Kaufhauskette zu profilieren, hatte Gustav Schickedanz einige Jahre zuvor bereits einen anderen jungen Manager dazu ermuntert, ein vielversprechendes Projekt zu realisieren. Als 1957 der damals 35jährige Einkäufer Lothar Schmechtig im Büro des Quelle-Chefs erschien und vorschlug, als Katalogneuheit auf einer halben Seite Fotoapparate anzubieten, hatte er schnell gewonnenes Spiel. Schmechtig, der bis dahin Bestecke, Kosmetika und Campingartikel eingekauft hatte, setzte sich hoffnungsvoll ans Telefon und rief die führenden Firmen der Fotobranche, von Agfa bis Zeiss, an. Doch überall erhielt er dieselbe stereotype Antwort: »An Versandhäuser liefern wir nicht.«

Von der Sorge, den für ihn reservierten Platz im Katalog wieder zurückgeben zu müssen, befreite ihn schließlich die Bad Nauheimer Exportfirma Wedena, die Quelle 1000 Apparate einer längst ausgelaufenen Serie anbot. Schickedanz selbst entwarf den Begleittext: »Diese relativ veraltete Kamera ist eine wunderbare Neuheit.« Schon nach zwei Monaten waren die Apparate bis auf das letzte Stück verkauft.

Um der ängstlich auf den Fachhandel schielenden Industrie einen Schritt näherzukommen, gliederte Gustav Schickedanz 1961 das Fotogeschäft aus seinem Versandunternehmen aus und gründete als selbständige Tochterfirma die Foto-Quelle GmbH. Die meisten Fabrikanten zierten sich auch jetzt noch, mit dem Außenseiter in normale Lieferbeziehungen zu treten. Schmechtig reiste nach Japan und schloß mit der dortigen Industrie umfangreiche Kontrakte ab. Schon im Gründungsjahr seiner Foto-Quelle bot er die erste »Yashica«-Schmalfilmkamera an, und zwar rund 40 Prozent billiger als vergleichbare deutsche Modelle.

Gegen die konzentrierte Macht der renommierten Industriemarken baute Lothar Schmechtig in den letzten Jahren unter dem Namen »Revue« eine überaus erfolgreiche Eigenmarke auf. Unter »Revue« verkauft er Schwarzweißfilme aus tschechischen Fabriken ebenso wie Farbfilme der (aus dem beschlagnahmten Agfa-Auslandsbesitz hervorgegangenen) US-Firma Ansco oder Kameras aus der Sowjetunion. Unter der populären Hausmarke vertreibt Foto-Quelle 37 Prozent aller in der Bundesrepublik abgesetzten Dia-Projektoren, 26 Prozent aller Schmalfilmkameras und 23 Prozent aller Schmalfilmprojektoren.

Weil vor allem teure Kameras ohne fachmännische Beratung nur schwer verkäuflich sind, entschloß sich Gustav Schickedanz 1964, sein Fotoangebot nicht allein in dem mit einer Auflage von damals fünf Millionen Stück erscheinenden Spezialkatalog zu präsentieren, sondern darüber hinaus in eigenen Fachgeschäften. Inzwischen erzielt die Foto-Quelle nicht weniger als 80 Prozent ihres Umsatzes im stationären Handel – außer in 29 Foto-Spezialgeschäften auch in den Fachabteilungen sämtlicher 24 Quelle-Kaufhäuser sowie in den über 100 Verkaufsstellen des Versandhauses, die sich aus den früheren Ausstellungsräumen entwickelten. Die Firma Foto-Quelle, deren Ursprung auf eine mühsam gefüllte Katalogseite zurückgeht, darf sich mit einem Umsatz von fast 200 Millionen Mark mittlerweile das »größte Fotospezialhaus der Welt« nennen.

Früher und entschlossener als Neckermann und Otto überschritt Schickedanz die Grenzen des deutschen Marktes. Nachdem er zuvor bereits Verkaufsagenturen in Bern, Malmö, Luxemburg und in New York eröffnet hatte, etablierte er sich 1959 in Österreich mit einem eigenen Versandhaus. Nicht nur wegen der deutschen Sprache, sondern vor allem auch wegen seiner ländlichen Struktur und seines erst schwach entwickelten Versandhandels bot sich das Land als Startbasis seiner Auslandsexpansion an. Mit einem Umsatz von mehr als 200 Millionen Mark, den er über seinen in Zweimillionenauflage erscheinenden Katalog sowie in 17 Quelle-Kaufhäusern erzielt, ist er unmittelbar nach den Konsumgenossenschaften Österreichs zweitgrößter Einzelhändler.

Mit dem Aufbau eines Versandgeschäfts in Orléans schlug Schickedanz sieben Jahre später auch eine Brücke nach Frankreich. Da die Französinnen die Katalogmode made in Fürth über Erwarten willig akzeptierten, können die Einkäufer aus Orléans einen großen Teil ihres Sortiments bei den Hauptmusterungen in der deutschen Quelle-Zentrale disponieren. Für die zierlicheren Quelle-Kundinnen in Frankreich schneiden Fabrikanten lediglich eine Konfektionsgröße kleiner zu. 1970 erweiterte Schickedanz seinen Frankreich-Stützpunkt in Orléans durch den Bau eines Kaufhauses. Von Orléans aus beliefert Quelle im übrigen auch Kunden in Belgien.

Pläne, in Italien ein Kataloggeschäft zu starten, scheiterten dagegen bereits im Stadium erster Sondierungen. Vor allem die häufigen Poststreiks und die handelsfeindliche Gesetzgebung hielten den Quelle-Chef davon ab, südlich der Alpen aktiv zu werden. Noch heute erheben in Italien nämlich die Gemeinden auf alle in ihre Mauern »eingeführten« Güter die sogenannte dazio communale, einen aus einer mittelalterlichen Wegegebühr entstandenen Zoll, den zum Beispiel der Versandhauskunde beim Abholen seines Pakets auf dem Postamt entrichtet. Wer ein Kaufhaus bauen will, muß das Ergebnis einer langwierigen staatlichen Bedarfsprüfung abwarten.

## Ottos Flirt mit Schöpflin

Während er seinen Einfluß über die Grenzen hinweg ausdehnte, wehrte er auf dem heimischen Markt den Einbruch eines gefährlichen Konkurrenten in sein süddeutsches Stammgebiet ab: Als der Hamburger Werner Otto 1964 wegen einer Übernahme des traditionsreichen Versandhauses Schöpflin in Haagen an der deutsch-schweizerischen Grenze verhandelte, schaltete sich der beunruhigte Quelle-Boß in die Gespräche mit Hans Schöpflin, Chef des Familienunternehmens, ein und erwarb selbst eine 75prozentige Beteiligung.

Mit zunehmendem Alter beschäftigte Gustav Schickedanz immer mehr die Frage, wie er die Kontinuität seines allein auf die Familie gestützten Industrie- und Handelskonzerns dauerhaft sichern könne. »Kein vielleicht uninteressierter Nachkomme sollte je dem Unternehmen Abbruch tun. Schickedanz mußte seinem Werk eine Verfassung geben«, heißt es in einer Firmendokumentation.

Eine Verfassung gab der Quelle-Gründer seiner Firmengruppe im Jahre 1966, als er den »Familienverein Schickedanz e. V.« ins Leben rief. Die Gründung des Vereins sollte verhindern, daß mögliche erbrechtliche und vermögensmäßige Veränderungen in der Familie negative Einflüsse auf das Unternehmen haben. Nach seiner Satzung darf sich der Verein weder geschäftlich selbst betätigen noch einen Einfluß auf den Konzern ausüben. Ihm gehören sämtliche Mitglieder der Familie Schickedanz sowie zur Zeit als einziges nicht zur Familie zählendes Mitglied, Dr. Hanns Jüngling, Chef der Papierwerke und Schickedanz-Mitarbeiter seit über 30 Jahren, an.

Der Familienverein hält die Anteile der Schickedanz International Holding, unter der die Handelsgruppe, die Papierfabriken und die Auslandsgesellschaften rangieren. Entscheidend ist, daß die Familienmitglieder über ihre Anteile nicht verfügen können. Dem alleinigen Führungsorgan der Holding, dem Beirat, gehören außer Repräsentanten der Familie auch sechs Manager von außen an. Die Familie ist durch Gustav und Grete Schickedanz sowie durch die Schwiegersöhne Hans Dedi und Dr. Hans-Georg Mangold vertreten.

Dedi ist dazu ausersehen, einmal das Erbe des »fränkischen Grandseigneurs« (»Die Welt«) anzutreten. Der 1918 geborene Badener, Ehemann der ältesten Schickedanz-Tochter Louise, dessen Familie Großaktionär der Gummizeugfabrik Goldzack in Mettmann bei Düsseldorf ist, kam 1958 als Prokurist zur Quelle und wurde vier Jahre später Generalbevollmächtigter. Auch der zweite Schwiegersohn, Hans-Georg Mangold (Jahrgang 1942) zog es vor, in der Quelle anstatt in der seiner Familie gehörenden Spielwarenfirma »Gama« (Abkürzung von Georg Adam Mangold) in Fürth Karriere zu machen.

Seine neue Unternehmensverfassung befreite Gustav Schickedanz zwar von der Sorge, daß der Konzern durch eine zu enge Bindung an die Familie eines Tages unter Umständen gefährlichen Einflüssen ausgesetzt sein könnte; das Problem, wie die finanzielle Basis der Firmengruppe verbreitert werden könnte, wurde dadurch jedoch noch nicht gelöst. Die führenden Großunternehmen des Einzelhandels werden, um ihre Position halten zu können, in Zukunft etwa jährlich 150 bis 200 Millionen Mark investieren müssen. Diese Mittel aufzubringen, ist für Schickedanz nicht ganz einfach. Denn es ist kein Geheimnis, daß er die Umsatzrendite der Warenhauskonzerne nicht ganz erreicht. Nur ein Drittel seiner Kaufhäuser finanzierte Quelle aus eigener Kraft, der Rest wird auf Mietbasis betrieben. Überlegungen, den Konzern in eine AG umzuwandeln, stellte Schickedanz 1971 vorerst wieder zurück. Dennoch dürfte er in den kommenden Jahren Zugang zum Kapitalmarkt suchen.

Obwohl er längst das 75. Lebensjahr überschritten hat, sitzt Gustav Schickedanz auch heute noch jeden Morgen, nachdem er im geheizten Swimmingpool seines Hauses bereits eine Viertelstunde geschwommen ist, pünktlich um halb neun an seinem Schreibtisch in der Quelle-Zentrale. Dabei ließe sich kaum ein angenehmerer Ruhesitz als die in einem Privatpark mit Rokoko-Putten sowie seltenen Bäumen und Pflanzen gelegene schloßähnliche Schickedanz-Villa in Fürth-Dambach denken, die eine der wertvollsten Kunstsammlungen in Familienbesitz beherbergt. Der kunstliebende Quelle-Chef ließ vor einigen Jahren eigens noch einen Flügel anbauen, um seine Brueghels, seine de Mompers und Tischbeins in stilvollem Rahmen aufhängen zu können und seine reichhaltige Autographensammlung unterzubringen, die Handschriften von Brahms, Mörike und Bismarck enthält. Der betagte Großunternehmer kann ins Schwärmen geraten, wenn er, die Brille nach oben geschoben, knieend seine auf dem Boden ausgebreiteten Grafikmappen mit Werken von Dürer, Rembrandt und Schongauer durchblättert.

Vor ein paar Jahren besuchte ein führender Repräsentant der Neußer Industrie- und Handelsdynastie Werhahn Gustav Schickedanz in Fürth. Dabei erzählte der Besucher dem Quelle-Chef beiläufig, daß er sich bei schönem Wetter hin und wieder mit einem Glas Wein in seinen Garten zu legen pflege und aus dem Liegestuhl mit leitenden Herren seines Konzerns telefoniere. Als er den fleißigen Schickedanz amüsiert lächelnd vor sich sah, meinte der lebensfrohe Rheinländer mit gespieltem Ernst: »Wenn ich Sie so abgekämpft und gehetzt vor mir sehe, muß ich sagen, mein lieber Schickedanz, du hast das Klassenziel nicht erreicht.«

Wenn der Quelle-Gründer abends, meist erst nach acht, wieder aus seinem Mercedes 600 steigt, nimmt ihm Butler Josef oft noch eine dicke Mappe mit Geschäftspapieren aus der Hand. Schickedanz: »Man kommt einfach nicht davon los.«

KARL und THEO ALBRECHT

# Die Discounter von der Ruhr

»Ein Wunder ist«, schreibt Heinrich Böll über das Ruhrgebiet, »daß in diesem riesigen Dorf mit seinen sechs Millionen Einwohnern auch nach hundert Jahren Industrie der Mensch noch nicht verkümmert ist. Nirgendwo sonst in Deutschland sind die Menschen so nüchtern, herzlich, einfach und schlagfertig. Es scheint so, als ob die Touristenindustrie die Menschen eher verdürbe als Hütte und Grube. Von hier, aus dieser Provinz, stammen die meisten Artisten: Trapez und Piste, Pferdegeruch, rotes Licht, Trommelwirbel beim Balanceakt, wenn das flitterbespannte Mädchen in fünfzehn Meter Höhe übers Seil tänzelt. Viele Artisten haben den Gelsenkirchener Klang in der Stimme: Ein verstädtertes Westfälisch, mit zahlreichen Idiomen eingefärbt, mit Rotwelsch, Jiddisch, Polnisch und Ostpreußisch. Noch sieht man Frauen mit masurischen Kopftüchern in Schalke und Erle, mit Korb und Kind am Arm, wie Bäuerinnen, die vom Markt kommen, zum Markt gehen. Sie sind nüchtern, handfest, wissen im gegebenen Augenblick sogar einen Schlag richtig zu parieren, für den Fall, daß einer mal zudringlich, allzu dreist werden sollte; eine neue Rasse hat sich hier gebildet, die in Tonfall und Umgangsform Gemeinsames hat und alle Vorzüge und Nachteile der Jugend: Frische, mit unbekümmerter, fast kolonialer Barbarei gemischt. Diese Provinz, die Ruhrgebiet heißt, erschließt sich dem Fremden nicht leicht; sie ist der Besichtigung abhold, mißtrauisch dem Müßiggänger gegenüber, hat touristische Einrichtungen nur für solche, die hinaus, nicht für die, die herein wollen.«

Soweit Heinrich Böll. In dieser Provinz, die Ruhrgebiet heißt, sind zwei Brüder zu Hause, die auf eine der erstaunlichsten Karrieren im deutschen Einzelhandel zurückblicken: Karl und Theo Albrecht, Eigentümer der Firmen Albrecht KG in Mülheim und Herten. Als kleine Essener Krämer boxten sie sich innerhalb von zwei Jahrzehnten an die Spitze aller Filialunternehmen des Lebensmitteleinzelhandels empor und ließen dabei so traditionsreiche Firmen wie Kaiser's Kaffee und Tengelmann hinter sich. Das Verblüffende ist dabei, daß sich die beiden Kaufleute von der Ruhr bei ihrem Aufstieg an einem Geschäftsprinzip orientierten, das außer ihnen in Deutschland kaum jemandem zum großen Glück verhalf, vielen dagegen schlaflose Nächte und schließlich sogar spektakuläre Pleiten bescherte: Das Discount-System. In ihren nach diesem Vertriebskonzept geführten über 600 karg möblierten Läden zwischen Flensburg und Weil an der deutsch-schweizerischen Grenze setzten sie 1971 rund 1,6 Milliarden Mark um. Hinter Karstadt, Quelle, Hertie, Kaufhof, C & A Brenninkmeyer, der seit Frühjahr 1971 bestehenden Gruppe Tengelmann/Kaiser's Kaffee, Horten und Neckermann ist die Firmengruppe Albrecht damit zur Zeit das neuntgrößte Einzelhandels-Unternehmen der Bundesrepublik.

Im Gegensatz zu den Waren- und Versandhäusern sowie zu anderen führenden Filialfirmen, die es teilweise schon vor dem Krieg, vereinzelt sogar gegen Ende des vorigen Jahrhunderts zu Größe und Ansehen gebracht hatten, bestand die Firma Albrecht 1946 erst aus einem 100 Quadratmeter großen Lebensmittelladen im Essener Bergarbeiter-Stadtteil Schonnebeck, nicht weit entfernt von der Zeche »Zollverein«, sowie einer 35 Quadratmeter kleinen Filiale. Das Geschäft hatten die Eltern der Albrecht-Brüder bereits 1913 eröffnet. Während Mutter Albrecht zusammen mit acht, bisweilen sogar zehn Verkäuferinnen im Laden stand, arbeitete ihr Mann, Karl Albrecht senior, als gelernter Bäcker zeitweise in einer Essener Brotfabrik.

Im elterlichen Geschäft verbrachte auch Sohn Theo, Jahrgang 1922, nach dem Abschluß der Mittelschule seine Lehrzeit, sein zwei Jahre älterer Bruder Karl erlernte das kleine Einmaleins des Lebensmittelhandels in dem angesehenen Essener Feinkostladen Weiler. Doch ehe sich die beiden Brüder eine eigene Existenz aufbauen konnten, mußten sie den weißen Krämerkittel an den Nagel hängen und die feldgraue Uniform anziehen. Karl landete bei den Sturmgeschützen und wurde während des Ostfeldzuges verwundet, Theo kämpfte in einer Nachschubeinheit zunächst in Afrika und wurde gegen Ende des Krieges von den Amerikanern in Italien gefangengenommen.

Die Aussichten waren trübe, als sich Karl und Theo Albrecht im April 1946 in Essen wiedertrafen. Wie durch ein Wunder war das elterliche Geschäft heilgeblieben. Ohne lange zu überlegen, stürzten sich die gerade 24 und 26 Jahre alten Heimkehrer in die Arbeit: Sie trieben bei befreundeten Lieferanten Ware auf und organisierten auf

Umwegen Bauholz für die Einrichtung neuer Läden, die sie nach und nach hinzumieteten. Ihre ersten Geschäfte, die sie in billigen, kaum mehr als 50 Quadratmeter großen Ladenlokalen eröffneten, und in denen wie eh und je die Verkäuferinnen über die Theke bedienten, verrieten freilich noch nichts von dem späteren Erfolgsrezept der beiden Kaufleute. »Mit gewagten Zukunftsprojekten haben wir uns seinerzeit nicht beschäftigt, sondern nur versucht, unseren Betrieb möglichst schnell zu vergrößern«, erzählte Theo Albrecht später einmal rückblickend auf die Anfänge des Milliarden-Unternehmens.

## Der Preis entscheidet allein

Im Jahre 1950 – aus den beiden Schonnebecker Läden war mittlerweile eine kleine Kette von 13 Lebensmittelläden geworden – tasteten sich die Newcomer von der Ruhr aber bereits an eine Vertriebsform heran, bei der es, wie Karl Albrecht 1953 vor Kollegen erklärte, »nicht mehr um normales Bedienen, sondern um Massenabfertigung« geht. Ein Jahrzehnt, bevor die Discount-Idee in Deutschland Triumphe feierte, setzten die beiden Essener Lebensmittelhändler in ihren Läden bereits wesentliche Elemente dieser Verkaufs-Philosophie in die Wirklichkeit um. Ein straff geführtes Sortiment, Verzicht auf jede Dekoration und eine nahezu primitive Ladenausstattung ermöglichten es ihnen, ihren Kostensatz auf 11 Prozent herunterzudrücken und auf diese Weise schon damals billiger als die meisten ihrer Konkurrenten zu sein. Für ihre Werbung kalkulierten die Brüder lediglich 0,1 Prozent vom Umsatz. »Unsere ganze Werbung liegt im niedrigen Preis, und sie ist so wirksam – man kann es kaum glauben – daß der Kunde es auf sich nimmt, Schlange zu stehen«, rühmte Karl Albrecht in einem privaten Vortrag sein System.

An ihrer erfolgreichen Strategie hielten die zielstrebigen Filialisten auch dann noch fest, als sie 1955 die Grenzen ihrer Heimatstadt Essen überschritten und in Mülheim, Gelsenkirchen und Oberhausen, später auch in Bochum und Dortmund größere Läden eröffneten. Weil sie zum Beispiel die Anschaffung teurer Kühlmöbel scheuten, mußten ihre Verkäuferinnen jeden Abend stapelweise Butter in den Keller bringen, die bei Albrecht – zu Selbstkosten angeboten – als Lockartikel diente. An der Ruhr, wo die Frauen seit jeher genauer mit dem Pfennig rechnen als woanders, wurde der Name der aggressiven Lebensmittelhändler schnell zu einem Symbol für niedrige Preise. Die Gewinne fielen jedoch immer noch so reichlich aus, daß die ehrgeizigen Brüder ihre Ladenkette zügig erweitern konnten: Hatten sie 1953 mit 31 Geschäften (Umsatz: rund sechs Millionen Mark) nur örtliche Bedeutung, so vergrößerten sie ihren Besitzstand bis 1955 auf 101 Geschäfte, vor allem durch die in diesem Jahr übernommene Aachener Filialfirma Prömper mit 18 Verkaufsstellen; 1958 prangte der Schriftzug »Albrecht« in weißer Farbe auf rotem Grund bereits von 170 Ladenfassaden; zwei Jahre später erzielten sie an 300 Plätzen einen Umsatz von insgesamt 90 Millionen Mark.

Der entscheidende Durchbruch in die Spitzengruppe der deutschen Lebensmittel-Filialisten glückte den vorwärts drängenden Kaufleuten aus dem Revier allerdings erst, als sie sich kompromißlos dem Discount-Prinzip verschrieben. Zu der Methode, ein knappes Sortiment sich schnell umschlagender problemloser Artikel ohne Bedienung und Service in primitiv eingerichteten Läden zu extrem niedrigen Preisen anzubieten, hatten Anfang der sechziger Jahre vor allem Einzelhändler Zuflucht genommen, die sich durch die Bildung freiwilliger Ketten wie SPAR oder A & O in ihrer Existenz bedroht fühlten. Als Discounter versuchten sich daneben auch Branchen-Fremde, die auf einmal die Möglichkeit erkannten, sich ohne großes Eigenkapital selbständig zu machen. Eine wahre Discount-Gründungswelle erlebten vor allem die Industriestädte an Rhein und Ruhr; von den insgesamt 1200 Läden dieses Typs, die 1962 in der Bundesrepublik gezählt wurden, befanden sich gut die Hälfte in Nordrhein-Westfalen. Schlagerartikel waren fast überall Süßwaren und Spirituosen einfacherer Provenienz, mit denen die Discounter ihre Billigkeit gegenüber Anbietern preisgebundener Markenware überzeugend demonstrieren konnten.

Die meisten Discounter sahen ihre Träume vom schnellen Glück jedoch schon nach kurzer Zeit zerrinnen. Sie wurden ein Opfer der irrigen Vorstellung, daß ein Ladenschild mit der Aufschrift »Discount«, eine gewisse Preiswürdigkeit und eine ungeordnete Warendarbietung allein ausreichen würden, um auf Kunden eine dauerhafte Anziehungskraft auszuüben. Ihre Geschäftsgrundlage verloren sie in dem Augenblick, als sie ihren Preisvorsprung nicht mehr behaupten konnten und sich – außer durch Bezeichnung, Ladeneinrichtung und andere Äußerlichkeiten – durch nichts mehr von herkömmlichen Selbstbedienungsgeschäften unterschieden. Zehn Prozent aller neu eröffneten Discount-Läden schlossen bereits in der Anfangsphase des ersten Jahres wieder, andere entwickelten sich zu »Einfach-Supermärkten« zurück. Für eine Reihe größerer Discounter endete das Experiment sogar mit dem bitteren Gang zum Konkursrichter.

Karl und Theo Albrecht waren klug genug gewesen, die Erfolge und Fehler der ersten Discounter genau zu studieren, bevor sie selbst Filialen im neuen Stil aufmachten. Nach zahlreichen Besuchen fremder Läden und Gesprächen mit Konkurrenten stand für sie fest, daß ein Erfolg des neuen Verkaufssystems von drei Voraussetzungen abhängen würde. Erstens: Eine konsequente Rationalisierung des Verkaufs als Vorbedingung niedriger Kosten und damit günstiger Preise. Zweitens: Von einer starken Einkaufsbasis durch den Aufbau eines von wenigen Lieferanten getragenen Sortiments täglich verlangter und an möglichst vielen Plätzen angebotener Massenartikel. Und drittens: Zur Erhaltung des Kundenvertrauens absolutes Qualitätsdenken. Theo Albrecht: »An diesen Grundsätzen haben wir bis heute eisern festgehalten.«

Mit ihren ersten Discount-Läden starteten die Brüder Albrecht »vor der Haustür«: Der Premiere in Dortmund im Frühjahr 1962 folgten Schlag auf Schlag Eröffnungen in Herten, Wuppertal, Bochum, Mönchengladbach, Rheydt und Düsseldorf. Um möglichst schnell über eine große Zahl von »Aldi«-Filialen (von »ALbrecht DIscount«) zu verfügen, rüstete das Essener Händlergespann nicht nur seine über 200 bestehenden Selbstbedienungsgeschäfte auf den neuen Ladentyp um, sondern besetzte ständig neue Standorte. Aldi-Läden entstanden in Köln, Hagen, ja sogar in Hamburg und Berlin.

In ihrer anspruchslosen Innenausstattung gleichen Albrecht-Läden wie ein Ei dem andern. Statt in teuren Regalen ist die Ware auf einfachen Holz- oder Metallstellagen gestapelt. Preisschilder werden größtenteils mit Hilfe von Reißzwecken an »Galgen« aus rohen Holzleisten befestigt. Vielfach müssen die Kunden Konserven oder Nährmittel, Margarine oder Pralinen aus aufgeschlitzten Originalkartons herausnehmen, die sich links und rechts der Gänge auf Paletten türmen. Müssen Lebensmittelhändler für die Einrichtung eines modernen Supermarktes heute rund 1000 Mark pro Quadratmeter Verkaufsfläche veranschlagen, so kommt Albrecht in seinen Discount-Läden mit weniger als einem Drittel aus. »Waren werden nicht besser und nicht schlechter, wenn sie in einem einfach gestalteten Laden verkauft werden«, belehrten die Brüder Albrecht ihre Kunden auf einem Werbeflugblatt, »daher verzichten wir in unseren Läden auf besonderen Aufwand jeder Art. Wir sparen sehr viel Geld dabei.«

## Aus dem Pappkarton in den Pappkarton

Nicht auf Vermittlung eines anregenden Kauferlebnisses sind Karl und Theo Albrechts Geschäfte eingestellt, sondern auf einen reibungslosen Massenumschlag von Artikeln des täglichen Bedarfs. Ungewöhnlich breite Gänge zwischen Kartonbergen und Stellagen sind für ein Stoßgeschäft in Permanenz ausgelegt. Auf Service muß Seine Majestät, der Kunde, ganz verzichten. Er, der in einem Supermarkt oder Warenhaus ungehalten reklamiert, wenn ihm die Kassiererin nicht gleich eine Plastik-Tragetasche reicht, ist bei Albrecht schon zufrieden, wenn er sich aus einem Haufen alter Kartons bedienen darf und damit obendrein noch die Rolle des Müllverwerters übernimmt. »Der Dienst am Kunden«, ließen die Großdiscounter ihr Publikum in einem Werbe-Inserat wissen, »wird bei uns nur unter dem Blickpunkt niedriger Preise gesehen. Bei uns heißt es nicht, den Einkauf so angenehm, sondern so preiswert wie möglich zu machen.«

Kosten sparen Karl und Theo Albrecht auch durch den Verzicht auf Lagerräume in ihren Filialen. Die Ware wird teils von eigenen Zentrallagern, teils direkt von den Herstellern ohne Umweg in die Läden gebracht. Nicht einmal Schaufenster haben in dem engen Kalkulationsrahmen der Discount-Matadoren einen Platz. Die Scheiben ihrer Geschäfte sind meist mit Plakaten und Aufklebern bepflastert, auf denen sie Schlagerartikel anpreisen. Die Billighändler legen ihre Geschäftsprinzipien so eng aus, daß sie in den meisten Verkaufsstellen sogar auf einen Telefonanschluß verzichteten. Die Filialleiter müssen ihre Bestellungen per Brief aufgeben.

Auch Albrechts Personalkosten sind niedriger als die der Konkurrenz. Außer gutbezahlten Kassiererinnen, die anders als ihre in gewöhnlichen Lebensmittelläden beschäftigten Kolleginnen die Preise aller (bei Albrecht aus Sparsamkeitsgründen nicht einzeln ausgezeichneten) Artikel im Kopf haben müssen, arbeiten in den Discount-Geschäften durchweg nur ungelernte Hilfskräfte. Filialleiter werden durch eine gestaffelte Umsatzbeteiligung zu ihrem Grundgehalt zu Höchstleistungen angespornt.

Ihre Riesenumsätze erzielen die Star-Discounter mit einem Sortiment von nur 500 bis 600 Massenartikeln, das außer Konserven vor allem Nährmittel, Süßwaren, Spirituosen, aber auch Reinigungsmittel und Kleintextilien umfaßt. Im Vergleich dazu werden in modernen Supermärkten heute bereits über 4000 Artikel angeboten. Kann die Hausfrau in einem Supermarkt beispielsweise zwischen einem halben Dutzend Margarinesorten wählen und ihr Mann sich zwischen fünf oder sechs Cognac-Marken entscheiden, so stehen ihnen in einem Albrecht-Laden bestenfalls zwei Angebote zur Auswahl. Frischfleisch, Molkereiprodukte und Tiefkühlkost führen die Essener Discounthändler – außer in einigen Testläden mit Frischwarenabteilungen – überhaupt nicht; teure Kühltruhen und -theken passen nicht in ihr Kostenbild.

Damit die Kunden ihren Bedarf an Lebensmitteln aber nicht gleich ganz bei einem Konkurrenten decken, der Frischartikel in seinem Sortiment führt, siedeln sich die schlauen Brüder mit Vorliebe in der Nähe stark frequentierter Supermärkte an. Sie überlassen auf diese Weise das kostenintensive Frischgeschäft ihrem unfreiwilligen »Partner« und bedienen dessen Kunden anschließend mit problemlosen Discount-Artikeln, die sie im Schnitt 15 Prozent billiger als gewöhnliche Lebensmittelläden anbieten.

Mit Sonderangeboten haben die Gebrüder Albrecht dagegen nichts im Sinn. »Glauben Sie im Ernst daran«, wandten sie sich in einem Werbefaltblatt an ihre Kunden, »daß zehn bis zwanzig Preise viel darüber aussagen, wie leistungsstark ein Unternehmen ist? Wir auch nicht.« Aus dieser Einstellung heraus entwickelten sie in ihrer Anzeigenwerbung einen eigenen unverwechselbaren Stil. Anstatt – wie ihre Konkurrenten – einige »Knüller« in fetten Lettern herauszustellen, präsentieren sie meist auf einer ganzen Zeitungsseite bis zu 200 einzelne Artikel mit den dazugehörigen Preisen. »Warum in unseren Anzeigen und Prospekten so viele Preise aufgeführt werden?« fragten Albrechts Werbetexter und gaben die Antwort gleich selbst:

»Nicht um Sie zu verwirren, sondern weil wir glauben, nur auf diese Art unsere Leistungsfähigkeit halbwegs demonstrieren zu können. Am liebsten würden wir unser ganzes Sortiment aufführen, denn bei uns werden alle Artikel niedrig kalkuliert. Alle Preise können sich sehen lassen.«

Ihre allein auf niedrige Preise ausgerichtete Verkaufsstrategie legte es Karl und Theo Albrecht zwingend nahe, keine preisgebundenen Markenartikel in ihr Angebot aufzunehmen. Dafür lassen sie sich von führenden Markenartikelfirmen Eigenmarken – teilweise sogar exklusiv – liefern. So beziehen sie ihr Vollwaschmittel »Tandil« von Dalli in Stolberg, Blendax liefert »benny«-Haarpflegemittel und Zahnpasta, und ihren Sekt »Schloß Auerbach« zieht eine Kellerei auf Flaschen, hinter der die Spirituosenfirma König in Steinhagen (Bekannteste Marken: »Schinkenhäger«, »Leibwächter«) steht. Durch langfristige Abnahmeverträge und den Ankauf von Warenzeichen konnten die für die Industrie äußerst interessanten Großabnehmer einzelne Hersteller sogar dazu bewegen, ursprünglich auch für andere Einzelhandels-Unternehmen produzierte Artikel ausschließlich an Albrecht zu liefern. Suppen der Marke »Lachende Köchin« von Dr. Lange in Düsseldorf, »Albona«-Puddingpulver aus der Produktion der Hamelner Nährmittelfirma Vogeley sowie »Buttella«-Margarine von Walter Rau in Hilter im Teutoburger Wald – um nur einige Beispiele zu nennen – sind auf diese Weise heute nur in den Filialen der ehrgeizigen Discounthändler zu finden.

Als Großeinkäufer können die Brüder Albrecht in ihren Verhandlungen mit der Industrie die besten Konditionen beanspruchen. Eine Reihe großer Unternehmen hat sich in seiner Absatzpolitik ganz und gar auf die Discount-Filialisten eingestellt. So erzielt Walter Rau allein mit der für Albrecht produzierten »Buttella«-Margarine über 35 Prozent seines Umsatzes. Eine bayerische Spirituosenfabrik ist zu mehr als 60 Prozent mit Albrecht-Aufträgen ausgelastet. Sogar in der Umsatzstatistik des führenden deutschen Schokoladen-Konzerns, der »Trumpf«-Firma Leonard Monheim in Aachen (Jahresumsatz 1970: über 380 Millionen Mark) bringt es der Massenbesteller von der Ruhr auf einen Anteil von nahezu zehn Prozent.

Auch außerhalb des heimischen Marktes traten die erfolgreichen Einzelhändler als Großabnehmer bestimmter Artikel auf. So setzten sie zeitweise 15 Prozent aller in die Bundesrepublik eingeführten Champignons in ihren Geschäften ab. Zehn Prozent aller aus der DDR ausgeführten Damenstrümpfe (Exportvolumen: über 80 Millionen Mark) landen unter der Marke »Sayonara« in Albrechts billigen Läden.

(Foto: Archiv)

*Werner Otto*

(Foto: Archiv)

*Oswald Paulig*

Sparkasse der Betuchten

In diesen Läden kaufen nicht nur Leute, die man gemeinhin zu den ärmeren Schichten rechnet. Es ist längst kein Geheimnis mehr, daß Angehörige höherer Einkommensklassen Lebensmittel vielfach preisbewußter einkaufen als Kleinverdiener. Zur Sparsamkeit in kleinen Dingen werden sie durch große Wünsche angehalten, etwa nach dem nächsthöheren Wagentyp oder einer Eigentumswohnung. Aber selbst da, wo sich die Millionäre über den Gartenzaun die Hand reichen, im feudalen Hamburger Elbvorort Blankenese etwa, ist Albrecht vertreten. Auch ein gutbetuchter Kaufmann nimmt die Gelegenheit gerne wahr, seinen Whisky »Black & White« anstatt für 14,75 für nur 12,95 Mark mit nach Hause zu bringen.

Mit ihrem Verkaufssystem erzielen die Wunderknaben des Lebensmittelhandels Ergebnisse, von denen ihre Konkurrenten nur träumen können. Ihr Lager in den Filialen schlagen sie nicht weniger als 36mal jährlich um; die Branche muß im Durchschnitt mit 15mal zufrieden sein. Pro Quadratmeter Verkaufsfläche kommen Albrecht-Läden auf einen Umsatz von 11 000 Mark pro Jahr, die meisten Konkurrenten erreichen kaum mehr als 6000 Mark. Ihre hohe Flächenproduktivität erlaubt es den beiden Discountern, als Kosten in ihre Kalkulation nur rund neun Prozent vom Umsatz einzusetzen; im deutschen Lebensmittel-Einzelhandel waren 1970 dagegen 14,7 Prozent die Norm.

Der zügige Umschlag ihres Lagers hat für Karl und Theo Albrecht noch einen weiteren Vorzug: Lange bevor ihre Lieferantenschulden fällig werden, haben sie die Ware in der Regel schon wieder weiterverkauft. Brot, das jeden Morgen frisch in ihre Geschäfte kommt, rechnen sie beispielsweise erst per Ultimo ab; Margarine, mit der sie zweimal die Woche beliefert werden, bezahlen sie sogar nur alle sechs Wochen. Auf diese Weise können die geschickten Discounter in weit größerem Umfang als ihre Konkurrenten einen zinslosen Millionenkredit vor sich herschieben. Dieser Liquiditätspuffer half ihnen vor allem in den Anfangsjahren, ihr hohes Expansionstempo ohne Schwierigkeiten durchzustehen.

Dennoch machten von Zeit zu Zeit immer wieder Gerüchte die Runde, die von einer bevorstehenden Übernahme der angeblich in Not geratenen Discountkette wissen wollten. Als heimliche Interessenten wurden abwechselnd Oetker und Unilever, Albrechts Hausbank Burkhardt & Co. in Essen und sogar die Neußer Industrie- und Handelsdynastie Werhahn genannt, die mit Bolle in Berlin und Hamburg, Schade & Füllgrabe in Frankfurt und Georg Schätzlein in Mülheim/Ruhr bereits drei potente Lebensmittel-Filialfirmen (Gesamtumsatz: über eine Milliarde Mark) unter ihren Fittichen hat. Durch die über sie in Umlauf gesetzten Gerüchte ließen sich die scheuen Discounter, die ihre Geschäftszahlen strenger unter Verschluß halten als Spionagedienste ihren Nachrichtenschlüssel, nicht einmal ein knappes Dementi entlocken. Würde den schweigsamen Kaufleuten aus dem Kohlenpott viel an öffentlicher Anerkennung gelegen sein, brauchten sie eigentlich »nur« ihre Umsatzrendite bekanntzugeben: Sie liegt mit knapp drei Prozent (bis etwa 1969 sogar vier Prozent) doppelt bis dreimal so hoch, wie die der meisten anderen Lebensmittelhändler.

Trotz ihrer spektakulären Erfolge blieb den eigenwilligen Brüdern die Erkenntnis nicht erspart, daß ihnen für eine gemeinsame Führung ihrer Firma auf die Dauer der nötige persönliche und unternehmerische Akkord fehlte. Karl Albrecht, äußerlich von bemerkenswert unauffälliger Statur, geschäftspolitisch jedoch ebenso gradlinig wie dynamisch, fiel es schon Ende der fünfziger Jahre nicht immer leicht, seine kühnen Expansionspläne mit den Intentionen seines vom Typ her robusteren, seiner Mentalität nach aber eher behutsamen Bruders Theo in Einklang zu bringen. Nachdem beide schließlich »zu der Überzeugung gelangt waren, daß die Einzelführung . . . der Kollegialführung vorzuziehen ist« (Theo), beschlossen die Branchen-Schnellstarter, ihr gemeinsam aufgebautes Filialreich 1961 zu teilen.

Seit dieser Zeit regiert Theo Albrecht an der Spitze der damals neugegründeten Albrecht KG in Herten den nördlichen Teil des Discount-Imperiums, Karl mit seiner in Mülheim eingetragenen Firma gleichen Namens den südlichen Teil. Auf einer großen Landkarte steckten die getrennt marschierenden Brüder quer durch die Bundesrepublik die Trennungslinie zwischen ihren Operationsgebieten ab: sie beginnt im Westen bei Bocholt nahe der holländischen Grenze, schlängelt sich von dort zwischen Gladbeck (Theo) und Bottrop (Karl) sowie Essen (Theo) und Mülheim (Karl) hindurch, zieht sich an Kettwig und Velbert vorbei durch das Bergische Land und verläuft entlang der Sauerlandlinie in Richtung Herborn, wo sie sich – zwischen Marburg (Theo) und Fulda (Karl) hindurch – irgendwo im Zonengrenzgebiet verliert. Der Verlauf der Trennungslinie sicherte Karl, dem älteren und in dieser Phase der Firmenentwicklung dominierenden der beiden Brüder, ein deutliches Übergewicht: Die auf seinem Gebiet gelegenen Filialen steuerten zum Gesamtumsatz rund 65, die unter Theos Regie stehenden Läden nur 35 Prozent bei.

Nachdem Karl und Theo Albrecht noch einige Jahre gegenseitig an der Firma des anderen als Minderheitsgesellschafter beteiligt waren, lösten sie im März 1966 auch die letzten Kapitalbindungen zwischen ihren Discountgruppen. Bei der Albrecht KG in Mülheim ist heute die Albrecht Handelsgesellschaft mbH eingetragen (das Stammkapital von 20 000 Mark liegt bei Karl Albrecht), Kommanditisten sind Karl Albrecht mit einer Einlage von 8 910 000 und seine Frau Maria mit 990 000 Mark. Als persönlich haftender Gesellschafter der Albrecht KG in Herten ist ebenfalls eine Albrecht Handelsgesellschaft (das Stammkapital von 50 000 Mark liegt bei Theo Albrecht) eingetragen, als Kommanditisten Theo Albrecht mit 4 477 500 und seine Frau Cilli mit 497 500 Mark. Obwohl beide Unternehmen also juristisch völlig selbständig sind, arbeiten Karl und Theo Albrecht nach wie vor auf das engste miteinander zusammen. Gemeinsam mit den Geschäftsführern ihrer Hauptniederlassungen treffen sie sich einmal im Monat zu intensiven Beratungen. Auch die Zentraleinkäufer beider Firmen stehen in permanentem Kontakt miteinander.

In ihrer Kooperation gehen Karl und Theo Albrecht noch einen Schritt weiter: In einem umfangreichen Betriebsvergleich breiten sie monatlich ihr gesamtes Zahlenmaterial voreinander aus. Sie kaufen darüber hinaus einen beträchtlichen Teil ihres Sortiments zusammen ein und verfügen mit der ihnen zu gleichen Teilen gehörenden Firma Heitmann KG in Köln über eine gemeinsame Schaltstelle für ihre Eigenmarkenpolitik. Die 1966 gegründete Firma, die ihren Namen nach einem leitenden Albrecht-Angestellten erhielt, verwaltet vor allem die Eigenmarkenrechte der beiden Discounter (25 Exklusivmarken führen Karl und Theo Albrecht in ihren Läden gemeinsam) und verhandelt über den Erwerb von Warenzeichen.

## Vorstöße in die Provinz

Nachdem die agilen Niedrigpreisstrategen in der Anfangsphase ihres Aufstiegs vor allem in den großstädtischen Ballungszentren Fuß gefaßt hatten, drangen sie in den letzten Jahren immer stärker auch in mittlere und sogar kleinere Städte vor. Ihre Vorstöße in die Provinz unternahmen sie über regionale Niederlassungen, die sie – um ihre Filialkette zu dezentralisieren – seit 1964 an folgenden Plätzen der Bundesrepublik errichteten: in Herten, Radevormwald, Berlin, Ohlendorf bei Hamburg, Kirchweyhe bei Bremen und Sievershausen bei Hannover (Albrecht Herten), in Mülheim/Ruhr, Broichweiden bei Aachen, Köln, Ketsch bei Mannheim, Hanau, Adelsdorf bei Nürnberg und Saarbrücken (Albrecht Mülheim).

Vereinzelte weiße Flecken auf Albrechts Deutschland-Karte konnten nicht die Faszination mindern, die von der Karriere der beiden Einzelhändler auf kleine und große Konkurrenten ausging. Vergeblich suchte die Filialfirma Tengelmann, neben ihren Supermärkten eine Discountkette unter dem Namen »Tenga« aufzuziehen. Doch über elf Geschäfte kamen die Mülheimer bisher nicht hinaus. Die Werhahn-Firma Schätzlein siebte aus ihrem Sortiment ein kleines Angebot attraktiver Artikel heraus und bot sie im Aldi-Stil zu Minipreisen an. Am weitesten brachte es der Fürther Filialist Georg Manfred Roth, der zwischen Frankfurt und München rund 100 »Norma«-Discountläden eröffnete.

Im Einzugsgebiet ihrer vorgeschobenen Operationsbasen besetzten die Discount-Könige einen Standort nach dem andern. Für 300 bis 1000 Quadratmeter große Ladenlokale in gut frequentierten, aber nicht zu teuren Geschäftslagen (Albrecht-Werbung: »Unsere Preise vertragen keine allzu hohen Mieten«) bieten sie nicht nur zinslose Mietvorauszahlungen, sondern auch die Bezahlung von Abstandssummen bei Geschäftsaufgaben und die Übernahme aller Kosten für Umbau und Vergrößerung. »Albrecht im Erdgeschoß«, lockten sie Ladenvermieter in Zeitungsinseraten, »ist eine Wertsteigerung für das ganze Haus. Denn alle Um- und Anbauten gehen kostenlos in das Eigentum des Vermieters über.«

Die zielstrebigen Brüder sind – 25 Jahre nachdem sie als nahezu mittellose Kriegsheimkehrer ihren Fuß auf die unterste Sprosse der Erfolgsleiter setzten – heute Herren über rund 600 Filialen in mehr als 300 Städten der Bundesrepublik. Ihre Kunden leben in Aurich, Norden, Buxtehude, Lüneburg und Delmenhorst, in Deggendorf, Bamberg, Singen und Völklingen, ja sogar in Orten wie Brunsbüttel, Lauenburg, Bad Zwischenahn und Lauf in der Oberpfalz, die gerade 10 000 oder noch weniger Einwohner zählen. Aber auch in den Großstädten erhöhten die Discounthändler die Zahl ihrer Stützpunkte beträchtlich: in Essen bis Ende 1971 auf 22, in Hamburg auf 35 und in Berlin, wo Theo Albrecht 1970 insgesamt 14 Läden der MK Kaffee-Großrösterei Willi Mommert hinzumietete, sogar auf 45. Mit sechs beziehungsweise zehn Geschäften sind die Großfilialisten in Stuttgart und Hannover dagegen bisher bemerkenswert schwach vertreten. In Frankfurt, wo die ortsansässigen Lebensmittel-Filialfirmen Latscha und Schade & Füllgrabe eine traditionell starke Stellung behaupten und wo sich im Laufe der letzten Jahre an der Peripherie zahlreiche Verbrauchermärkte ansiedelten, wagte Karl Albrecht bis Ende 1971 sogar erst zwei Verkaufsstellen zu eröffnen.

Obwohl Karl und Theo Albrecht auch nach der endgültigen Trennung ihrer Unternehmen weiterhin eng zusammenarbeiteten, zeigten sich zwischen ihren Läden mit der Zeit auffällige Unterschiede. Es beginnt bereits beim Namen: Theos Filialen tragen nach wie vor die Abkürzung »ALDI« in blauen Lettern auf weißem Grund, allerdings mit dem Zusatz »MARKT«. Sein Bruder Karl entschloß sich 1965 dagegen, seine Geschäfte schlicht unter »ALBRECHT« (weiß auf blau) firmieren zu lassen, weil er Zweifel an der Schutzfähigkeit des Namens »ALDI« hatte. Unterschiede wurden auch im Sortiment sichtbar. Abweichend von der »orthodoxen« Discount-Theorie seines Bruders, erweiterte Theo Albrecht die Zahl der in seinen Läden angebotenen Artikel von 400 im Jahre 1960 über 550 (1965) bis auf 600 im Jahre 1971. Bei ihm finden seine Kunden beispielsweise neben den Waschmittel-Eigenmarken »Tandil« und »Unamat« auch die gängigen Marktfavoriten »Persil«, »Omo« und »Fakt«; dagegen führt Karl, der auch heute noch nicht mehr als 450 Artikel anbietet, außer seinen hauseigenen Weißmachern nur noch »Persil«. Die Auswahl an Süßwaren, Spirituosen und Konserven ist in Theos Läden ebenfalls wesentlich reichhaltiger als in denen seines Bruders. Gleichzeitig wertete der jüngere der beiden Discounter seine kargen Einkaufsstätten durch eine etwas freundlichere Gestaltung auch äußerlich auf. Anstelle primitiver Holzstellagen verwendet er zum Beispiel ansehnlichere Metallregale.

Bei aller Konsequenz, mit der die Karriere-Händler an ihrer ebenso einfachen wie erfolgreichen Konzeption festhielten, verschlossen sie Neuerungen ihrer Branche gegenüber nicht von vornherein die Augen. Doch die Übernahme solcher Neuerungen scheiterte immer wieder an der Unverträglichkeit mit ihrer Verkaufs-Philosophie. Schon Anfang der sechziger Jahre versuchten Karl und Theo Albrecht, in ihren Läden mit einfachen Mitteln das Frischfleisch-Geschäft aufzubauen; doch sie brachen ihren Versuch schon bald wieder ab, weil ihnen die Erfüllung der von den Aufsichtsämtern an Kühl- und Lagereinrichtungen gestellten Mindestanforderungen zu kostspielig erschien. Auch aus späteren Experimenten in einigen ihrer Filialen gewannen sie kein Modell für einen dem Stil und Preisniveau ihrer Läden entsprechenden Verkauf von Fleisch, Obst und Gemüse. Den jüngsten Test startete Theo Albrecht 1970 gemeinsam mit drei namhaften Fleischfabrikanten, die als Konzessionäre in elf seiner Geschäfte Fachabteilungen unter eigenem Namen führen.

Unternehmerische Experimentierfelder suchten die Essener Lebensmittel-Kaufleute auch außerhalb ihrer billigen Einkaufsstätten. 1967 feierte Karl Albrecht seinen Einstand als Großhändler: mit zwei »Alio«-Abholmärkten in Mülheim und Neuß. Doch der kühle Rechner hatte in seinem Kalkül einen psychologischen Faktor außer acht gelassen. Potentielle »Alio«-Kunden waren seine Konkurrenten auf der Einzelhandelsstufe, die keinerlei Ehrgeiz verspürten, ihrem Widersacher persönlich noch das Geld ins Haus zu tragen und seine Großmärkte demonstrativ mieden. Der gescheiterte Grossist sah sich schon bald gezwungen, seine »Alio«-Lager in Verbrauchermärkte für das breite Publikum umzuwandeln.

Ebenso wenig Glück hatte Karl Albrecht mit seinem Versuch, außer mit billigen Lebensmitteln auch mit preiswerter Herrenkonfektion Geld zu verdienen. In Köln, Dinslaken, Herne und anderen Städten eröffnete er 1965 insgesamt zehn etwa 200 Quadratmeter große Läden, in denen er in Selbstbedienung Anzüge im Mittelgenre (vornehmlich in Wollsiegelqualität) in der Preislage von 150 bis 190 Mark, Sportsakkos und Hosen, billige Hemden und Krawatten anbot. Übergrößen ließ sich der Kleiderdiscounter mit zehn Prozent Aufschlag bezahlen, Änderungen beschränkte er auf Hosen und Ärmel. Ebenso geräuschlos wie er sein Experiment begonnen hatte, brach Karl Albrecht es 1968 wieder ab. Er hatte erkennen müssen, daß dieselben Kunden, die sich in seinen Läden aus roh gezimmerten Borden mit Waschpulver und Konserven bedienten, ihre Kleidung lieber in größeren und anspruchsvolleren Geschäften mit reichhaltigerer Auswahl kaufen.

Ein Jahr vor der Schließung seiner Konfektions-Geschäfte erwarb Karl Albrecht eine maßgebliche Beteiligung an der Wiener Lebensmittel-Filialfirma Hofer. Ihr Alleinbesitzer Helmut Hofer hatte 1963 einen Discountladen eröffnet und im selben Stil während der folgenden vier Jahre über 40 weitere Geschäfte eingerichtet. Als er Albrecht als Gesellschafter in sein Unternehmen aufnahm, war er bereits der drittgrößte Filialist Österreichs.

## Die verschwiegene Milliarde

Auch Karls Bruder Theo wagte sich an neue Projekte heran. Gemeinsam mit einem Partner legte er 1967 in Herten einen Geflügelhof für 140 000 Hennen an. Die 35 Millionen Eier, die ihm seine Hühner jährlich liefern, setzt er ausschließlich über seine Aldi-Märkte ab. Außerdem ist Theo Albrecht mehrheitlich an der Hamburger Speditionsfirma Mickeleit KG und an der Kölner Werbeagentur Richartz & Münz beteiligt, die seine Anzeigen konzipiert.

Was immer die schweigsamen Lebensmittelhändler in den letzten Jahren auch unternahmen, es wurde – wenn überhaupt – nur durch Zufall bekannt. Ein stilles Vergnügen bereitete es ihnen, daß Konkurrenten und die Presse ihren gemeinsamen Umsatz noch zu einer Zeit mit 800 Millionen Mark veranschlagten, als sie zusammen längst die Milliardengrenze überschritten hatten. Ins grelle Licht der Öffentlichkeit gerieten die beiden Brüder jedoch plötzlich, als Theo Albrecht im November 1971 vor seiner Firmenverwaltung von Banditen überwältigt und entführt wurde. 17 Tage lang hielten ihn die Kidnapper fest, bis sie ihn gegen ein Lösegeld von sieben Millionen Mark dem als Vermittler eingeschalteten Ruhrbischof Franz Hengsbach übergaben. Durch eine List gelang es dem Freigelassenen, über ein Nachbargrundstück in seine Villa zurückzukehren, ohne in die Hände der am Eingang auf ihn wartenden Journalisten und Fotoreporter zu fallen.

Karl Albrecht, der seinen Bruder an Schweigsamkeit noch übertrifft, ließ sich nicht einmal durch Ehrungen und Ehrenämter, die ihm angetragen wurden, aus der Reserve locken. Von der geplanten Berufung zum Schöffen in seiner Heimatstadt Essen bat er ebenso höflich wie bestimmt Abstand zu nehmen. Eine Absage erteilte er zusammen mit Bruder Theo auch der »Lebensmittelzeitung«, die den beiden Discountern ihren »Goldenen Zuckerhut«, eine für besondere Leistungen innerhalb der Branche jährlich verliehene Auszeichnung, feierlich überreichen wollte und sich dabei einige Informationen aus erster Hand erhofft haben dürfte. Andächtiger Aufmerksamkeit kann Karl Albrecht sicher sein, wenn er entgegen seiner sonstigen Gewohnheit in kleinerem Kreis hin und wieder einmal den Schleier seiner Geschäftsgeheimnisse ein paar Zentimeter hebt, etwa unter seinen Kollegen in der Arbeitsgemeinschaft der Lebensmittel-Filialbetriebe, die über seine Aufnahme noch vor wenigen Jahren hitzige Debatten führten.

Der im Umgang mit Worten und Kosten gleichermaßen sparsame Großfilialist stützt sich bei seinen unternehmerischen Entscheidungen auf den Rat eines kleinen Teams leitender Mitarbeiter: Außer seinem Geschäftsführer gehören nur noch die Chefs der Abteilungen Zentraleinkauf, Verwaltung und Revision dazu. Im Gegensatz zu vielen seiner Branchenkollegen, deren Geschäftspolitik alles andere als ein klares Konzept verrät, markierte Karl Albrecht den weiteren Weg seiner Discount-Kette durch eine langfristige Unternehmens-Planung. Sie sieht vor, daß der Umsatz in seinen Geschäften im Jahre 1973 erstmalig mehr als eine Milliarde betragen wird.

Trotz seines glanzvollen Aufstiegs ist Karl Albrecht, vielleicht mehr als sein Bruder, vom Lebenszuschnitt her ein Mann des Reviers geblieben. Der hagere Essener mit dem aschblonden, glatt zurückgekämmten Haar, der seine Sparsamkeit durch den Kauf billiger Anzüge von der Stange unterstreicht, hält sich zwar keine Brieftauben, wie es an der Ruhr eine Art Volkshobby ist. Dafür widmet er sich um so leidenschaftlicher der Zucht seltener Orchideen, deren Knollen er sich teilweise sogar aus Indien kommen ließ. Nur in einem Punkt fügt er sich in das Klischeebild reicher Bosse über 50 ein: Er – wie übrigens auch sein Bruder – entspannen sich beim Golf, bei einer Beschäftigung, von der Winston Churchill gelegentlich behauptete, sie sei des Teufels, »weil man vergeblich versucht, ein Stück von der Erdoberfläche abzuhacken«.

HELMUT HORTEN

## Die goldenen zwanzig Jahre

Auf dem Pariser Flughafen Orly entstieg ein hochgewachsener, elegant gekleideter Herr von etwa 60 Jahren mit sonnengebräuntem Gesicht der Morgenmaschine aus Nizza. Als er die Ankunftshalle betrat, sprach ihn plötzlich ein langhaariger, bärtiger Jüngling in Gammlermontur und einfachen Holzsandalen an:

»Sind Sie nicht Herr Horten?«

Der Angesprochene war sichtlich überrascht.

»Woher kennen Sie mich denn?«

»Ich habe Ihr Bild in den Illustrierten gesehen«, erwiderte der junge Mann, »kann ich mit Ihnen nicht einmal diskutieren?« Der Globetrotter, ein deutscher Abiturient, steuerte, kaum daß sich sein Gegenüber zu einem kurzen Gespräch bereiterklärt hatte, ohne Umschweife auf den Kern der Dinge zu: »Sind Sie mit Ihrem Reichtum denn wirklich glücklich?«

Den Jüngling etwas geringschätzig musternd, entgegnete der soignierte Milliardär betont kühl: »Sogar sehr glücklich.«

Wie kein zweiter Unternehmer in der Bundesrepublik verkörpert Helmut Horten in seiner Person Glanz und Schwächen des deutschen Wirtschaftswunders. Wie er in 20 Jahren ein zehnstelliges Vermögen anhäufte, wie er sein Geld unter Ausnutzung der bestehenden Steuergesetze vor den Augen des machtlosen Fiskus in die Schweiz transferierte und wie er mit seiner 31 Jahre jüngeren Frau ein Leben in unverhülltem Luxus führt, beschäftigt die Phantasie von Millionen. Für die Prediger einer gerechteren Gesellschaftsordnung wurde der Warenhauskrösus, der nicht einmal die Zinsen seines Vermögens privat verbrauchen kann, der abwechselnd im Tessin, an der Côte d'Azur und am Wörthersee in eigenen Prunkvillen lebt und gleich mehrere Rolls Royce-Limousinen in der Garage stehen hat, geradewegs zu einer negativen Symbolfigur. Für Gangster wurde er bevorzugter Adressat erpresserischer Briefe.

Was befähigte Helmut Horten dazu, sich als Einzelgänger ohne großes Startkapital innerhalb weniger Jahre unter die Bosse der traditionsreichen Warenhauskonzerne zu gesellen? Vor allem wohl die Phantasie, die Entfaltungskräfte der Marktwirtschaft und damit des Massenkonsums frühzeitig vorauszuahnen und der Mut zu einem hohen persönlichen Risiko. Sein einmaliger Aufstieg wäre jedoch kaum denkbar ohne sein sogar von Bankiers gerühmtes geniales Gespür für optimale finanzielle Konstruktionen und – eine seltene Verbindung in einer Person – ein hohes ästhetisches Einfühlungsvermögen in die geheimen Wünsche der Verbraucher. Wem dann noch Glück, Gönner und günstige Umstände zur Seite stehen . . .

Helmut Horten hat das Kunststück fertiggebracht, seine Warenhausfirma in Raten zu verkaufen und dennoch ihr heimlicher Inspirator geblieben zu sein. Gestützt auf das Vertrauen der Deutschen Bank und der Commerzbank, die zusammen 25 Prozent der Aktien der Horten AG besitzen (knapp 50 Prozent sind unter das Publikum gestreut, 25,6 Prozent liegen bei der British-American Tobacco Company), bestimmt der mobile Privatier nach wie vor den Kurs seines Unternehmens. Über eine rege Besuchsdiplomatie laufen bei ihm alle Fäden zusammen; was der Aufsichtsrat, dessen Vorsitzender er ist, formell beschließt, ist in feudalen Hotelsuiten, in den VIP-Etablissements der internationalen Flughäfen oder am Kamin der Luxus-Residenzen des Milliardärs vorher meist in allen Einzelheiten abgestimmt worden. Auch an der Weiterentwicklung des von ihm geprägten spezifischen Stils der Horten-Warenhäuser nimmt er heute immer noch regen Anteil. Vor dem Bau großer Filialen läßt er sich die Möblierungspläne für jedes einzelne Stockwerk schicken und erläutern. Einige Tage vor der Eröffnung des Hauses unternimmt der kritische Ruheständler, gefolgt von einem ganzen Pulk gespannter Firmenmanager, dann noch einmal einen stundenlangen Rundgang, moniert dabei, daß eine Abteilung zu sehr versteckt, ein Gang zu eng oder eine Boutique zu schlecht beleuchtet ist. Wenn er wieder abgefahren ist, ins Tessin oder zur Bärenjagd nach Jugoslawien, müssen Elektriker, Dekorateure und Anstreicher gewöhnlich Nachtschichten einlegen.

Als der Schüler Helmut Horten vor mehr als vier Jahrzehnten seinen Eltern eröffnete, Warenhauskaufmann werden zu wollen, löste er damit helles Entsetzen aus. Leute aus »besseren« Kreisen kauften damals nicht einmal in einem Warenhaus, erst recht sträubte sich ihre Phantasie gegen die Vorstellung, in einem Warenhaus hinter der

Theke zu stehen und Strumpfhalter oder Unterhosen zu verkaufen. Und einem »besseren« Hause entstammte der 1909 in Bonn geborene Helmut Horten. Sein Vater war Senatspräsident am Oberlandesgericht in Köln, ein Großvater hatte es bis zum Reichsgerichtsrat in Leipzig gebracht. Zwei Onkel trugen die Kutte der Dominikaner; einer von ihnen, Patenonkel Dr. Titus Maria Horten, bekleidete sogar den Posten eines Priors und Generalprokurators der Dominikaner-Mission in China. Er wurde später wegen angeblichen Devisenschmuggels verhaftet und in ein Konzentrationslager eingeliefert, wo er 1936 starb. Seit jenem Urahnen, der vor 150 Jahren im niederrheinischen Kempen eine Seidenweberei betrieben hatte, war kein Horten je wieder auf die Idee gekommen, sein Leben den Geschäften zu weihen.

Daß es Helmut Horten nicht, wie die meisten seiner Freunde, in den Hörsaal, sondern ins Warenhaus zog, ist nicht zuletzt auf seine Bekanntschaft mit Dr. Otto Bayer zurückzuführen, der seinerzeit einer der führenden Männer bei »Leonhard Tietz« und in späteren Jahren Generaldirektor des aus der Firma hervorgegangenen Kaufhof-Konzerns war. Bayer, wie die Hortens Mitglied des gutbürgerlichen Tennisclubs »Rot-Weiß«, hatte den interessierten Oberschüler wiederholt zu »Leonhard Tietz« in die Hohestraße in Köln mitgenommen und ihn einen Blick hinter die Kulissen des hektischen Warenhausbetriebs werfen lassen.

Um jedoch seine Eltern nicht zu sehr zu kränken, begann der Juristensproß seine Lehre nicht in Köln, sondern knapp 50 Kilometer weiter bei Tietz auf der Düsseldorfer Königsallee. Der eng möblierte Warenpalast, in dem Helmut Horten 1928 als Verkäufer für Herrenartikel anfing, schien noch immer von dem Geist des Firmengründers erfüllt zu sein, der einst die klassische Devise ausgegeben hatte: »In meinen Häusern sollen sich die Kunden die Ärsche aneinander reiben.«

Die Basarstimmung unter der Kuppel des Monumentalbaus an der Kö war auf die Dauer jedoch nicht nach dem Geschmack des nach seiner Lehre schnell zum Substituten und mit 25 Jahren bereits zum Abteilungsleiter beförderten Horten. Als er 1934 in das von dem Karstadt-Einkäufer Paul Jacobi arisierte Kölner Textilkaufhaus Michel als Abteilungsleiter für Herrenartikel eintrat, hatte er damit – wie sich bald zeigen sollte – eine wichtige Sprosse auf der Karriereleiter erklommen. Denn eines Tages ließ sich der Leiter der Duisburger Commerzbank-Filiale, Wilhelm Reinold, bei Jacobi melden, um ihm die Übernahme des jüdischen Kaufhauses Gebrüder Alsberg anzutragen. Die bisherigen Inhaber des Kaufhauses, Strauss und Lauter, hatten sich zur Emigration entschlossen, nachdem die Hetze gegen jüdische Geschäfte immer schärfere Formen angenommen hatte und schließlich sogar SA-Leute vor dem Eingang ihres Kaufhauses aufmarschiert waren, um eintretende Kunden einzuschüchtern. Jacobi war bereit, gemeinsam mit zwei branchenfremden Interessenten die Firma zu übernehmen. Auf Reinolds Frage, wer das Haus denn leiten könne, blieb Jacobi die Antwort nicht lange schuldig: Helmut Horten.

»Horten – wer ist Horten?«

Der gerade 27jährige Abteilungsleiter war nicht nur äußerst tüchtig, sondern hatte – was zu dieser Zeit besonders in der von Juden stark beeinflußten Konfektion zählte – den richtigen Stammbaum. In seinem stillen Wunsch, Gebrüder Alsberg nicht nur als Geschäftsführer, sondern als persönlich haftender Gesellschafter zu leiten, bestärkte ihn der Commerzbank-Chef: »Warum wollen Sie ewig anderer Leute Schuhe putzen; besorgen Sie sich ein paar tausend Mark und treten Sie in das Geschäft als Teilhaber ein.« Horten borgte sich das Geld bei seinem Vater und wurde im Mai 1936 mit einer Einlage von 50 000 Mark einziger persönlich haftender Gesellschafter in der in »Helmut Horten KG« umbenannten Firma.

Schon Wochen vor der Umbenennung placierte der neue Herr des Hauses in Duisburger Tageszeitungen, und zwar an prominenter Stelle, nämlich in der oberen rechten Ecke der ersten Seite, mehrmals hintereinander dieselbe Textanzeige: »Horten – wer ist Horten?« Am Tage vor der Wiedereröffnung beantwortete er in einem ganzseitigen Inserat die stereotype Frage. Unter einer Strichzeichnung des Kaufhauses mit dem neuen Namenszug über dem Eingang lasen die Duisburger: »Das ist Horten. Jawohl – Sie haben ganz richtig gelesen: Das Alsberg-Haus hat seinen Hausherrn gewechselt, ist in arischen Besitz übergegangen.«

Jüdische Geschäfte wurden damals in großer Zahl, vor allem durch Banken, arischen Interessenten günstig angeboten; in Scharen verließen in dieser Zeit rassisch lupenreine Abteilungsleiter oder Einkäufer die großen Warenhausfirmen, um auf diese Weise zu einem eigenen Kaufhaus oder Laden zu kommen. Viel Eigenkapital benötigten sie in den seltensten Fällen, denn die arisierenden Bankiers erwiesen sich in der Gewährung von Krediten als außerordentlich großzügig.

Auch Helmut Horten konnte in den nächsten Jahren in eine Reihe weiterer Geschäfte als neuer Hausherr einziehen, so in Gevelsberg, Wattenscheid und in Bielefeld. Mit Wilhelm Reinold, der inzwischen bei der Commerzbank ausgeschieden war und sein Glück im Handel entdeckt hatte, übernahm er daneben das angesehene jüdische Geschäft Alexander & Echternach in Königsberg, das fortan unter dem Namen »Reinhold & Horten Textilhaus« firmierte. Seinen Ost-Besitz rundete der ehrgeizige Rheinländer schließlich noch durch eine 32prozentige Beteiligung an der von dem ehemaligen Karstadt-Zentraleinkäufer Herbert Hille arisierten Kaufhausfirma N. Conitzer & Söhne im ostpreußischen Marienburg ab, zu der noch eine Filiale in der benachbarten Kreisstadt Marienwerder gehörte.

Nach der Besetzung Hollands zeigte Helmut Horten auch Interesse an einer Übernahme der drei Kaufhäuser der jüdischen Firma Gerson in Amsterdam. Als jedoch der Reichskommissar für die Niederlande, Seyß-Inquart, das Vermögen der Juden unter deutsche Treuhänderschaft stellte, gab er seine Pläne wieder auf. Mit der Wende des Krieges begann auch Helmut Hortens Glücksstern zu verblassen. 1942 wurde sein Duisburger Haus völlig zerstört, so daß er den Verkauf in einem nahegelegenen Café fortsetzen mußte. Als im April 1945 britische Panzer in die Stadt rollten, zog der gerade 36jährige Kaufmann eine betrübliche Bilanz: Seine ostpreußischen Häuser waren eine Beute der Russen, die westlichen – das Geschäft in Wattenscheid ausgenommen – Opfer alliierter Bomben geworden.

Helmut Horten blieb von den britischen Besatzern zunächst unbehelligt. Um so überraschter war er, daß fast eineinhalb Jahre nach der Einnahme Duisburgs, im August 1946, eines Morgens englische Militärpolizei an seiner Haustür erschien und ihn ohne Angabe von Gründen aufforderte, sich zur Fahrt ins Internierungslager Recklinghausen fertigzumachen. Was die Briten dazu bewog, den jungen Kaufhausbesitzer gerade zu dieser Zeit festzunehmen, hat sich bis heute nicht restlos klären lassen. Die in den meisten Portraits des Warenhauskönigs zu findende Version, die Engländer hätten Horten für einen prominenten »Wehrwirtschaftsführer« gehalten, klingt wenig glaubwürdig. Hortens einzige amtliche Tätigkeit während des Krieges, die Verteilung der für Fliegergeschädigte bestimmten Textilien auf die Kaufhäuser und Fachgeschäfte am linken Niederrhein als sogenannter »Reichsverteiler«, interessierte die Briten offensichtlich so wenig, daß sie ihn während seiner 17monatigen Haft nicht ein einziges Mal verhörten.

Erst nach seiner Entlassung erfuhr Horten durch Zufall, daß die englischen Besatzungsoffiziere vor seiner Verhaftung von einem ihm nicht wohlgesonnenen Duisburger Mitbürger den Fingerzeig erhalten hatten, den während des Krieges vom Dienst mit der Waffe befreiten Kaufmann etwas näher unter die Lupe zu nehmen. Die Briten waren Horten zu dieser Zeit aus einem anderen Grunde wenig grün. Sie waren in die peinliche Lage geraten, ihren örtlichen Wirtschaftsoffizier über Nacht von seinem Posten ablösen zu müssen, weil ihn gelegentliche Aufmerksamkeiten deutscher Geschäftsleute – unter anderem auch von seiten Hortens – bei der Auslegung strenger Dienstvorschriften ungewöhnlich milde gestimmt hatten.

Vermutlich hätte Helmut Horten die Stunde Null des Wiederaufbaus, die Währungsreform, noch hinter Lagermauern erlebt, wenn er sich Anfang 1948 nicht zu einem ungewöhnlichen Schritt entschlossen hätte: Um seine Freilassung zu erzwingen, trat er in einen Hungerstreik. 17 Tage lang verweigerte er jede Nahrung; dann ließen die nervös gewordenen Lageroffiziere den völlig entkräfteten Häftling mitten in der Nacht auf eine Bahre laden und im Ambulanzwagen ins Knappschaftskrankenhaus Recklinghausen bringen. Seinen Streik brach der zähe Horten jedoch erst in dem Augenblick ab, als er seine eigens von einem Kurier aus dem britischen Armee-Hauptquartier in Herford abgeholten Entlassungspapiere in der Hand hatte.

Helmut Horten hatte sich die Freiheit gerade noch rechtzeitig erhungert, um am Geburtstag der Deutschen Mark die fertigen Pläne für den Wiederaufbau seines Duisburger Hauses aus der Tasche zu ziehen. Doch bereits während des Krieges war er entschlossen, die enge Altstadt, wo er einst »Gebrüder Alsberg« übernommen hatte, zu verlassen und sich an einem Platz zu etablieren, wo außer ihm niemand ein Warenhaus errichtet hätte: Am König-Heinrich-Platz in unmittelbarer Nähe des Bahnhofs, wo er sich die beste Chance ausrechnen konnte, ankommende Besucher als erster »abzufangen«. Rechtzeitig zum Beginn des Weihnachtsgeschäfts konnte Horten sein wegen der extrem kurzen Bauzeit als »Bau der 100 Tage« in die westdeutsche Nachkriegsgeschichte eingegangene Warenhaus eröffnen.

## Wer am Streichholz spart ...

Daß sein Name auch über Duisburg hinaus schnell in aller Munde war, erreichte der Schnellstarter durch ungewöhnliche Werbeanstrengungen. Dreimal täglich veranstaltete er in seinem Personalcasino Modenschauen für jeweils 300 bis 500 Frauen, die er in Bussen aus Moers, Rheinhausen, Geldern und Kleve, aber auch vom rechten Niederrhein, aus Hamborn, Dinslaken, Wesel, Rees und Emmerich heranbringen ließ. Schon bei der Einfahrt in die Stadt prangte den Frauen aus der Provinz der Horten-Slogan von den an jeder Straßenbahnhaltestelle stehenden Reklamesäulen entgegen: »Horten – die Haltestelle der Hausfrau im Herzen Duisburgs.« Selbst die Innenflächen der Streichholz-Heftchen, die er verschenkte, nutzte der ideenreiche Kaufmann zu einem launigen Werbereim: »Wer am Streichholz spart, steht fest im Leben, wer bei Horten kauft, greift nie daneben.«

Sein verkäuferischer Ehrgeiz drängte Helmut Horten jedoch, mehr zu wagen, als die Bewohner der näheren und weiteren Umgebung nur durch Modenschauen und gelungene Werbegags auf sich aufmerksam zu machen. Von einer süddeutschen Trikotagenfabrik übernahm er einen Verkaufswagen und ließ ihn – überwiegend mit Textilien beladen – nach einem festen Tourenplan durch kleine und größere Niederrheinstädte fahren und auf eigens zu diesem Zweck gemieteten Grundstücken halten. Als logische Fortentwicklung seines ambulanten Nebengewerbes eröffnete er schließlich sogar eigene Verkaufsagenturen, die erste 1950 in Wesel, in einem etwa 150 Quadratmeter großen Ladenlokal; weitere Stützpunkte entstanden innerhalb kurzer Zeit auch in Rees, Emmerich, Geldern und Kleve. In Emmerich und Geldern ersetzte Horten seine Agenturen später durch neuerbaute Kaufhäuser.

Es ist ebenso reizvoll wie müßig, darüber zu spekulieren, ob Helmut Horten ein zwar am Niederrhein bedeutender, letzten Endes aber doch nur regional bekannter Kaufhausunternehmer geblieben wäre, wenn er zwei einmalige Chancen, auf Anhieb in die Gruppe der ganz Großen vorzustoßen, nicht blitzschnell erkannt und genutzt hätte. An einen Wink des Schicksals glaubte Horten zum erstenmal, als der alte Salman Schocken 1952 seine elf »Merkur«-Warenhäuser deutschen Interessenten zum Kauf anbot. Schockens Domäne waren ursprünglich die Arbeiterviertel der sächsischen Textilstädte sowie der vom Bergbau abhängigen Orte des Erzgebirges, wo er vom Jahre 1901 an ein Warenhaus nach dem anderen baute. Bei der Suche neuer Standorte bediente sich der in der Thora wie in den Werken Goethes und Hölderlins gleichermaßen bewanderte jüdische Kaufmann eines einfachen Schulzirkels, mit dem er auf der Atlaskarte um alle interessanten Städte Kreise mit einem Radius von 30 Kilometern schlug und auf diese Weise die Mittelpunkte der am dichtesten besiedelten Gebiete herausfand. Schocken kalkulierte seine Preise stets so niedrig, daß seine Häuser unter den Konkurrenten überall gefürchtet waren. Als erster richtete der billige Jakob bereits 1927 in Zwickau, dem Sitz seiner Firma, eine nach wissenschaftlichen Methoden arbeitende Warenprüfstelle ein, in der Musterstücke systematischen Verschleißprüfungen und chemischen Analysen unterworfen und mit Gütepunkten bewertet wurden, bevor der Einkauf disponierte. Von den Schikanen der Nazis zermürbt, beauftragte der zur Emigration entschlossene Salman Schocken 1937 den Hamburger Bankier Warburg, sich nach Kaufinteressenten für seine Warenhäuser umzusehen. Ein Jahr später übernahm dann ein Bankenkonsortium die von nun an unter »Merkur« firmierende Schocken AG.

Nach dem Kriege meldete der 77jährige Schocken, der mittlerweile amerikanischer Staatsbürger geworden war, Rückerstattungsansprüche an und erhielt daraufhin 51 Prozent der Aktien seines 1945 nach Nürnberg übergesiedelten Unternehmens zurück. Auf mehrwöchigen Europareisen, die er fortan einmal im Jahr unternahm, informierte er sich über den Gang der Geschäfte in seinen Häusern. Der prinzipientreue Jude vermied es jedoch peinlich, bei seinen Firmenvisiten in der Stadt der Reichsparteitage zu nächtigen; er bestand stets hartnäckig darauf, einige Kilometer weiter in Fürth Quartier zu nehmen. Vergeblich versuchte der alte Herr, einen seiner drei Söhne zur Weiterführung der Firma zu überreden; doch alle drei hatten sich in Amerika und Israel längst eine eigene Existenz aufgebaut und lehnten es auf das entschiedenste ab, jemals wieder nach Deutschland zurückzukehren. Für wen sollte der greise Warenhausmann das verschmähte Familienerbe jetzt noch bewahren? Zum zweitenmal, diesmal freiwillig, faßte Salman Schocken den Entschluß, sich von seinen Warenhäusern zu trennen. Doch die Branchenführer von Karstadt abwärts, denen er sie anbot, winkten desinteressiert ab; sie waren voll und ganz mit dem Wiederaufbau ihrer eigenen Filialen beschäftigt.

Anders Horten. Kaum daß er von Schockens Verkaufsabsichten erfahren hatte, ließ er über einen deutschstämmigen New Yorker Anwalt ein Gespräch mit dem Merkur-Mehrheitsaktionär in Amerika arrangieren. Nach zwei weiteren Treffen waren sich die beiden ungleichen Männer einig: Für rund zehn Millionen Mark ging die Merkur-Majorität auf Helmut Horten über. In den Verkaufsverhandlungen hatte der gewiegte Taktiker dem dankbaren Schocken noch einen Beratungsvertrag zugestanden, durch den sich der betagte Gründer noch einen begrenzten Einfluß auf sein früheres Unternehmen erhofft haben mochte. Doch als sich Salman Schocken mit seinem Rat zum erstenmal zu Wort melden wollte, gab ihm der im Umgang mit Menschen bisweilen nicht gerade zartfühlende Horten unmißverständlich zu verstehen, daß seine Meinung nicht mehr gefragt war.

Ein weiteres Paket Merkur-Aktien in Höhe von 13,33 Prozent erwarb Horten von der Vermögensverwaltung Brandenburg-Preußen, hinter der das Haus Hohenzollern steht. Bei der Finanzierung des gesamten Merkur-Engagements halfen ihm die Deutsche Bank und zwei weitere Institute. Da sich unter den übernommenen elf Merkur-Filialen auch ein Haus in Duisburg befand, konnte Horten seinen »Bau der 100 Tage« an Karstadt verkaufen und aus dem Erlös, fast genau sechs Millionen Mark, einen Großteil seiner Schulden tilgen.

Sein zweiter großer Schachzug glückte Helmut Horten in einem zähen Verhandlungsmarathon mit Jakob Michael, dem wohl genialsten Spekulanten der »goldenen« zwanziger Jahre. Seinen legendären Ruf hatte der jüdische Geschäftsmann im November 1923 erworben, als in Deutschland die Inflation ihrem Höhepunkt entgegengaloppierte. Während in dieser Zeit jeder Kaufmann danach trachtete, sein gesamtes Bargeld in Sachwerten anzulegen, zog Michael kurz vor dem 15. November riesige Mengen Papiermarkscheine gegen Devisen und Effekten an sich. Vermutlich war ihm über geheime Kanäle die Information zugespielt worden, daß die Regierung dieses Datum als Währungsstichtag bestimmt hatte. Für seinen Berg Inflationsgeld konnte der geriebene Spekulant am Tag der Währungsreform ein stattliches

Vermögen an neuer Rentenmark kassieren. Da die meisten Unternehmen nur wenig Bargeld einzutauschen hatten, waren sie jetzt auf umfangreiche Kredite angewiesen, für die Jakob Michael astronomisch hohe Zinsen diktieren konnte. In einer Woche verdiente der kleine, schmächtige Geschäftsmann auf diese Weise mehrere Millionen Mark.

Von seinem leicht verdienten Geld kaufte sich Michael einen bunten Strauß von Industrie- und Handelsfirmen zusammen, unter anderem 1926 die Emil Köster AG, die der Hamburger Kaufmann Emil Köster zwei Jahre zuvor gegründet hatte, um vor allem Beamte und Behördenangestellte mit preiswerter Kleidung zu versorgen. Beliebt waren seine »Defaka«-Kaufhäuser (eine Abkürzung für »Deutsches Familien-Kaufhaus«) vor allem deshalb, weil in ihnen der Kauf auf Kredit keine läßliche Sünde, sondern allgemeine Sitte war. Jakob Michael, der neue Herr der Kaufhauskette, wanderte schon 1932 nach Amerika aus und ließ als Eigentümerin des Unternehmens die von ihm selbst gegründete Firma New Jersey Industrie Co. Inc. registrieren. Außer einer Handvoll Vertrauter wußte niemand in Deutschland, daß diese Gesellschaft praktisch mit Jakob Michael identisch war. Der schlaue Fuchs erreichte damit, daß die NS-Behörden die scheinbar im Besitz von Amerikanern liegenden Defaka-Filialen völlig unangetastet ließen.

Nach dem Krieg sondierte der alternde Spekulant über verschiedene Kanäle das Interesse deutscher Investoren an einem Erwerb seiner Kaufhäuser. Er wurde dazu vor allem von seiner Frau gedrängt, die nahezu alle Angehörigen im KZ verloren hatte und jeden geschäftlichen Kontakt zur alten Heimat lieber heute als morgen abgebrochen hätte. Einen ernsthaften Versuch, die Emil Köster AG unter seine Kontrolle zu bringen, unternahm 1949 deren Generaldirektor Heinz Georg Lange. Zwar gelang es ihm, den Kaufpreis – laut Lange »einige hunderttausend Dollar« – aufzubringen; doch zerschlug sich sein ehrgeiziger Plan, weil es ihm nicht gelang, diesen Betrag in Dollar bei einer Schweizer Bank zu hinterlegen.

## Ein Wink von Friedrich Flick

1954 fühlte Jakob Michael wegen eines etwaigen Kaufinteresses bei Friedrich Flick vor, der damals Geld außerhalb der Montanbranche anlegen wollte. Doch der Großindustrielle war nicht bereit, auf die inzwischen nach oben korrigierten Preisvorstellungen des gerissenen Geschäftsmannes einzugehen. Vielmehr ließ er Helmut Horten von der Kaufofferte aus Amerika verständigen, dessen rühriges Wirken der alte Konzernchef, wie man sich in Industriekreisen erzählte, mit wohlgefälligen Blicken verfolgte. Horten nahm den Ball sofort auf. Doch der schlaue Jakob Michael, der instinktiv spürte, wie brennend der neue Bewerber am Kauf seiner Defaka-Häuser interessiert war, schraubte seine Konditionen durch hinhaltendes Taktieren immer höher. Jedesmal wenn Horten nach einem neuen Gespräch mit dem listigen Geldschneider in dessen Luxuswohnung am New Yorker Central Park glaubte, der Handel sei endlich perfekt, meldete sein Kontrahent nachträglich weitere Forderungen an. Nicht weniger als elfmal ließ er den Deutschen über den Atlantik kommen, bis er sein trickreiches Spiel bei einem Kaufpreis von 84 Millionen Mark abbrach.

Helmut Horten wäre wohl kaum stets von neuem nach New York geflogen, wenn ihm nicht eine geradezu geniale Idee den richtigen Weg gewiesen hätte, die 19 Defaka-Häuser trotz Michaels Preispoker spottbillig zu erwerben. Durch das umfangreiche Teilzahlungsgeschäft hatten sich in den Büchern der Emil Köster AG Kreditforderungen gegenüber Kunden von über 50 Millionen Mark angesammelt. Sie waren praktisch so gut wie bares Geld, denn die in den Defaka-Filialen kaufenden Beamten und Angestellten nahmen ihre Rückzahlungsverpflichtungen äußerst ernst. Von 100 Mark Forderungen konnten damals im Schnitt ganze 17 Pfennige nicht eingetrieben werden. Horten war entschlossen, diese Geldquelle für sich sprudeln zu lassen. Er fuhr zu Bankier Hermann Josef Abs und schlug ihm vor, die Kreditabteilung der Defaka-Kette aus dem Unternehmen herauszulösen und als selbständige Firma dem Interessenbereich der Deutschen Bank einzugliedern. Der Handel war schnell unter Dach und Fach: Sämtliche Kreditforderungen wurden an die neu gegründete »Defaka Kreditbank GmbH« abgetreten, deren Kapital die zur Deutschen Bank gehörende »Gefa«, Gesellschaft für Absatzfinanzierung, hielt. Durch diesen Schachzug brauchte der schlaue Horten nicht nur keine Gehälter mehr für die Angestellten seiner ausgegliederten Kreditabteilung zu bezahlen, sondern konnte, da die neue Firma auch weiterhin unter dem Dach der Düsseldorfer Köster-Verwaltung domizilierte, von der Deutschen Bank obendrein noch Miete kassieren. Die Bankiers erklärten sich sogar bereit, die Höhe der Kreditzinsen jeweils mit dem Defaka-Chef abzustimmen. Helmut Horten gehörte mit einem Schlag zu den ganz Großen der deutschen Warenhausbranche – dank eines Geschäfts, das sich nach seinen eigenen Worten »zum größten Teil aus sich selbst heraus finanzierte«.

Zwar durfte sich der rheinische Warenhauskönig nach seinen beiden spektakulären Firmenkäufen rühmen, Herr über die viertgrößte Warenhauskette der Bundesrepublik zu sein. Doch über welch ein ungeordnetes Reich herrschte er in Wirklichkeit! Da waren zum einen die Merkur-Filialen, die vor allem Standardartikel des täglichen Bedarfs wie Schreibwaren, Parfümerieartikel und Haushaltswaren führten und im Grunde Kleinpreisgeschäften vom Typ Woolworth stärker ähnelten als Warenhäusern. Der von Nürnberg aus geführten Merkur-Gruppe standen die Defaka-Häuser gegenüber, die sich auf Bekleidung mittleren und höheren Genres spezialisiert hatten. Dazwischen führten Hortens alte Stammgeschäfte aus der Vorkriegszeit in Gevelsberg und Wattenscheid ein etwas verlorenes Dasein. Fünf Jahre benötigte Helmut Horten, um die einzelnen über eine eigene Tradition verfügenden Teile seines Imperiums juristisch und vor allem organisatorisch miteinander zu verschmelzen. »Dies war vielleicht die einzige wichtige Tat meiner wirtschaftlichen Laufbahn«, erklärte er nicht ganz ohne Understatement, wenn er später auf die Zusammenführung seiner Firmen zu einem homogenen Konzern angesprochen wurde.

Zunächst gab er den als Aktiengesellschaft übernommenen Firmen Merkur und Köster eine Rechtsform, die auf seine alleinige Führungsrolle zugeschnitten war. Aus der Merkur AG gliederte er das reine Handelsgeschäft aus und übertrug es der neugegründeten Merkur Horten & Co. KG. Als persönlich haftender Gesellschafter dieser geschäftspolitisch entscheidenden Firma (die Merkur AG wurde zu einer reinen Grundstücksgesellschaft degradiert) konnte er ohne Aufsichtsrat und Hauptversammlung völlig selbstständig entscheiden. Die bisherigen Mitglieder des Vorstandes ernannte er zu Generalbevollmächtigten. Mit Hilfe des neuen Firmenkleides gewann Horten nicht nur die absolute Handlungsfreiheit; durch die Übernahme der vollen persönlichen Haftung erhöhte er gleichzeitig die Kreditwürdigkeit des Unternehmens (die bei der mit einem Aktienkapital von nur 4,75 Millionen Mark ausgestatteten Merkur AG nicht allzu groß gewesen war) und schuf damit eine wesentliche Voraussetzung für seine Expansion. Die Emil Köster AG wandelte er in eine Kommanditgesellschaft auf Aktien um, wobei er selbst die Rolle des persönlich haftenden Gesellschafters übernahm; als Aktionärskommanditisten fungierten die Merkur AG und die Helmut Horten GmbH, die Dachgesellschaft der gesamten Gruppe, in der Helmut Horten geschäftsführender Alleingesellschafter war.

Ungleich mehr Fingerspitzengefühl und Organisationstalent waren jedoch notwendig, um zwei völlig unterschiedlich strukturierte, über 500 Kilometer voneinander entfernt arbeitende Verwaltungen zu einer einzigen zu verschmelzen. Als 1961 rund 600 Merkur-Angestellte nach Düsseldorf übersiedelten, arbeiteten in der Konzernzentrale zunächst fast 1200 Leute. Zum Vergleich: Die Horten AG kommt heute mit einer Verwaltung von nicht einmal 900 Angestellten aus und setzt gegenüber damals mehr als das Dreifache um. Da auch die Vorstandsmitglieder der früheren Emil Köster AG inzwischen Generalbevollmächtigte geworden waren, bekleideten diesen Dienstrang vorübergehend nicht weniger als 16 Horten-Manager.

## Geheimdiplomatie statt Teamwork

In dieser Phase, in der es für ihn darum ging, die beiden ungleichen Gruppen ohne Reibungsverluste zu einer neuen, seinen eigenen Intentionen entsprechenden Organisation nahtlos zusammenzufügen, bewährte sich Helmut Hortens spezifischer Führungsstil. Anstatt seine Geschäftspolitik gemeinsam mit seinen engsten Mitarbeitern im Team zu entwickeln, zog es der auf Alleinführung bedachte Warenhausherr vor, seine Entscheidungen in zahlreichen Einzelunterredungen vorzubereiten. Allerdings weihte er jeden Gesprächspartner gerade nur soweit in seine Pläne ein, wie es von der Sache her unbedingt notwendig war. Einblick in sein Gesamtkonzept gestattete er keinem von ihnen. Mit dieser Vieraugendiplomatie gelang es ihm, seine Politik gleichzeitig an mehreren Stellen voranzutreiben, ohne daß sich Widerstand entwickeln konnte. Was er einmal entschieden hatte, blieb – dafür ist er eine zu ausgeprägte Führungsnatur – nicht lange in den Vollzugskanälen hängen. Nicht zufällig ist die Horten

AG auch heute noch sehr viel straffer organisiert als die drei übrigen Warenhauskonzerne.

Dennoch ging Helmut Horten beim Aufbau seines Konzerns eher behutsam vor. Selbst nachdem er – begünstigt durch das Umwandlungs-Steuergesetz – zwischen 1957 und 1961 nacheinander die Emil Köster KGaA, die Merkur AG und zuletzt die Merkur Horten & Co. KG in die Helmut Horten GmbH überführt und im Mai 1961 die neuerbaute Firmenzentrale am Düsseldorfer Stadtautobahnkreuz »Seestern« bezogen hatte, führte er Merkur und Defaka noch eine Zeitlang als »Arbeitsbereiche« nebeneinander weiter. Seinem Versuch, durch einen regelmäßigen Erfahrungsaustausch beider Geschäftsführungen Merkur- und Defaka-Häuser einander stärker anzugleichen, war jedoch nur wenig Erfolg beschieden: Die Merkur-Filialen, in denen vor allem Arbeiterkunden kauften, kamen mit dem Sortiment der Defaka-Bekleidungsgeschäfte nicht zurecht; umgekehrt paßte das billige Merkur-Sortiment natürlich schlecht in die Defaka-Häuser. Doch unabhängig von diesem Problem hatte Helmut Horten, um den Wünschen des immer anspruchsvolleren Publikums zu entsprechen, zu dieser Zeit längst den Entschluß gefaßt, einen eigenen Warenhaustyp zu entwickeln.

Das Niveau seiner neuen Häuser hatte Horten bereits 1958 angedeutet, als er in seine neue Duisburger Merkur-Filiale den modernsten Lebensmittelsupermarkt einbaute, den es damals in einem deutschen Warenhaus gab. Für die Einrichtung der 1870 Quadratmeter großen Abteilung hatte er eigens einen amerikanischen Supermarktplaner engagiert, der – hinter einer Kordelabsperrung gutgemeinten Ratschlägen biederer Merkur-Ausstatter gegenüber unzugänglich – sein exklusives Ladenbaukonzept ungestört verwirklichen konnte. Helmut Horten nahm jeden Quadratmeter Wandabwicklung persönlich ab. In seinem »Warenhaus mit Supermarkt«, wie er den Duisburger Merkur-Neubau taufte, stellte er allein hundert Meter Kühl- und Gefriertheken auf. Für die damalige Zeit eine große Attraktion war die Frischfleischabteilung, hinter deren gläserner Rückwand – für jedermann sichtbar – Fleisch und Wurst unter hygienisch besten Bedingungen verpackt werden. »Es ist schon ein Schlaraffenland, durch das die Kunden wandern«, feierte Hortens Hauszeitschrift »Der Einblick« die neue Errungenschaft.

Mit wachsendem Angebot höherwertiger Artikel erkannte Helmut

Horten immer klarer die Notwendigkeit, sich auch in der Innenausstattung aller übrigen Abteilungen stärker dem Niveau der Fachgeschäfte anzupassen. Offene Röhrenbeleuchtung, relativ helles Mobilar und blanke Pegulan- oder Mipolam-Böden verliehen den meisten Warenhäusern eine sterile Atmosphäre, in der anspruchsvolle Ware kaum zur Geltung kommen konnte. Horten reiste nach Amerika, studierte bei Bloomingdale Gestaltung und Einrichtung von Möbelabteilungen, bei Sears Roebuck neue Formen der Modepräsentation und bei Macy's die Ausstattung von Textilabteilungen; er suchte Anregungen im Zürcher Warenhaus Globus, bei Marks & Spencer in London und vor allem bei Grand Magasins in Kopenhagen.

Den Innenarchitekten von Grand Magasins war es gelungen, durch Wandverkleidungen und Mobilar aus Palisanderholz ihren Abteilungen eine warme, behagliche Atmosphäre zu geben. Horten beauftragte sein Einrichtungsressort, nach dem Kopenhagener Vorbild ein Ausstattungsmodell für seinen neuen Warenhaustyp, den er anstrebte, zu entwickeln. Das erste Haus im New Look, das er 1964 in Pforzheim vorstellte, wies gegenüber den vier Filialen, die er seit 1961 neben seiner »Merkur«- und »Defaka«-Kette unter dem Namen »Horten« in Heidelberg, Wuppertal, Aachen und Münster eröffnet hatte, viele Verbesserungen auf: Modische Abteilungen hatten Hortens Einrichter mit Teppichböden ausgelegt, offene Neonröhren in sogenannten »Wannen« untergebracht, die das Licht gebündelt auf die Ware lenkten, besonders exklusive Angebote mit Hilfe neuartiger Warmlicht-Punktstrahler zusätzlich hervorgehoben und den Fachgeschäftscharakter bestimmter Abteilungen durch »Shops-in-the-shop« im Boutiquestil demonstriert.

Mit der Modeboutique »Miss H«, einer seiner ureigensten Schöpfungen, hatte Helmut Horten bereits bei der Einweihung seiner Filiale in Duisburg im Jahre 1965 den Stil seiner Warenhäuser der Zukunft fixiert. In seinem Damen-Shop, der heute das Schmuckstück jedes Horten-Hauses ist, bietet er besonders jüngeren Kundinnen ein geschmacklich aufeinander abgestimmtes Sortiment, das von Kleidern, Kostümen, Mänteln bis zu Accessoires wie Schals, Gürteln und sogar Modeschmuck reicht. Für Exklusivität sorgt ein spezielles »Miss H«-Einkäuferteam, das mit eigenen Fabrikanten zusammenarbeitet. Auch die Ausstattung in Hortens Modeboutique strömt

Fachgeschäftsatmosphäre im Warenhaus aus: Hochwertige Auslegeware, Schleiflackmobilar, raffinierte Spiegel, eine »abgehängte« Decke mit eingelassenen Tiefstrahlern anstelle einfacher Röhrenbeleuchtung. Zum Zeichen, daß sie nicht einfach nur »bei Horten«, sondern – um einiges teurer – bei »Miss H« gekauft haben, verlassen die Kundinnen das Warenhaus mit einer Tragetasche, auf der der Name Horten nicht einmal kleingedruckt zu finden ist.

In seinem erweiterten Defaka-Haus in Kiel hatte Horten schon 1963 den »Herrenausstatter« kreiert, eine mit Hilfe von Zebranoholz, japanischer Deckentapeten und rostbraunem Teppichbelag errichtete Spezialabteilung, in der modisch interessierte Herren alles zum »Gut-angezogen-sein« finden – von der Bekleidung bis zum Schuh und Schirm, vom Manschettenknopf über die Pfeife bis zum Parfum. Im selben Jahr baute Horten in seiner Kölner »Merkur«-Filiale seine erste »Kupferspieß«-Grillbar, die für die gesamte Warenhausgastronomie Maßstäbe setzte. Anstatt in ungemütlichen Stehimbißecken, in denen sich oft genug stille Zecher über Stunden an einem Glas Bier festhielten, läßt Helmut Horten seinen Kunden mittlerweile in allen Häusern an U-förmigen Bartheken, über denen – tief herabgezogen – Lampen mit rustikalen Kupferschirmen hängen, servieren, vor allem Spezialitäten vom Grill.

Auch in späteren Jahren besuchte Horten, als einfacher Kunde getarnt, immer wieder Geschäfte im In- und Ausland, um Anregungen für die Weiterentwicklung seines selbstgeprägten Warenhausstils zu gewinnen. Als ihm Freunde von einem Berliner Fischladen berichteten, der gekonnter als jedes andere Fischgeschäft geführt werde, beschloß er sofort, sich persönlich um die Sache zu kümmern. Der stets konservativ-elegant gekleidete Milliardär mischte sich unter die Kundschaft des erfolgreichen Fischladens, studierte das Treiben hinter der Theke so lange, bis er den Geschäftsführer im Visier hatte, und ließ diesen kurze Zeit später abwerben und zum Chef seines gesamten Fischverkaufs machen. Heute ist Horten gleich nach der zum Unilever-Konzern gehörenden »Nordsee«-Filialkette der zweitgrößte Fischhändler der Bundesrepublik. Einen holzgetäfelten Brotladen unweit der Düsseldorfer Kö, in dem sich Gourmets mit teuren Backspezialitäten eindecken, ließ er im Supermarkt seines Hauses auf der Hamburger Mönckebergstraße nachempfinden. Seine Studien trieb Helmut Horten sogar in dem exklusiven Londoner Delikateßgeschäft Fortnum & Mason, wo livrierte Bedienstete Seiner Majestät, dem Kunden, den Kaviar an den Rolls Royce nachtragen.

## Warenhäuser als Markenartikel

So wie er in der Innenausstattung seiner Warenhäuser früher und stärker als die traditionsreichen Konzerne stilprägende Akzente setzte, so entwickelte er für seine Bauten auch äußerlich eine charakteristische Form. Bereits 1958 hatte er seine Duisburger »Merkur«-Filiale mit einer aus Waben bestehenden Kastenwand verkleidet, die wie eine Gardine optisch störende Bauteile, vor allem Treppenhäuser, Lüftungsanlagen und Fenster verdecken sollte. Da sich die Kastengardine zu einem bevorzugten Nistplatz der Duisburger Tauben entwickelte, verwendet Horten für seine Warenhaus-»Verpackung« seit einigen Jahren ausgefüllte Aluminiumelemente; durch ihre Wabenfassade sind Horten-Häuser wie ein bekannter Markenartikel für jeden schon von weitem zu erkennen. Das mittlerweile als Markenzeichen rechtlich geschützte Wabenelement ziert – stilisiert als ein »H« dargestellt – nicht nur Tragetüten und Schaufensterdekorationen, sondern auch Werbeprospekte, Firmenwagen, Stellenanzeigen und sogar den Umschlag des jährlichen Geschäftsberichts für die Aktionäre.

Was die Horten-Gruppe – außer dem spezifischen Stil der Häuser – von sämtlichen Konkurrenten am stärksten unterscheidet, ist ihre zentralistische Organisation, die sich durch eine noch fehlende Tradition, durch ein relativ junges Führungscorps auf Abteilungsleiterebene und nicht zuletzt durch Helmut Hortens persönlichen Herrschaftsstil erklären läßt. Bis zum Jahre 1966 wurde den Filialen ein komplettes Pflichtsortiment diktiert; seit dieser Zeit werden »nur« noch 80 Prozent, vor allem Standardartikel wie Haushaltswaren, Wäsche und Strümpfe, zentral disponiert. Über ein eigenes Einkaufslimit können die Häuser allein im modischen Bereich frei verfügen. Alle Möblierungswünsche müssen die örtlichen Geschäftsführer im Detail mit Düsseldorf abstimmen. Zentral ist auch die Kostenkontrolle organisiert, die monatlich die Zahlen sämtlicher Filialen bis in die kleinste Abteilung erfaßt.

Helmut Horten hat sich – wiederum im Gegensatz zu den übrigen Warenhauskonzernen – allen Verlockungen gegenüber als unzugänglich erwiesen, im Zuge der Diversifikation neue Vertriebswege zu suchen. Frühe Überlegungen, unter dem Namen »mini-horten« Kleinpreisgeschäfte nach dem Vorbild der »Kepa« (Karstadt), »Kaufhalle« (Kaufhof) und »Bilka« (Hertie) zu eröffnen, führten ebensowenig zu konkreten Ergebnissen wie die auf Betreiben von Friedrich Flick 1963 zwischen Horten und Josef Neckermann geführten Verhandlungen über ein Zusammengehen. Ein mit dem Kauf der Defaka-Kette übernommenes Versandgeschäft in Ratingen bei Düsseldorf, das zuletzt einen Jahresumsatz von rund zehn Millionen Mark erzielt hatte, schloß Horten, ohne es nur ein einziges Mal betreten zu haben. Die auf die gleiche Weise erworbene Herrenkonfektionsfabrik in Bremen verkaufte er ohne langes Zögern an die Goslarer Textilfirma Odermark weiter. Als der Kaufhof und Karstadt als Reaktion auf die wie Pilze aus dem Boden schießenden Verbrauchermärkte 1970 kleinere Vorstadtfilialen, teilweise sogar als ebenerdige Selbstbedienungs-Warenhäuser bauten, gelobte Helmut Horten demonstrativ City-Treue Es störte ihn auch wenig, daß im selben Jahr die führenden deutschen Warenhauskonzerne kurz hintereinander ihren Eintritt in das Touristikgeschäft ankündigten; Horten wäre lediglich bereit gewesen, sich an einem gemeinsamen Reiseunternehmen der »Großen Vier«, so wie er es gegenüber seinen drei Konkurrenten anregte, zu beteiligen.

Von kostspieligen Experimenten hält den Jüngsten unter den Handelsriesen allein schon der bei weitem noch nicht beendete Umbau der »Merkur«- und »Defaka«-Filialen in Horten-Vollwarenhäuser ab, der einen Großteil der jährlichen Investitionsmittel – 1971 rund 110 Millionen Mark – absorbiert. Von den Ende 1971 noch bestehenden 15 »Merkur«-Niederlassungen sollen bis 1975 insgesamt 8 durch Wabenpaläste ersetzt werden; von den verbliebenen sieben »Defaka«-Filialen wird 1977 nur noch das Berliner Haus unter seinem alten Namen firmieren.

Daß sich Helmut Horten – unter den Branchen-Newcomern vermutlich als letzter, wenn man an die sprunghaft steigenden Grundstückspreise denkt – in den Citys deutscher Großstädte zwischen den Prachtbauten der etablierten Konzerne seinen Platz sichern konnte, verdankt er vor allem seiner Bereitschaft, der Firma 14 Jahre lang keine Gewinne zu entnehmen. Als Geschäftsführer der Helmut Horten GmbH genehmigte er sich lediglich ein Gehalt von jährlich einer Million Mark. Wie Hertie-Alleinbesitzer Georg Karg nahm er gegenüber seinen als Aktiengesellschaft geführten Konkurrenten Karstadt und Kaufhof, die Jahr für Jahr hohe Dividenden zahlen mußten, den nicht zu unterschätzenden Vorteil wahr, den Gewinn voll für die Expansion des Unternehmens einzusetzen. Allein 1968 eröffnete Horten Häuser in Hamburg, Witten und Mannheim, 1969 in Hagen, Heilbronn und im Main-Taunus-Zentrum, 1970 – der Umsatz erreichte in diesem Jahr 2,31 Milliarden Mark – in Krefeld und Hamm und 1971 einen Ersatzneubau in Hildesheim und die 53. Filiale in Kempten im Allgäu.

Bereits drei Jahre zuvor hatte Deutschlands Warenhauskönig den Teilrückzug aus seinem Unternehmen eingeleitet. Die kluge Regie, die er dabei walten ließ, wies ihn einmal mehr als brillanten Taktiker aus. Als erstes wandelte Helmut Horten sein Unternehmen im September 1968 in eine Aktiengesellschaft um. Vor der Umwandlung bewilligte er sich noch rasch 18 Prozent Dividende und einen Bonus von 12 Prozent, alles in allem 75 Millionen Mark. »Nichts anderes als eine Formänderung«, lautete der Kommentar aus der Düsseldorfer Horten-Zentrale. Drei Monate später verlegte der Alleinaktionär seinen Wohnsitz in die Schweiz, wo er in der kleinen Tessiner Gemeinde Madonna del Piano das Luxusanwesen »Villalta« erwarb.

## Schachzüge vom Luganer See

Von seinem sonnigen Refugium hoch über dem Luganer See überraschte er die Öffentlichkeit mit zwei weiteren Schachzügen: Im Sommer 1969 veräußerte Horten 25 Prozent seines Warenhausbesitzes an die von der Deutschen Bank und Commerzbank gegründete Gesellschaft für Anlageverwaltung GmbH. Erlös: 275 Millionen Mark. In einem Fernschreiben an die Presse erklärte Hortens Vorstandsmitglied Fritz Seydaack »mit Nachdruck«, daß »eine weitere Abgabe von Aktien nicht beabsichtigt sei«. Doch dieser Erklärung folgte bereits fünf Monate später die Ankündigung, Helmut Horten werde weitere 50 Prozent seiner Aktien veräußern, diesmal an das breite Publikum. Erlös: 575 Millionen Mark. Wie glücklich der Schweizer Steuerbürger den Zeitpunkt seiner Transaktion gewählt hatte, sollte sich schon wenige Wochen nach der Börseneinführung des neuen Warenhauspapiers zeigen. Der Kurs von 230, zu dem die stürmisch gefragte Aktie zugeteilt worden war, sackte nach kurzem

Strohfeuer im Sog der allgemeinen Baisse bis März 1970 auf 200 Punkte ab.

Mit seinen zwei Verkäufen hatte Helmut Horten auf einen Schlag 850 Millionen Mark kassiert, die er obendrein ungeschmälert durch die Maschen der Steuergesetze über die Grenze bringen konnte. Denn nach dem deutsch-schweizerischen Doppelbesteuerungsabkommen war der prominente Neu-Tessiner mit dem Erlös aus dem Teilverkauf einer in der Bundesrepublik als AG geführten Firma dem deutschen Fiskus nicht tributpflichtig. Demgegenüber hätte er von seinem Millionensegen trotz Schweizer Daueraufenthalts-Genehmingung 53 Prozent für das Düsseldorfer Finanzamt abzweigen müssen, wäre sein Unternehmen zur Zeit des Verkaufs noch eine GmbH gewesen. So aber wird er lediglich im Tessin belastet, und zwar mit einer Steuer von maximal 30 Prozent, die jedoch nicht etwa auf den Veräußerungsgewinn selbst, sondern nur auf die aus ihm erzielten Einkünfte erhoben wird. Ende 1971 trennte sich Horten schließlich auch von seinen letzten Horten-Aktien: Der an einer Diversifikation interessierte Tabak-Konzern British-American Tobacco zahlte ihm für die Schachtel rund 280 Millionen Mark.

Was hat Helmut Horten dazu bewogen, sich bereits mit 60 Jahren aus der Geschäftsführung zurückzuziehen und ohne kurzfristig realisierbare Pläne seinen Warenhausbesitz nach und nach zu veräußern? Horten selbst hat auf die Frage nach den Motiven seines überraschenden Schrittes wiederholt auf seine chronischen Bronchienbeschwerden hingewiesen, die es ihm nahegelegt hätten, sich im klimatisch angenehmeren Tessin niederzulassen. Nach dem Entschluß, in die Schweiz zu ziehen, sei es aber nur folgerichtig gewesen, sein finanzielles Engagement im Unternehmen abzubauen. Doch nur um fern der Tagesarbeit seiner Gesundheit zu dienen, hätte sich der kinderlose Alleinherrscher, dessen Vermögen später einmal auf die 1962 gegründete Helmut-Horten-Stiftung übergehen soll, kaum zu einem Verkauf von drei Vierteln seines Unternehmens entschließen müssen.

Gab es vielleicht doch noch andere, entscheidendere Gründe, die den schweigsamen Rheinländer veranlaßten, mit dem größten Teil seines Vermögens in die Schweiz zu gehen, wo er außer einem Privatarzt einen persönlichen Generalbevollmächtigten beschäftigt? Gerüchten, er wolle als erster eine europäische Warenhauskette errichten, gab Horten Ende 1969 selbst Auftrieb. In einem Interview erklärte er: »Ich versuche, in größeren Zeiträumen zu denken. Man soll Entschlüsse, die voraussehbar sind, zur rechten, das heißt also zur guten Zeit treffen. Dazu gehört für mich auch der Blick auf ein gemeinsames Europa. Ich bin in dieser Hinsicht optimistisch und sehe mich darin durch die Ergebnisse der Haager Gipfelkonferenz (auf der Frankreich von seinem Nein gegen einen Beitritt Englands zum Gemeinsamen Mark abrückte. Der Verfasser) bestätigt. Ich meine, es ist unternehmerisch interessant, über den bundesdeutschen Zaun zu gucken, der ohnehin immer niedriger wird. Das wirtschaftliche Zusammenwachsen im EWG-Raum hat manche anziehende Seiten; hier reifen Entwicklungsprozesse heran, die reizen.« Horten hatte bereits im Jahre 1968 den Versuch unternommen, durch eine Beteiligung an einem französischen Warenhausunternehmen den ersten Schritt zu einem europäischen Filialimperium zu tun. Doch die Verhandlungen scheiterten seinerzeit.

Es ist schwer zu sagen, wie stark Helmut Horten bei seinem vieldiskutierten Kassensturz unter dem Eindruck seines wiederholt öffentlich geäußerten Unbehagens an der politischen Entwicklung der Bundesrepublik handelte. Der konservative Milliardär hat nach dem Kriege mehrere Male versucht, den Kurs der deutschen Innenpolitik zu korrigieren, stets jedoch nur hinter den Kulissen, als Finanzier oder als Arrangeur vertraulicher Kamingespräche in seiner Düsseldorfer Parkvilla.

Zum Eingreifen fühlte sich Horten zum erstenmal 1956 animiert, als Konrad Adenauer die FDP mit Hilfe des für die Liberalen tödlichen »Grabenwahlsystems« aus dem Bundestag katapultieren wollte und die Düsseldorfer »Jungtürken« der Partei, an ihrer Spitze Wolfgang Döring, Willi Weyer und Walter Scheel, im Gegenzug den mit ihrer Hilfe gewählten CDU-Ministerpräsidenten Karl Arnold stürzten. Die daraufhin vom Bundesverband der Deutschen Industrie verfügte Einstellung aller finanziellen Zuwendungen an die FDP hätte die Partei in eine prekäre Lage gebracht, wäre Helmut Horten in diesem Augenblick nicht mit einem Millionenbetrag eingesprungen. Im Sommer 1961 arrangierte der politische Mäzen in seinem Düsseldorfer Haus ein aufsehenerregendes Tête-àt-tête zwischen seinem Duzfreund Franz Josef Strauß und den FDP-Führern Mende und Weyer, um die alte Bonner Regierungskoalition aus CDU und Freien Demokraten, die 1956 zerbrochen war, wiederzuerwecken. Hortens Villa bot auch den stilvollen Rahmen für die Gespräche, zu denen sich vor der Gründung des unternehmerfreundlichen Wirtschaftsrates der CDU 1963 führende Unionspolitiker von Etzel und Dufhues über Scheufelen bis zu Vetter Alfons Horten trafen.

Obgleich Helmut Horten immer wieder politisches Schicksal zu spielen versuchte, hat er die Politik für seine Person nie als einen Dienst an der Allgemeinheit aufgefaßt. Schlechthin unvorstellbar ist, daß sich Horten wie der Porzellanfabrikant Philip Rosenthal um einen unsicheren Bundestagswahlkreis bemühen oder, wie der Thyssen-Manager Ernst Wolf Mommsen, als One-Dollar-Staatssekretär verdingen könnte. Seine politischen Ziele erschöpften sich im wesentlichen in der Erhaltung jener Ordnung, die es ihm ermöglichte, in kaum zwanzig Jahren ungestört ein Milliardenvermögen aufzubauen; sein politisches Unbehagen läßt sich – anders herum betrachtet – mehr oder weniger auf die Sorge vor sozialistischen Experimenten reduzieren.

WERNER OTTO

## Eine Karriere, die mit 40 begann

Jedes Jahr im Advent bittet Werner Otto, Herr über Deutschlands zweitgrößtes Versandhaus, über Einkaufscenter, Warenhäuser, Bürowolkenkratzer und Industrieparks, seine leitenden Mitarbeiter – rund 80 an der Zahl – zu einem festlichen Diner ins Hamburger Atlantic-Hotel. Es ist das einzige Mal, daß sich das Führungscorps seiner buntscheckigen Firmengruppe geschlossen um ihn versammelt. Er hat diesem Ereignis einen protokollarischen Rahmen gegeben, wie er bei einem der alten hanseatischen Kaufmannsessen, dem »Ostasiatischen Liebesmahl« etwa oder der »Langen Nacht« der Handelskammer Hamburg, kaum strenger sein könnte: Abendgarderobe, feste Tischordnung, Reden, musikalisch umrahmt durch das Kammermusikensemble der Camerata Academica.

Wenn Werner Otto dann, gewöhnlich lange nach Mitternacht, in seinem Mercedes 600 nach Hause fährt, kommt er in der Nähe des Dammtor-Bahnhofs an einem alten Mietshaus vorbei, das in seinem Kontrast zur festlichen Kulisse des »Atlantic« symbolhaft den Start des vielseitigen Handelskaufmanns markiert. In diesem Haus fand der aus einem osteuropäischen Lazarett entlassene Obergefreite Otto im Frühjahr 1945 seine erste Bleibe: Ein möbliertes Zimmer für 35 Reichsmark Monatsmiete.

Werner Otto ist kein Hamburger. Er hatte die Stadt zuvor nur ein einziges Mal besucht, als Pennäler auf einer Radtour. Um so erstaunlicher, wie er sein Unternehmen nahtlos in die Szenerie zwischen Michel und Mönckebergstraße einfügte und dabei in seinem privaten Lebensstil nicht einmal die stockkonservativsten Hanseaten herausforderte, über ihn die Nase zu rümpfen.

Den etwas gedrungen wirkenden Kaufmann mit dem Bürstenschnitt reizte es weder, durch aufwendige Repräsentation im gesellschaftlichen Leben der Stadt eine Rolle zu spielen, noch seinem Erfolg mit einem Prunkbau an der feudalen Elbchaussee ein Denkmal zu setzen. Statt dessen siedelte er sich ein paar hundert Meter weiter, im abgeschiedenen Stadtteil Hochkamp an, wo die Villen noch stilvoller, die Hecken, die sie vor den Blicken Neugieriger schützen, noch höher sind und die Multimillionäre in Pullover und Cordhose ihren Rassehund ausführen.

Die aus einem bescheidenen Versandbetrieb hervorgegangene Unternehmensgruppe ist das Werk eines aus ländlich-gutbürgerlichem Hause stammenden Mannes. In der Ortschaft Seelow in der Mark Brandenburg, unweit von Frankfurt an der Oder, wurde Werner Otto 1909 als Sohn eines kleinen Lebensmittelgroßhändlers geboren. Schon in jungen Jahren mußte er die Risiken einer selbständigen Existenz auf schmerzliche Weise erfahren. Sein vom Glück nicht gerade begünstigter Vater sah 1926 keinen anderen Ausweg mehr, als den bitteren Weg zum Amtsgericht anzutreten und Konkurs anzumelden. Doch gelang es ihm immerhin noch – wie Werner Otto ausdrücklich betont – sämtliche Gläubiger hundertprozentig auszuzahlen.

Der Zusammenbruch des elterlichen Geschäfts blieb auch für Werner Otto nicht ohne Konsequenzen. Mit 17 Jahren mußte er die Untersekunda des humanistischen Gymnasiums in Prenzlau verlassen, weil es zu Hause zum Schulgeld nicht mehr reichte. Dabei war er vor allem in Mathematik einer der Besten gewesen, dagegen hatte er es in alten Sprachen (Otto: »Die waren mir zu statisch«) nur zu mäßigen Zeugnisnoten gebracht. Das Heraklit-Wort »Alles fließt«, das er damals im Griechisch-Unterricht lernte, wurde für Werner Otto jedoch so etwas wie eine Weltanschauung: »Nichts ist beständig, ich sehe überall Entwicklungen.«

Das Leben des Schulabgängers verlief jedoch zunächst eher in vorgezeichneten Bahnen. In der benachbarten Kleinstadt Angermünde begann er eine dreijährige Lehre als Lebensmittelkaufmann, anschließend machte er sich mit einem kleinen Laden in Stettin selbständig. Durch wegweisende Ideen, die seine spätere Karriere bereits hätten erahnen lassen, tat sich der 24jährige Krämer allerdings noch nicht hervor. Mit einem flüchtigen Federstrich geht Otto heute über diese Phase seines Lebens hinweg: »Wirtschaftlich habe ich vor dem Krieg kaum Nennenswertes geleistet.«

Den jungen Mann aus der Mark, der es sich als Schüler in den Kopf gesetzt hatte, einmal Schriftsteller zu werden, fesselten die großen politischen Auseinandersetzungen jener Zeit, vor allem zwischen Nationalsozialisten und Kommunisten, mehr als der Handel mit Graupen und Nudeln. Schon als Elfjähriger hatte Werner Otto, angeregt durch den Kapp-Putsch, in einem Anflug kindlichen Patriotismus zusammen mit einem gleichaltrigen Freund aus einem Waffenlager ein Seitengewehr gestohlen und es auf einem Speicher versteckt. Als die beiden vaterlandstreuen Pennäler jedoch am anderen Morgen zu ihrem Versteck gingen, war das Gewehr verschwunden. Otto: »Wir malten uns aus, wie einer unsere Waffe den Roten gebracht hatte.«

## Im politischen Untergrund

Mit den Nationalsozialisten, denen er sich 1929 in Stettin anschloß, lebte Otto jedoch nicht lange auf gutem Fuß. Schon 1931 trat er aus der NSDAP wieder aus. Nach der Ausschaltung Otto Strassers und seines sozialrevolutionären linken Parteiflügels, mit dem Otto sympathisierte (»Ich war eine Art Nationalbolschewik«), verlor sich der Weg des jungen Heißsporns im politischen Untergrund. Mehrfach wurde er für längere Zeit eingesperrt; in Prag vegetierte er Zelle an Zelle mit dem tschechischen Kommunisten Rudolf Slansky. Vor Verfolgungen durfte sich Otto erst sicher fühlen, nachdem er sich 1942 zur Wehrmacht gemeldet hatte.

Auch im »Grauen Ehrenkleid der Nation« verbarg der verstockte Brandenburger kaum seinen oppositionellen Geist. Er konnte seine Vorgesetzten zur Weißglut bringen, wenn er bei Beförderungen, die seine Kameraden freudig entgegennahmen, eine betont säuerliche Miene zur Schau stellte. Nach einer Verwundung wurde der als Bataillonsschreiber eingesetzte Obergefreite Werner Otto Ende 1944 aus der Armee entlassen.

Für den 35jährigen Kriegsheimkehrer endete die Irrfahrt von der Front in Bad Segeberg vor den Toren Hamburgs, wo ihm mit seiner Frau und seinen beiden Kindern ein Freund in einem beengten Raum Unterschlupf gewährte. Eine Arbeit konnte er sich in der verschlafenen Provinzstadt allerdings nicht erhoffen. So fuhr Otto eines Tages auf einem geliehenen Fahrrad nach Hamburg, quartierte sich in dem erwähnten Zimmer am Dammtor-Bahnhof ein und mischte sich in den umliegenden Kneipen unter die Flüchtlinge, die über Ersatzkaffee oder einem dünnen Bier phantastische Pläne schmiedeten. Dabei erfuhr er, daß es in der Stadt, in der kaum ein Paar Schuhe aufzutreiben war, billiges Leder aus militärischen Restbeständen zu kaufen gab. Werner Otto mietete einen Raum in einer Schreinerei im

Hamburger Stadtteil Sasel, engagierte per Inserat einen Industriemeister und erstand bei einem Trödler zwei alte Steppmaschinen, die dieser irgendwo aus den Trümmern geborgen hatte. Mit einiger Mühe gelang es ihm sogar, Bindegarn zu organisieren, so daß er mit seiner kleinen Schuhfertigung bald beginnen konnte. Ein britischer Besatzungsoffizier, der Ottos Kleinbetrieb inspizierte, verließ die Schreinerwerkstatt schon nach wenigen Augenblicken kopfschüttelnd. Otto: »Der sah aus, als wollte er sagen ›So ein Verrückter‹.«

Der emsige Schuhmacher ließ sich jedoch durch anfängliche Mühen nicht verdrießen. Es dauerte nicht lange, bis er sogar eine Stanzmaschine und ein paar hundert Ösen auftrieb. Die Produktion begann mit zehn Paar Schuhen pro Tag. Schon bald mußte Otto jedoch in eine größere Baracke in Schnelsen umziehen, weil er seine illustre Belegschaft – unter ihnen waren Bäcker, Schlachter und Werftarbeiter – in seiner alten Behausung nicht mehr unterbringen konnte. In kurzer Zeit arbeiteten 85 Mann für ihn, vor allem an Arbeitsschuhen mit Ledersohle und einfachen Holz-Zweischnallern. Als Otto am Tage der Währungsreform Inventur machte, kam er auf einen Lagerbestand von zehn Quadratmetern Leder, 60 Paar Arbeitsschuhen und – dernier cri in seiner Kollektion – 20 Paar Damenschuhen mit modischem Blockabsatz.

Ein halbes Jahr nach Einführung der Deutschen Mark war dem Neu-Hamburger jedoch klar, daß er als Schuhfabrikant kaum noch lange würde existieren können. Die Konkurrenz der etablierten Unternehmen, vor allem aus der Pfalz, die auf ihre alten Märkte zurückdrängten, wurde mit jedem Tage härter. Werner Otto war Realist genug, um zu sehen, daß seine Schuhe einem Qualitätsvergleich mit denen der renommierten Hersteller schwerlich aushalten konnten: »Das waren richtige Gurken, jeder sah anders aus.« Otto konnte sich ausrechnen, wann er gezwungen sein würde, seinen Betrieb zu schließen. Als ihm auf einer kleinen Sylvesterfeier 1948 seine Mitarbeiter mit den Worten »Auf Ihre Schuhfabrik!« zuprosteten, antwortete er nur mit einem gequältem Lächeln. »Wenn ich einen Einmann-Betrieb gehabt hätte, hätte ich schon um diese Zeit dichtgemacht, aber ich hatte 85 Mann, die in der schlechten Zeit mit mir Kohldampf geschoben hatten«, erklärt Otto seine damalige Lage.

Im Sommer 1949 sah der Schuhfabrikant aus Not jedoch keine Möglichkeit mehr, die Schließung seines Werkes noch länger aufzuschieben. Nachdem er alle Schulden beglichen hatte, verblieben ihm noch ganze 6000 Mark. Das Geld reichte nicht einmal, um einen Schuhladen einzurichten, was Otto zunächst vorhatte. Während er über einen Ausweg aus seiner verfahrenen Lage nachdachte, fiel ihm eines Tages der Katalog des seinerzeit auf Schuhe spezialisierten Versandhauses Friedrich Baur in Burgkunstadt (Oberfranken) in die Hände. Beim Durchblättern kam Werner Otto die Erleuchtung: Warum sollte er seine Schuhe nicht einfach verschicken, anstatt in einem Geschäft zu verkaufen? Um seine Entscheidung mit dem nötigen Abstand zu treffen, leistete sich der gestrandete Fabrikant von seinem übriggebliebenen Geld für 500 Mark noch eine Busreise durch Italien. Nach seiner Rückkehr meldete Otto am 17. August 1949, vier Tage nach seinem 40. Geburtstag, bei der Hamburger Behörde für Wirtschaft und Verkehr unter der Bezeichnung »Versandhandel« sein neues Gewerbe an.

Weil er sich noch keinen Katalog leisten konnte, heuerte er zunächst Vertreter an, die er mit einem Musterkoffer von Tür zu Tür schickte. Um möglichst viele Musterstücke in ihrem Koffer unterzubringen, packten Ottos Verkäufer jeweils immer nur einen Schuh, gewöhnlich den linken, ein. Gegenüber den elektronisch gesteuerten Versandanlagen, wie sie heute in jedem modernen Unternehmen der Branche zu finden sind, war der erste Packbetrieb des kleinen Schuhversenders von geradezu vorsintflutlicher Primitivität. Unter dem Dach einer alten Steinbaracke bewegte sich die in einfachen Weidenkörben gesammelte Ware über eine schräge Rutsche auf die Packtische zu. Das Geschäft florierte anfangs nur mäßig. Nicht mehr als durchschnittlich 14 Pakete brachte Werner Ottos Bote Anfang 1950 täglich auf einem Fahrrad mit Anhänger zum Postamt Schnelsen. »Ich hatte schon im ersten Jahr eine Unterbilanz, Gott sei Dank habe ich das damals gar nicht gemerkt«, erzählte der Versandhauschef später, als er geschäftlich längst über dem Berg war.

Seinen ersten Katalog, ein aus 14 Seiten bestehendes und durch einen gelben Kordeldurchzug zusammengehaltenes Bändchen von der Größe eines Schulheftes, stellte Werner Otto noch in Heimarbeit her. Die Abbildungen, auf jeder Seite zwei untereinander eingeklebte Hochglanzfotos, zeigten 24 Paar Schuhe, die in Ottos Broschüre (Auflage: 300 Stück) mit selbstgetippten Begleittexten versehen waren.

Das seinerzeit zugkräftigste Angebot war ein California-Damenschuh mit dicker Sohle, Blockabsatz und elegantem Besatz aus Pythonschlange. Größere Erfolge konnte der Neuling jedoch erst registrieren, nachdem er eine Saison später auch Hemden, Trenchcoats, Arbeitshosen und Aktentaschen in sein Sortiment aufnahm. Als Verkaufsschlager machte vor allem eine Marine-Klapphose »aus erstklassiger Glanztuchqualität« von sich reden, die sich aus unerklärlichen Gründen in Bayern besonderer Beliebtheit erfreute. In wie engen Grenzen sich das kleine Versandgeschäft allerdings in der ersten Zeit hielt, kann man daran ablesen, daß Werner Otto die Hemden, die er noch 1951 persönlich von einer Fabrik in der Nähe Hamburgs abholte, bequem in seinem Personenwagen, einem alten Opel, unterbringen konnte. Im gleichen Jahr erzielte der einstige Lebensmittelhändler und Schuhfabrikant jedoch erstmalig einen Umsatz von über einer Million Mark.

## Stütze des Geschäfts: Über 500 000 Sammelbesteller

Seit seinem Start als Versandhändler beliefert Otto seine Kunden nicht direkt, sondern über sogenannte Sammelbesteller und Vertreter im Nebenberuf. Seine »Zuträger« lassen den Otto-Katalog bei Freunden und Bekannten kursieren und nehmen von ihnen Bestellungen entgegen, die sie anschließend als Sammelauftrag nach Hamburg weiterleiten. Später verteilen sie die ihnen als ganzes zugestellte Ware auf die von ihnen betreuten Haushalte und kassieren auch gleich den Rechnungsbetrag. Ottos Sammelbesteller – es sind zur Zeit mehr als 500 000 – beliefern rund vier Millionen Einzelkunden; für ihre Dienste erhalten sie bei Jahresumsätzen bis zu 6000 Mark sechs Prozent – wenn sie auf höhere Bestellzahlen kommen, sogar zehn Prozent Unkostenvergütung beziehungsweise Provision.

Ottos Mitarbeitertruppe rekrutiert sich aus Vertretern aller Schichten und Berufe: Kontaktwillige Hausfrauen und pensionierte Beamte sind ebenso dabei wie Polizisten, Lehrer und Krankenschwestern. Auf einen Umsatz von über 100 000 Mark bringen es bei Otto schon seit Jahren ein Bankangestellter und ein Bauarbeiter, die bei ihren Kollegen am Arbeitsplatz Bestellungen einsammeln. Eine ganze Reihe von Leuten machte den lukrativen Nebenerwerb inzwischen zu ihrem Hauptberuf. Viele betreuen nicht selten ein Revier von 500

Haushalten und kommen teilweise auf Jahresumsätze von mehr als 25 000 Mark.

Für Otto wie für seine Kunden hat das Sammelbestellersystem eine Reihe erheblicher Vorteile: Schon seinen Katalog (Herstellungspreis pro Stück: zwölf Mark) kann der Hamburger wesentlich rationeller einsetzen als seine beiden überwiegend direkt versendenden Konkurrenten Quelle und Neckermann. Erzielte Otto 1970 mit seinen drei Millionen Katalogen (je 1,5 Millionen im Frühjahr und Herbst) einen Versandumsatz von 1,107 Milliarden Mark, so brachten zehn Millionen Neckermann-Folianten nur 720 Millionen. Durch den wesentlich größeren Umfang der bei ihm eingehenden Bestellungen kann Otto für Auftragsbearbeitung, Versand und Inkasso weit niedrigere Kosten kalkulieren als die Direktversender.

Der Kunde kann die Ware, die ihm ein Sammelbesteller ins Haus bringt, ohne bezahlt zu haben, sofort wieder zurückgehen lassen, falls sie ihm nicht gefällt. Der Postbote, der Pakete eines Direktversenders überbringt, kassiert dagegen in jedem Falle erst einmal. Empfänger, denen ein Artikel nicht zusagt, haben dann nur die Möglichkeit, ihr Päckchen oder Paket wieder zur Post zu bringen und mitunter mehrere Wochen auf die Erstattung des Geldes zu warten. Vor allem ältere Menschen bevorzugen die Lieferung durch Sammelbesteller vielfach auch, weil sie so Kontakt zu ihrer Umwelt finden.

An der von Otto praktizierten Form des Sammelbestellersystems entzündete sich Mitte der fünfziger Jahre im deutschen Versandhandel ein langanhaltender Streit. Er wurde ausgelöst durch Friedrich Schwab, der 1955 die Firma Schwab-Überlandversand in Hanau mit Hilfe von Vertretern im Nebenberuf aufgebaut hatte. Den ehemaligen Jagdflieger-Commodore ärgerte es, daß sich die nach seinem Rezept arbeitenden Konkurrenten überwiegend auf die Zuträgerdienste nichtprofessioneller Taschengeldverdiener stützten, die auf ihre meist geringen Umsätze nur fünf Prozent Provision erhielten, während er seinen Vertretern, die ihr Gewerbe ordnungsgemäß angemeldet hatten, zehn Prozent zahlen mußte. In einem gegen zehn Firmen, darunter den Otto-Versand und Baur, geführten Prozeß vertrat Friedrich Schwab die These, auch die Sammelbesteller seien verpflichtet, ein Gewerbe anzumelden und Gewerbesteuer zu zahlen. Der Bundesgerichtshof, den der Fall schließlich sogar beschäftigte, folgte Schwabs Auffassung jedoch nicht. Die Karlsruher Richter entschieden, »daß bei der weitaus größten Zahl der Sammelbesteller die Merkmale einer gewerblichen Tätigkeit nicht gegeben sind, und zwar auch dann nicht, wenn man annimmt, daß keinesfalls alle von ihnen aus Fürsorge für die engere oder weitere Familie oder für sonst in Obhut genommene Personen oder aus Freude an der Betätigung im Dienste oder zugunsten ihrer Umwelt handeln.«

Für Friedrich Schwab hatte der kostspielige Prozeß unangenehme Folgen. Denn um im Falle eines für ihn negativen Ausgangs des Streites keinen geschäftlichen Rückschlag zu erleiden, hatte Werner Otto vorsichtshalber rechtzeitig eine Anzahl Vertreter im Nebenberuf eingestellt. Er erkannte schnell, daß seine neuen Mitarbeiter wesentlich erfolgreicher arbeiteten als die meisten seiner bisherigen Zuträger. Otto beschloß, die für den Katastrophenfall aufgebaute Ersatztruppe zügig auszubauen. Heute gehen beim Otto-Versand 60 Prozent des Umsatzes auf das Konto nebenberuflicher Vertreter, nur noch 40 Prozent entfallen auf Sammelbesteller.

Die Sorge vor plötzlichen Gefahren, die ihn vor allem während des Schwab-Prozesses beunruhigt hatte, und der steigende Finanzbedarf seines Unternehmens veranlaßten Werner Otto, sich nach einem potenten Partner umzusehen. Der ehemalige Generaldirektor der Mainzer Zahnpastafirma Blendax, Helmut Schröder, brachte den Hamburger Versandhändler 1961 mit Helmut Horten zusammen. Doch es blieb bei einem Gespräch. Der Warenhauschef war lediglich daran interessiert, als Mehrheitsgesellschafter in Ottos Firma einzusteigen, doch die Mehrheit wollte Otto selbst behalten.

Etwa gleichzeitig versuchten Emissäre einer amerikanischen Broker-Gesellschaft, Otto dazu zu überreden, sein Unternehmen in eine AG umzuwandeln und einen Teil der Aktien in den USA plazieren zu lassen. Den Wert des zu dieser Zeit mit einem Kapital von 32 Millionen Mark ausgestatteten Unternehmens (Jahresumsatz 1962: rund 300 Millionen Mark, Gewinn vor Steuern: 15 Millionen Mark) taxierten die Amerikaner mit 180 Millionen Mark. Zwei Gründe waren es jedoch im wesentlichen, die Werner Otto davon abhielten, den Plänen seiner Besucher ernsthaft näherzutreten: Einmal hätte er wegen der mit der Umwandlung verbundenen Auflösung der stillen Reserven hohe Steuern bezahlen müssen, zum anderen verspürte er seinerzeit noch wenig Neigung, sich ohne Zwang den weitgehenden Publizitätsvorschriften des Aktienrechts zu unterwerfen.

Über seinen Wirtschaftsprüfer Hermann Karoly kam Otto im Sommer 1962 mit den Verlegern der im Ruhrgebiet erscheinenden »Westdeutschen Allgemeinen Zeitung«, Erich Brost und Jakob Funke, zusammen, die nach einer rentierlichen Anlage für ihre Gewinne suchten. Schon im September erwarb der Essener Verlag am Otto-Versand eine 25prozentige Beteiligung. Auf Verlangen seiner neuen Partner, die durch seine nach wie vor starke Stellung um ihren geschäftspolitischen Einfluß besorgt waren, verpflichtete sich der Hamburger Versandhauschef, den ihm verbliebenen Geschäftsanteil durch Beteiligung weiterer Gesellschafter in absehbarer Zeit auf 50 Prozent zu reduzieren.

Werner Otto löste sein Versprechen innerhalb von zwei Jahren ein: Mitte 1963 beteiligte sich über eine in Hamburg eingetragene Finanzfirma die Schweizerische Kreditanstalt mit 15 Prozent an seinem Unternehmen. Weitere 10 Prozent erwarb im März 1965 die Kommanditgesellschaft Aurum, deren Kapital die Vereinsbank in Hamburg, die Iduna-Versicherung sowie ein Kreis von etwa 30 meist Hamburger Geschäftsleuten hält.

## Ottos »größter Fehler«

Nach diesen beiden Transaktionen hatte Werner Otto mehr Geld in der Kasse, als er zur Finanzierung seiner laufenden Investitionen benötigte. Allein die Schweizerische Kreditanstalt zahlte ihm für ihre Beteiligung über 20 Millionen Mark. Der mit liquiden Mitteln reichlich gesegnete Versandhändler sah sich außerhalb seiner Branche nach geeigneten Anlageobjekten um. Auf seinem Weg in fremde Bereiche leitete Otto allerdings nicht immer ein glücklicher Stern, so beispielsweise, als er sich 1963 entschloß, Autowaschanlagen zu bauen. Das von einer selbstständigen Gesellschaft, der Arena Autoservice GmbH & Co., betriebene Geschäft ließ bereits nach der Eröffnung der dritten Anlage unvorhergesehene Tücken erkennen. Als unlösbar erwies sich nämlich das Problem, den Personalbestand einer ganzen Kette von Service-Stationen der stark wetterabhängigen Kundenfrequenz kurzfristig anzupassen. Da dieses Geschäft jedoch für Otto nur in großem Rahmen interessant gewesen wäre, gab er sein Experiment schon nach kurzer Zeit wieder auf. Als der größte Fehlschlag erwies sich jedoch seine Beteiligung an der Strumpffirma Schulte & Diekhoff im westfälischen Horstmar. Fritz Karl Schulte, Deutschlands größter Beinbekleider und Pionier des Damenstrumpfverkaufs über Lebensmittelläden, räumte Werner Otto Anfang 1964 zunächst eine Beteiligung von 12,5 Prozent ein. Ein Jahr später rundete der Hamburger seinen Anteil auf 25 Prozent ab, Ende 1966 schließlich hielt die von Otto beherrschte Finanzholding Sagitta bei Schulte & Diekhoff 50,1 Prozent der Anteile.

Schulte und Otto erwiesen sich jedoch als viel zu gegensätzliche Naturen, um längere Zeit miteinander harmonieren zu können. Als das Unternehmen im Frühjahr 1967, nicht zuletzt durch Schultes aggressive Preispolitik und mangelhafte Abstimmung von Produktion und Absatzmöglichkeiten, rapide in Schwierigkeiten geriet und sich Otto durch die Übernahme des Beiratsvorsitzes in die Führung der Firma einschaltete, traten die Meinungsverschiedenheiten zwischen den beiden Männern offen zutage. Es ist bemerkenswert, daß der von Schultes hemdsärmeligen Managern nie ganz akzeptierte Hanseat eine Zeitlang mit dem Gedanken spielte, das in Liquiditätsnot geratene Unternehmen ganz unter seine Kontrolle zu bringen und damit zwangsläufig seine weiteren Pläne im Versandgeschäft zumindest vorübergehend zurückzustellen. Otto: »Ich stand vor der Wahl, alles zu übernehmen oder ganz auszusteigen.« Er entschied sich für den letzteren Weg. Ganze vier Wochen nach der Übernahme des Beiratsvorsitzes trat er wieder zurück und verkaufte sämtliche Anteile an Fritz Karl Schulte. Noch heute hält Otto sein Engagement bei Schulte & Diekhoff für seinen »größten Fehler«.

Nach dem Ende seines westfälischen Abenteuers konnte sich der Versandhauschef wieder ungestört auf den weiteren Ausbau seines eigenen Unternehmens konzentrieren. Nach seiner Devise »Nur ein entferntes Ziel zwingt dazu, einen geraden Weg zu gehen« legte Otto als verbindliches Orientierungsdatum für das Jahr 1970 einen Umsatz von einer Milliarde Mark fest. Anhand der Umsätze und durchschnittlichen Renditen der zurückliegenden Jahre rechnete er seinen skeptischen Mitarbeitern vor, daß die seiner Zielprojektion zugrundegelegten jährlichen Zuwächse ohne Gefahr für die Liquidität des Unternehmens zu schaffen seien.

Seine Wachstumspolitik erläuterte Werner Otto anhand eines Vergleichs mit den beiden amerikanischen Handelsunternehmen Sears und Montgomery Ward: »Bei Kriegsende waren beide Unternehmen etwa gleich groß. An der Spitze von Sears stand General Wood, ein unternehmensbereiter, optimistischer Mann. Das Unternehmen hat heute einen Umsatz von rund vier Milliarden Mark. An der Spitze von Montgomery Ward stand ein bestimmt tüchtiger Mann, der sehr korrekt, sehr vorsichtig und der bestimmt auch sehr gewissenhaft war, aber nicht den Überblick hatte und nicht die Voraussicht, das Unternehmen nach vorn zu treiben. Heute hat Montgomery den halben Umsatz von Sears und ist vielleicht für alle Zeiten abgehängt worden. Meine Herren, wir wollen dem Montgomery-Stil absagen und dem schneidigen Aufwärtstrieb von Sears nacheifern.«

Durch einen kräftigen Ausbau seiner Sammelbesteller-Organisation gelang es Otto, die Firma auf dem fixierten Wachstumspfad zu halten. Allein von 1965 auf 1966 erhöhte er seinen Umsatz um 35 Prozent (die Sortimentsversender insgesamt nur um 10,9 Prozent) auf 582 Millionen Mark und überflügelte damit im reinen Versandgeschäft Neckermann. Auch in den folgenden Jahren schnitten die Hamburger besser als ihre Konkurrenten ab: Im Rezessionsjahr 1967 erreichten sie ein Plus von 14,1 Prozent (Branchendurchschnitt: 1,9 Prozent), 1968 kamen sie auf 23 (8,5) und 1969 auf 16 (9,4) Prozent. Mit einem Zuwachs von wiederum 16 Prozent überschritt Otto 1970 programmgemäß die Umsatzgrenze von einer Milliarde Mark.

Möglicherweise hätte Otto im reinen Versandgeschäft die führende Quelle inzwischen bereits überholt, wenn er sich 1964 mit Friedrich Schwab auf einen Kaufpreis für dessen Schwab-Überlandversand geeinigt hätte. Otto hatte den Plan, von Hanau aus seine süddeutsche Kundschaft zu beliefern, jedoch die gesamte Adressenkartei in Hamburg zu führen. Für Friedrich Schwabs Entschluß, das wegen seiner ehrgeizigen Warenhausprojekte in Schwierigkeiten geratene Unternehmen schließlich an die New Yorker Nähmaschinenfirma Singer zu veräußern, dürfte nicht zuletzt auch die Bereitschaft der Amerikaner entscheidend gewesen sein, ihn weiterhin als Generaldirektor zu akzeptieren.

## Nicht unbedingt der Billigste sein

Es ist in all diesen Jahren immer wieder über die Gründe des »Otto-Wunders« gerätselt worden. Sicher ist, daß der auf den zweiten Platz vorgestoßene Großversender seinen Erfolg außer der zielstrebig verstärkten Sammelbestellertruppe vor allem seiner geschickten Sortiments- und Preispolitik verdankt. Früher als Gustav Schickedanz und Josef Neckermann erkannte Werner Otto, daß mit steigendem Wohlstand der Kunde nicht mehr wie gebannt auf das billigste Angebot sieht. Stärker als sie richtete er das Sortiment daher auf die mittleren Preislagen aus. Bei Farbfernsehern, Waschautomaten und Geschirrspülgeräten, deren Preise von jeher das Image eines Versandhauses wesentlich mitbestimmen, verzichtete Otto auf das billigste Angebot sogar ganz.

Die im Mittelpunkt des Preisvergleichs stehenden Großgeräte forciert der länger als Quelle und Neckermann überwiegend auf Textilien spezialisierte Otto-Versand überhaupt erst seit 1967 stärker. Um sich den Aufbau einer kostspieligen Kundendienstorganisation zu ersparen, hatte er sich bis dahin auf einige wenige Artikel namhafter Hersteller beschränkt, die den Service in eigener Regie übernahmen. Noch 1970 entfielen bei Otto von 100 Mark Umsatz 51 Mark auf Textilien, bei Quelle dagegen nur 41,30 und bei Neckermann 45 Mark. Seiner Preis- und Sortimentspolitik verdankt Werner Otto im wesentlichen auch die überdurchschnittliche Rendite, mit der er gegenüber seinen beiden Hauptkonkurrenten seit Jahren glänzt. Gemessen am Umsatz betrug sie 1970 fast 4 Prozent. Neckermann mußte sich mit 0,58 und Quelle nach Schätzungen von Branchenexperten mit rund 2 Prozent zufriedengeben.

Als textilorientierter Versender hatte Otto lange Zeit keine Veranlassung, sich über die Notwendigkeit einer eigenen Laden- oder gar Warenhauskette Gedanken zu machen. Mit dem forcierten Ausbau seines Hartwarensortiments änderte sich die Situation für ihn jedoch grundlegend. Viele Kunden, so mußte er feststellen, sind nicht bereit, beispielsweise ein Fernsehgerät zu kaufen, ohne es zuvor wenigstens einmal angestellt zu haben, oder eine Couch zu bestellen, auf der sie sich nicht einen Augenblick behaglich zurücklehnen konnten. Speziell für die Artikel, von deren Qualität sich der Käufer gern persönlich überzeugt und bei denen er vielfach sogar Beratung wünscht, richtete Otto seit 1967 in 18 Städten repräsentative Ausstellungsräume auf einer Fläche von jeweils rund 1000 Quadratmetern ein. Über die örtlichen Stützpunkte, die mit einem Quadratmeterumsatz von fast 6000 Mark kostendeckend arbeiten, wickelt der Hamburger sieben Prozent seines Versandgeschäfts ab.

Noch eine andere Tendenz veranlaßte Otto Mitte der sechziger Jahre, als letzter der Großen seiner Branche die Politik eines reinen Versandhauses zu verlassen: Hatte der Versandhandel seinen Marktanteil unter den einzelnen Betriebsformen bis 1964 auf den in der Welt einmaligen Satz von 4,5 Prozent steigern können, so hielt sich sein Wachstum von da ab nur noch im Rahmen der Branchenentwicklung. Allerdings sind die Deutschen als Versandhauskunden bis heute noch unübertroffen. Jeder Bundesbürger bestellt durchschnittlich für 120 Mark jährlich aus dem Katalog, der Engländer für 64, der Schwede für 54, der Franzose für 36, der Amerikaner für 30 und der Italiener für nur 4 Mark.

Unter dem Eindruck der abflauenden Versandexpansion begann Werner Otto 1965, in einer Reihe von Mittelstädten unter dem Namen »Corso« kleinere Geschäfte zu eröffnen. Doch schon die ersten »Corso«-Läden (Otto: »Eine Mischung aus Verkaufs- und Annahmestelle«) in Cuxhaven, Lübeck, Salzgitter und Lüneburg überzeugten ihn davon, daß seine beengten Geschäfte nur wenig Anziehungskraft ausübten. Noch nicht einmal zwei Jahre, nachdem er seine erste Filiale eröffnet hatte, brach Otto sein Experiment wieder ab. Nach seinem »Corso«-Desaster war der etablierte Versandhauschef zwar um eine wichtige Erkenntnis reicher; eine tragfähige Konzeption für sein stationäres Geschäft hatte er damit jedoch noch nicht, wie sich bald zeigen sollte. 1966 kauften Werner Ottos Experten den Titania-Palast in Berlin-Steglitz, ein bekanntes Filmtheater der Stadt, das in ein Warenhaus umgebaut werden sollte. Als Otto von seinem Sylter Urlaubsdomizil nach Berlin fuhr, um den von seinen Leuten erworbenen Palast zu besichtigen, erkannte er sofort, daß die ungünstige Lage des Gebäudes und die Tatsache, daß die Schaufenster noch auf Jahre an eine andere Firma vermietet worden waren, einen Erfolg von Anfang an in Frage stellte. Ohne lange zu zögern, löste er das Engagement wieder. Spätestens in diesem Augenblick erkannte er, daß Versandhändler keine Warenhäuser bauen können, was ihn 1969 dazu veranlaßte, ein vom Otto-Versand unabhängiges Management erfahrener Warenhausleute zusammenzustellen.

Von wenig Glück waren auch Ottos Versuche begleitet, an anderen Plätzen, so auf der Hamburger Mönckebergstraße, im Schatten der größten Karstadt-Filiale der Bundesrepublik, Warenhaus-Premiere zu feiern. An seiner Stelle errichteten die Hamburgischen Electricitätswerke, die für den begehrten Baugrund mehr als er geboten hatten, ein fünfstöckiges Repräsentationsgebäude. Ein bereits erworbenes Grundstück in Mainz verkaufte er wieder, als er mit Beginn der Rezession 1967 seine ehrgeizigen Pläne vorerst auf Eis legte. In der Konjunkturflaute begann Otto einzusehen, daß für ihn – wie er es nannte – »der Zug in den Innenstädten abgefahren war«.

Die Einsicht, daß es im Zeitalter ständig steigender Bodenpreise für einen Newcomer praktisch unmöglich ist, in die Domäne der traditionsreichen Warenhauskonzerne mit ihrem billig erworbenen und weitgehend abgeschriebenen Grundbesitz einzubrechen, legte Werner Otto den Gedanken nahe, sein Glück in den Nebenzentren und Randzonen der Großstädte zu suchen. Gerade im weiteren Einzugsbereich der Stadtkerne wächst die Bevölkerung seit Jahren überdurchschnittlich stark. Das Beispiel Köln steht dabei stellvertretend für alle anderen deutschen Großstädte: Hier nahm die Zahl der Bewohner im engeren Bereich der City von 1960 bis 1968 nur um 5 Prozent zu, während sie in den Vororten um 17 und im ländlichen Einzugsgebiet sogar um 35 Prozent anstieg. Großzügige Versorgungszentren fanden jedoch in den wenigsten Bebauungsplänen für die Stadtrandregionen einen Platz. Statt dessen blieb die wachsende Bevölkerung meist auf einen zersplitterten und vielfach wenig leistungsfähigen örtlichen Einzelhandel angewiesen. Werner Otto, von dem das Wort stammt, der Handel habe seine »Industrialisierung« noch vor sich, sah seine große Chance darin, auf dem vorgezeichneten Weg selbst einen großen Schritt nach vorn zu wagen. Er wollte in schlecht versorgten Vororten und Satellitenstädten moderne, zentral gemanagte Einkaufszentren bauen und in ihnen lokale Einzelhändler, bekannte Filialgeschäfte und – als Kundenmagneten – in der Regel zwei Warenhäuser zusammenfassen.

Schon bevor Otto sein Konzept entwickelte, gab es in der Bundesrepublik Shopping-Center: Das als erste Einkaufsstätte dieser Art 1964 errichtete Main-Taunus-Zentrum vor den Toren Frankfurts, das noch im selben Jahr eingeweihte Ruhrpark-Einkaufszentrum des amerikanischen Geschäftsmanns Frank Roberts in Bochum und das 1966 von einer Tochterfirma der »Neuen Heimat« gebaute Elbe-Einkaufszentrum in Hamburg, um nur die ersten Großprojekte zu nennen. Doch mit Werner Otto begann zum erstenmal ein führender Handelsunternehmer mit dem Bau von Shopping-Centern, und zwar im Gegensatz zu allen anderen gleich mit einer ganzen Kette von Kaufstätten ein und desselben Typs.

## Sogar Neckermann kam als Mieter

Sein erstes Einkaufszentrum eröffnete der Hamburger Versandhändler im Herbst 1969 in der Nürnberger Trabantenstadt Langwasser, wo heute bereits 30 000 Menschen schlafen. In nicht ferner Zukunft, so prophezeien die Experten, wird die am Reißbrett entworfene Wohnmaschine bereits 100 000 Einwohner beherbergen. Einen Platz in Ottos »Franken-Einkaufszentrum« sicherten sich außer bekannten Großunternehmen wie Karstadt, Neckermann, Woolworth, Deutscher Supermarkt und Möbel-Hess, 37 Fachgeschäfte aus der näheren und weiteren Umgebung. Mittelpunkt des überdachten und vollklimatisierten Einkaufsparadieses ist eine 160 Meter lange und 10 Meter breite Ladenstraße oder »Mall«, wie die Amerikaner sagen. Von hier aus erreichen Besucher – vielfach durch weit geöffnete Portale – wie in einem orientalischen Basar die angrenzenden Läden und auf Rolltreppen die um eine Galerie angelegten übrigen Geschäfte. Motorisierte Kunden können ihren Wagen auf einem der 1300 Abstellplätze unmittelbar vor Ottos Einkaufsstadt parken.

Sein zweites Shopping-Center, diesmal sogar für 60 Geschäfte, weihte der agile Großkaufmann Ende 1970 im Hamburger Vorort Poppenbüttel unter dem Namen »Alstertal-Einkaufszentrum« ein. Im Frühjahr 1971 eröffnete er sein »Hessen-Center« in Bergen-Enkheim bei Frankfurt; etwa zur gleichen Zeit nahm er weitere Projekte in Köln-Weiden, Bremen, Essen und Stuttgart-Leonberg in Angriff. Bauherr ist überall die zu 100 Prozent im Besitz der Familie Otto liegende Firma »Einkaufs-Center Entwicklung GmbH«, die 1968 unter anderem Namen bereits drei Gemeinschaftswarenhäuser in Braunschweig und Hannover (»Skala«) sowie in Kassel (»Deutsches Einkaufszentrum DEZ«) errichtet hatte.

Bis zum Frühjahr 1973 will Werner Otto sieben Einkaufszentren fertiggestellt haben, in die dann insgesamt 450 Mieter eingezogen sein werden. Die Verkaufsfläche ihrer Geschäfte beträgt zusammen 300 000 Quadratmeter, etwa die Hälfte der von jeder der führenden deutschen Warenhausfirmen belegten Fläche. Schon 1971 plante Otto auch Center-Projekte in Brüssel, Zürich und Genf.

Im Hamburger Alstertal-Einkaufszentrum erfüllte sich für den mittlerweile 60 Jahre alt gewordenen Werner Otto endlich auch der Traum, seinen Namen an der Fassade eines Warenhauses zu finden. Entsprechend seiner Überzeugung, daß der Einzelhandel noch über erhebliche Rationalisierungsreserven verfüge, entschied er sich bereits in seinem ersten Haus für die Einführung des Selbstbedienungsprinzips. Ein Problem bereitete ihm dabei allerdings Kopfschmerzen: Wie sollten die Besucher mit ihren stattlichen Einkaufswagen von einem Stockwerk ins andere gelangen? Eine Lösung fand er in Form zweier 25 Meter langer Fahrstraßen mit Gummilaufbändern, im Volksmund »Kundenbagger« genannt. Obwohl, wie in seinem Katalogangebot, Textilien die beherrschende Rolle spielen, profilierte Otto den von ihm persönlich entwickelten Warenhaustyp durch eine betont großzügige Dimensionierung spezifisch »männlicher Abteilungen«, wie Autozubehör, Do-it-yourself, Sport- und Campingartikel sowie Radio und Fernsehen, als Einkaufsstätte für die gesamte Familie.

Wo neue Filialen entstehen sollen, bestimmen Ottos Warenhausplaner unabhängig von den Projektentscheidungen der juristisch selbständigen Center-Gesellschaft. Nachdem er seine beiden ersten Häuser in Hamburg und Bergen-Enkheim bei Frankfurt noch in eigenen Einkaufszentren eröffnet hatte (Otto: »Nur als Starthilfe«) verfügte der Hamburger, daß fortan beide Gruppen getrennt zu marschieren hätten, um die vollzogene Teilung seiner Vermögen nicht durch eine zu enge geschäftliche Verflechtung nachträglich wieder in Frage zu stellen. Seinen Rückstand im stationären Geschäft will Werner Otto durch verschärftes Tempo wieder aufholen. Bereits 1980, so prophezeite der optimistische Handelsboß im Beisein seiner etwas skeptisch dreinblickenden Geschäftsführung auf einer Pressekonferenz Anfang 1971, werde er mit den bis dahin 25 bis 30 geplanten Warenhäusern ebensoviel Umsatz wie im Versand erzielen.

Bei seinen Planungen kann sich der expansive Kaufmann auf ein ausgeprägtes Gespür für zukunftsträchtige Immobilien stützen. Otto: »Ich fühle, wohin die Entwicklung einer Stadt geht.« Zu voller Entfaltung kam seine Spezialbegabung erstmalig Anfang der sechziger Jahre, als ihn während einer Kanada-Reise die wirtschaftliche Entwicklung der Provinz Ontario, vor allem jedoch das rapide Anwachsen ihrer Hauptstadt Toronto, so faszinierte, daß er sich in großem Stil geschäftlich engagierte. Über fünf eigene Grundstücksgesellschaften erwarb Otto in Toronto bis heute Appartementhäuser mit insgesamt 1600 Wohnungen sowie ein zehn- und ein elfstöckiges Bürogebäude, in denen neben mehreren Dienststellen der Provinzregierung von Ontario unter anderem auch die Whisky-Destille Hiram Walker und die Detektiv-Firma Pinkertons ihr Domizil haben. Bis 1976 plant Werner Otto daneben sechs riesige Industrieparks auf einem Gesamtareal von über 2,2 Millionen Quadratmetern; von seinen sechs Projekten liegen drei unmittelbar am internationalen Flughafen von Toronto, die übrigen drei am Queen Elizabeth Highway, auf dem die Industrie von Ontario ihre Produkte über Buffalo zu ihren amerikanischen Abnehmern transportiert. Einmal im Jahr reist Otto für mehrere Wochen nach Kanada, um auf ausgedehnten Besichtigungsfahrten, bei denen nicht selten ein Lunchpaket das Mittagessen ersetzt, seine Besitztümer zu inspizieren und neuen Geschäftsabschlüssen seinen Segen zu geben.

Im Gegensatz zu Gustav Schickedanz und Josef Neckermann, die sich auf längeren Auslandsreisen täglich die neuesten Erfolgszahlen ihres Unternehmens übermitteln lassen, verzichtet Werner Otto während seiner Kanada-Abstecher auf Datenfutter aus der Heimat. Mit bemerkenswerter Konsequenz hat sich der Selfmademan aus der Mark in den letzten Jahren nahezu völlig aus der Tagesarbeit zurückgezogen, um sich allein der Führung seiner verzweigten Unternehmensgruppe, vor allem neuen Projekten, zu widmen. Er nimmt schon seit Jahren an keiner einzigen Sitzung der Geschäftsführung des Otto-Versands mehr teil. Nur einmal im Monat erhält er einen detaillierten Bericht mit den neuesten Zahlen. Daneben haben die Geschäftsleitungen aller Gruppenfirmen getrennt ihren wöchentlichen Jour fix an Ottos Mittagstisch im hauseigenen Kasino, wo sich der delegationsfreudige Unternehmenschef im zwanglosen Gespräch über aktuelle Ereignisse informiert.

Werner Otto bevorzugt einen rationellen Führungsstil. Es fängt damit an, daß er seine Mitarbeiter dazu anhält, in knapppen Worten Vortrag zu halten und das Resümee ihrer Ausführungen an den Anfang zu stellen. Auf diese Weise kann er vielfach Entscheidungen fällen, ohne seinen Ratgeber bis zum Schluß anhören zu müssen. Otto beschäftigt weder einen persönlichen Referenten, noch hat er ein Faible für technische Spielereien. Unentbehrliche Requisiten sind für ihn – auch auf Reisen – dagegen drei dünne Ledermappen in verschiedenen Farben, in denen er die wichtigsten Zahlen aus den Bereichen »Unternehmensgruppe«, »Otto-Versand« und »Langfristige Planung« findet.

## Die negative Symbolfigur des Commanders Queeg

Seiner Auffassung von den Führungsqualitäten eines Vorgesetzten entsprechend, bewertet der Konzernchef bei der Einstellung leitender Manager die Fähigkeit, Verantwortung zu delegieren, höher als erlernbare Spezialkenntnisse. Mit Günter Nawrath berief er beispielsweise einen Mann an die Spitze des Otto-Versand, der zuvor im Vorstand der Lastwagen- und Lokomotiven-Firma Henschel gesessen und zu der Zeit, als ihm der Hamburger Versandhändler ein Angebot machte, nach eigenem Bekenntnis »bis dahin nur von Neckermann gehört« hatte. Falsche Führungsprinzipien demonstrierte Werner Otto seinen leitenden Herren am Beispiel des Commanders Queeg aus dem Roman »Die Caine war ihr Schicksal«, der im Augenblick höchster Kriegsgefahr unter den Männern seines Schiffes wie besessen nach dem Übeltäter fahndete, der ihm seine Schüssel Erdbeeren aufgegessen hatte. »Die Situation auf Kapitän Queegs Schiff«, schrieb Otto in einer vertraulichen Führungsanleitung für die Manager, »war ein typisches Beispiel für die lähmende Wirkung der starken zwangsjackenhaften Kontrolle auf Vorstellungskraft und geistige Fähigkeiten der Männer.«

Seine Führungsgrundsätze kleidete Otto in einprägsame Thesen:

- Die Kunst, Nachwuchs-Führungskräfte im eigenen Haus zu erkennen, anzuspornen und zu fördern, ist vornehmste Pflicht.
- Beschäftigen Sie sich mit der Zukunft Ihres Ressorts, tun Sie alles, um der Zukunft gewachsen zu sein, dann haben Sie eine risikolose Karriere vor sich.
- Derjenige, der glaubt, sein Ansehen und sein Gehalt wüchsen, wenn er Personal hortet, also mehr Leute unter sich hat, der irrt gewaltig, denn gerade das Gegenteil ist der Fall.
- Das Jahrhundert der Alleinherrscher ist vorbei. Delegation von Verantwortung ist die Aufgabe des Managements unserer Zeit. Der Vorgesetzte kann Mitarbeiter aber nur entwickeln, indem er ihnen verantwortliche Arbeiten übergibt, er kann ihre Selbständigkeit nur fördern, wenn er ihnen Entscheidungsraum gibt.

- Der Einkaufsleiter ist einfach darauf angewiesen, daß seine Mannschaft von Facheinkäufern selbständig arbeitet und im Rahmen der vorgegebenen Ziele die notwendigen Entscheidungen selbst trifft.

»Die interessantesten Jahre meines Lebens stehen erst noch vor mir«, hielt Werner Otto an seinem 60. Geburtstag Gratulanten entgegen, in deren Glückwünschen teilweise schon ein wenig Jubilarverehrung mitschwang. Dennoch hat er die Weichen für die Zukunft seiner Unternehmensgruppe bereits gestellt. Seinem ältesten Sohn Michael, den er mit der Leitung des Geschäftsführungsbereiches Einkauf im Otto-Versand 1971 die erste größere Aufgabe übertrug, hat der Firmenchef die Rolle zugedacht, später einmal die Interessen der Familie im Versand- und Warenhausbereich wahrzunehmen. Den 50prozentigen Familienanteil am Otto-Versand brachte der Gründer schon 1970 in die zur Verwaltung des Familienvermögens eigens ins Leben gerufene »Otto AG für Beteiligungen« ein, deren Aktien je zur Hälfte bei Werner und Dr. Michael Otto liegen. Die Erbfolge des Immobiliengeschäfts mit den Einkaufszentren im Mittelpunkt regelte Otto dagegen zugunsten seiner noch jüngeren Kinder sowie seiner bereits verheirateten Tochter Ingvild, die ihrem Vater in den letzten Jahren auf dessen ureigenstem Gebiet »Konkurrenz« macht: Sie zog am Bodensee ein Versandgeschäft für moderne Grafik auf.

OSWALD PAULIG

## Vom Selbsthilfe-Verein zum Milliardenkonzern

An einem Junimorgen des Jahres 1967 erschienen im Hause des SPD-Fraktionsvorsitzenden der Hamburger Bürgerschaft und Chefs der Hamburgischen Wohnungsbaukasse, Oswald Paulig, drei übernächtigt wirkende, dunkel gekleidete Herren. Die Besucher, Vorstandsmitglieder der Hamburger Konsumgenossenschaft »Produktion«, allgemein »Pro« genannt, hielten sich nicht lange mit der Vorrede auf. Mit Kondolenzstimme eröffnete der Wortführer der kleinen Abordnung dem ahnungslosen Hausherrn: »Oswald, du mußt es machen!« Oswald Paulig machte es und wurde erster Präsident des Bundes Deutscher Konsumgenossenschaften.

Ohne Pauligs Ja-Wort (»Man hat mich, auf gut hamburgisch gesagt, schanghait«) wären die Genossen auf dem für den übernächsten Tag in die Bonner Beethovenhalle einberufenen Gründungskongreß des Bundes vermutlich in arge Verlegenheit geraten. Denn trotz fieberhafter Beratungen hatten sie sich nicht auf einen gemeinsamen Kandidaten für das höchste Amt einigen können. Ohne Klarheit über die Person des Präsidenten wäre aber die größte deutsche Konsumgenossenschaft, die »Pro«, nicht bereit gewesen, den feierlichen Gründungsakt mitzuvollziehen. Wäre jedoch die »Pro« nicht Mitglied geworden, dann hätten es wiederum andere große Genossenschaften vorgezogen, ebenfalls draußen zu bleiben.

Mit Oswald Paulig, seit Jahren Mitglied des Aufsichtsrates der »Pro«, hatten die Genossen in letzter Minute einen Mann gefunden, der sie nicht nur vor einer mißglückten Premiere bewahrte, sondern der auch den Willen mitbrachte, der führenden Unternehmensgruppe des deutschen Lebensmitteleinzelhandels (5100 Läden, Umsatz 1970: rund 5,6 Milliarden Mark) endlich eine zentrale Führungsspitze zu geben. Durch ideologischen Ballast und regionale Egoismen gehemmt, von dem durch die mächtige Mittelstandslobby beeinflußten Gesetzgeber gegängelt, verlor die Konsumbewegung in den letzten Jahren vor allem gegenüber den »kapitalistischen« Warenhäusern und Filialfirmen erheblich an Boden. Zu viele kleine Genossenschaften, rückgängige Mitgliederzahlen und damit sinkende Einlagen, mangelnde Abstimmung im Einkauf und ein zu schwach ausgeprägtes Gruppenprofil machten dem traditionsreichen »Konsum« gleichermaßen zu schaffen.

Oswald Paulig, als Präsident des neugegründeten Bundes selbst durch eine Reform in sein neues Amt berufen, machte sich ohne Zögern an die Aufgabe, das Unternehmen weiter zu reformieren. Schon auf dem Wiesbadener Kongreß des BdK im Frühjahr 1971 gewann er die Mehrheit der Genossen dafür, als zentrale Führungsgesellschaft der Gruppe eine nationale »co op AG« ins Leben zu rufen. Noch vor ein paar Jahren wäre er von den Tugendwächtern der Bewegung hierfür als Verräter der alten konsumgenossenschaftlichen Ideale angeprangert worden.

Über den Vorwurf, es mit dem Genossenschaftsgedanken nicht mehr ernst zu meinen, würde der nüchterne Sozialdemokrat vermutlich hoch erhaben sein. Für den 1922 in Bergedorf vor den Toren Hamburgs geborenen Oswald Paulig war es schon als Schüler selbstverständlich, ohne Murren eine halbe Stunde bis zur nächsten Verteilerstelle der »Pro« zu Fuß zu gehen, anstatt beim Krämer um die Ecke einzukaufen. Seine Mutter hatte während des Ersten Weltkriegs sogar einige Jahre als Verkäuferin in einem Konsumladen gearbeitet. Auch Vater Paulig, der als Geschäftsführer des »Bergedorf-Sander Volksblatts«, einer sozialdemokratischen Tageszeitung, tätig war, stand der Idee der genossenschaftlichen Selbsthilfe positiv gegenüber.

Als Sohn eines Sozialdemokraten hatte es Paulig auf der Bergedorfer Oberrealschule in dieser Zeit alles andere als leicht. Während seine dem Jungvolk oder der Hitler-Jugend beigetretenen Kameraden am Samstag, dem sogenannten »Staatsjugendtag«, zum Dienst hinausfuhren, mußte der junge Paulig gemeinsam mit den aus allen Klassen zusammengezogenen Nichtorganisierten, körperlich Behinderten, sowie Söhnen von Juden, Häftlingen und Vorbestraften in der Schule einen »nationalpolitischen Unterricht« über sich ergehen lassen. Auch wirtschaftlich stand es für den jungen Bergedorfer seit einiger Zeit nicht mehr zum besten. Seinen Vater hatten die Nationalsozialisten schon 1933 seines Postens enthoben. Doch obwohl er arbeitslos war, schickte der stolze Sozialdemokrat die Abgesandten des Winterhilfswerks, die ihm hin und wieder ein Spendenpaket überbringen wollten, stets unverrichteter Dinge wieder nach Hause. Mit dem Kassieren von Versicherungsbeiträgen mußte Oswald Paulig deshalb bereits als Elfjähriger sein erstes Geld verdienen. Als man ihn mit 14 Jahren zwangsrekrutierte, landete er deshalb auch bei der »Laufstellen-Jungenschaft« des Jungvolks, der alle Schüler und Lehrlinge angehörten, die während der Appellstunden arbeiten mußten.

Wie fast alle Abiturienten seines Jahrgangs, wurde auch Oswald Paulig nach der Schule im Jahre 1941 sofort eingezogen. Als Flugzeugführer war er mit seiner dem Oberkommando der Fallschirmtruppen unterstellten Staffel dazu ausersehen, an der geplanten Invasion in England teilzunehmen. Doch nicht die von der militärischen Führung erträumte Eroberung Britanniens verhalf Pauligs Staffel zu Kriegsruhm, sondern ein Unternehmen, über das der Sozialdemokrat nur widerwillig berichtet: Im September 1943 mußten er und seine Kameraden über dem Gran Sasso in den Abruzzen den Trupp Fallschirmjäger absetzen, der den nach seinem Sturz auf dem Campo Imperatore inhaftierten Mussolini befreite. Paulig: »Den Sinn der Aktion erfuhren wir jedoch erst später.«

In den letzten Kriegstagen wollte der inzwischen auf Heimatverteidigung umgeschulte Nachtjäger den Versuch machen, sich vom Fliegerhorst Püttnitz an der mecklenburgisch-pommerschen Grenze mit einer notdürftig startklar gemachten Maschine nach Schweden abzusetzen. Doch in der Nacht vor dem geplanten Start schossen Vorhuten der Roten Armee die Maschine in Brand. Paulig: »Das war mein Glück, denn die Schweden lieferten zu dieser Zeit alle deutschen Soldaten an die Russen aus.«

Zu Fuß kämpfte sich der Hamburger daraufhin in Richtung Heimat durch. Am 8. Mai, dem Tag der Kapitulation und gleichzeitig seinem 23. Geburtstag, ging er südlich von Mölln in britische Kriegsgefangenschaft. Mit einer schweren Angina, die er sich auf seinem langen Marsch geholt hatte, lieferten ihn die Engländer in ein Lazarett bei Schönningstedt, nur sieben Kilometer von seinem Elternhaus entfernt, ein. Um möglichst schnell wieder frei zu sein, ließ er sich von seiner Mutter, die ihn regelmäßig besuchen durfte, heimlich seine Uniform gegen Zivilkleidung eintauschen. Bevor er unbehelligt das Lazarett verließ, hatte er einen ihm wohlgesonnenen deutschen Stabsarzt dazu überreden können, den Briten ausnahmsweise einen »Abgang« mehr zu melden. Paulig: »Die Engländer hatten eine Heidenangst vor Epidemien und hüteten sich, die Toten nachzuzählen.«

## Studium bei Karl Schiller

Als sich Oswald Paulig im Oktober 1945 an der Hamburger Universität für Jura einschreiben wollte, erklärte man ihm, daß er hierzu noch ein Jahr zu jung sei. Der Numerus clausus war mit Rücksicht auf die älteren Kriegsjahrgänge eingeführt worden, die ihr Studium größtenteils unterbrochen hatten. Der Abgewiesene verfiel auf einen Trick: Er meldete sich statt bei den Juristen bei den Volkswirten an, die keine Beschränkung kannten, und belegte – in der Hoffnung, spätestens nach zwei Semestern umsteigen zu können – fleißig juristische Grundvorlesungen.

Doch es kam alles anders. Paulig, der neben seinem Studium bei einem Helfer in Steuersachen arbeitete, fand unerwarteten Gefallen an der Nationalökonomie und hängte die Juristerei schließlich an den Nagel. In besonders frischer Erinnerung sind ihm bis heute die Vorlesungen Karl Schillers geblieben, der mathematisch unbegabte Studenten mit ausgedehnten Abstechern in die Differential- und Integralrechnung zur Verzweiflung brachte. Ein anderer prominenter Sozialdemokrat, Helmut Schmidt, saß neben Paulig auf der Hörsaalbank. Gemeinsam gründeten sie mit anderen 1946 den Sozialistischen Deutschen Studentenbund (SDS) und büffelten zwei Jahre später zusammen für ihr Examen.

Durch seine Eltern lernte Oswald Paulig 1949 Gustav Dahrendorf, den führenden Kopf der deutschen Konsumgenossenschaften, kennen. Dahrendorf bot dem jungen Volkswirt eine Stellung als wissenschaftlicher Mitarbeiter in der Großeinkaufsgesellschaft Deutscher Konsumgenossenschaften (GEG) an. Paulig akzeptierte ohne lange zu zögern. Mit einem Anfangsgehalt von 325 Mark trat er als erster Akademiker in die Konsumzentrale am Besenbinderhof ein. 1951 schickte Dahrendorf Oswald Paulig für ein Jahr nach Stockholm. Er sollte aus der Nähe die in vieler Hinsicht als fortschrittlich gerühmten schwedischen Konsumgenossenschaften, die Kooperativa Förbundet, studieren. In der Kaffeeabteilung der zentralen Einkaufsgesellschaft lernte Dahrendorfs junger Mann die ersten Monate erst einmal, Kaffeemischungen zu kalkulieren. Dann fand er in der Geschäftsführung Gelegenheit zu beobachten, wie die Schweden kränklichen Genossenschaften wieder auf die Beine halfen, eine Aufgabe, die ihn später noch häufig beschäftigen sollte.

Wieder zu Hause, mußte sich der bereits 1945 in die SPD eingetretene Paulig einer politischen Aufgabe annehmen. Dahrendorf war gebeten worden, 1953 für den Bundestag zu kandidieren. Doch er lehnte höflich ab und schlug stattdessen Paulig als Kandidaten vor. Da in Hamburg alle Wahlkreise durch altgediente Abgeordnete besetzt waren, mußte Paulig den von vornherein aussichtslosen Versuch unternehmen, in Stade-Bremervörde gegen den volkstümlichen Heinrich Hellwege um den Einzug ins Parlament zu kämpfen. Wie erwartet, unterlag der Hamburger Außenseiter dem Chef der »Deutschen Partei«, der Adenauers erstem Kabinett angehört hatte. Es ist möglich, daß Pauligs politische Laufbahn einen anderen Verlauf genommen hätte, wenn er damals nach Bonn gegangen wäre. So aber blieb seine parlamentarische Arbeit bis heute auf den Stadtstaat an der Elbe beschränkt. Wenige Monate nach seiner Niederlage gegen Hellwege zog er, gerade 31 Jahre alt geworden, in die neugewählte Hamburger Bürgerschaft ein.

Der frühe Tod Gustav Dahrendorfs und ein einjähriger Aufenthalt in einem Sanatorium, wo er eine Tbc ausheilte, die er sich in Schweden zugezogen hatte, unterbrachen Oswald Pauligs Karriere in der Konsumgruppe zunächst einmal. Eine Zeitlang schien er sogar mit dem Gedanken zu liebäugeln, den Weg eines Berufspolitikers einzuschlagen. Doch eine lockende Aufgabe, mit der er 1961 konfrontiert wurde, änderte seine Pläne grundlegend. In der Hamburgischen Wohnungsbaukasse, die als Anstalt des öffentlichen Rechts für die Förderung des sozialen Wohnungsbaus zuständig ist, war ein Vorstandsposten vakant. Ein Kandidat für die Besetzung der Position war weit und breit nicht zu sehen.

Oswald Paulig hatte einige Jahre zuvor die ehrenamtliche Leitung der »Baugenossenschaft Bergedorf« übernommen und dadurch im Verband Gemeinnütziger Wohnungsbauunternehmen mitgearbeitet, an dessen Spitze sein Parteifreund Paul Nevermann stand. So wie er ein paar Jahre später von den drei »Pro«-Genossen »schanghait« wurde, nahm ihn jetzt Nevermann in die Pflicht. Ergebnis: Paulig trat zum 1. Januar 1961 in die Hamburgische Wohnungsbaukasse ein und blieb dort – die letzten vier Jahre als Vorstandsvorsitzender – bis zu seiner Berufung als Präsident des Bundes Deutscher Konsumgenossenschaften. Paulig: »Es war der bitterste Schritt meines Lebens, die Wohnungsbaukasse, die in dieser Form allein mein

Werk war, zu verlassen und in etwas Ungewisses hineinzugehen.«

Welchen Weg hatten die Konsumgenossenschaften in Deutschland bis zu dem Tage zurückgelegt, da der 45jährige Hamburger an ihre Spitze trat? Leider sind uns aus den Anfängen der Bewegung nur wenige Zeugnisse überliefert. Der erste Zusammenschluß war wohl jener »Spar- und Consumverein Ermunterung«, den Spinner und Weber der »Aktienspinnerei« in Chemnitz 1845 gründeten, »um die nötigen Lebensmittel durch größere Einkäufe billiger zu beschaffen und die hierzu nötigen Geldmittel durch wöchentliche Steuern aufzubringen«. Als Keimzelle einer Massenbewegung sächsischer Arbeiter darf man sich den Verein allerdings nicht vorstellen. Nach den erhalten gebliebenen Dokumenten muß es sich um einen ziemlich verspießerten Einkaufszirkel gehandelt haben. Mitglieder konnten nur Verheiratete und Witwen werden, die überdies in Chemnitz wohnen und sich »eines guten Rufs erfreuen« mußten.

Kein Wunder, daß von den »Ermunterungs«-Gründern nicht annähernd soviel sozialreformerische Inspiration ausging wie ein Jahr zuvor von den berühmten »Redlichen Pionieren von Rochdale«, jenen englischen Flanellwebern, auf die sich Genossenschaftler in aller Welt ein Jahrhundert lang wie Gläubige auf ihre Propheten berufen haben. 28 Arbeiter waren es, die sich in der düsteren Fabrikstadt Rochdale, nicht weit von Manchester entfernt, mit dem Ziel zusammenschlossen, ihre Lebensmittel gemeinsam einzukaufen, Fertigungsbetriebe für arbeitslose Kollegen einzurichten, eigene Wohnungen für Mitglieder zu bauen und ein eigenes Gasthaus zu eröffnen, in dem nur alkoholfreie Getränke ausgeschenkt werden sollten.

Drei Pence wöchentlich zahlten die Mitglieder in die Vereinskasse ein; als sie drei Pfund zusammen hatten, mieteten sie im Erdgeschoß eines alten Lagerhauses in der Krötengasse einen kleinen Laden mit selbstgezimmerten Regalen. »Hurra, heute haben die verrückten Weber ihren Laden aufgemacht«, spotteten die Gassenjungen, als die »Redlichen Pioniere« drei Tage vor Weihnachten ihre Verkaufsstelle in Betrieb nahmen. 1851 richteten die Arbeiter noch eine Bücherei und einen Leseraum, ein weiteres Jahr später sogar eine Schneider- und Schusterwerkstatt ein. Von ihrem erwirtschafteten Gewinn zahlten die Pioniere zunächst Zinsen auf die Einlagen ihrer Mitglieder, was dann noch übrigblieb, wurde teils als Rückvergütung im Verhältnis der Einkäufe ausgeschüttet, teils einem Reservefonds zugeführt.

## Kampf nach allen Seiten

Als offene Genossenschaft wie der Verband der »Redlichen Pioniere von Rochdale« war die »Eilenburger Lebensmittel-Association« konzipiert, die drei Männer – ein Buchbinder- und ein Färbermeister sowie der Privatsekretär eines Rechtsanwalts – 1848 in der sächsischen Provinzstadt Eilenburg bei Leipzig ins Leben riefen. Es war der erste Versuch von Verbrauchern in Deutschland, die Selbstversorgung mit Lebensmitteln auf genossenschaftlicher Grundlage zu organisieren. 17 Tage nach ihrer Gründung hatte die Association bereits 318 Mitglieder. Der lokale Kleinhandel versuchte mit allen Mitteln, die Behörden gegen die Genossenschaft aufzuhetzen. Wiederholt erhoben sie gegen die Selbsthilfe-Organisation den Vorwurf, sie beliefere insgeheim auch Nichtmitglieder. Die Anschuldigungen nahmen teilweise groteske Formen an. So heißt es in einer Eingabe: »Zum Beispiel hat ein Bier- und Brandeweinschankwirth mehrmals Häringe einzeln als Associationsmitglied entnommen und diese wieder anderen Personen abgelassen.«

Den Feinden der Eilenburger Genossenschaft gelang es, durch gezielt ausgestreute Gerüchte Zwietracht zwischen den Mitgliedern und ihrem Vorstand zu säen. Eine turbulente Vollversammlung im Jahre 1852 kündigte bereits das frühe Ende der Association an. In einem überlieferten Polizeibericht heißt es über die denkwürdige Sitzung:

»Das Benehmen einzelner Mitglieder war so aufbrausend, daß zu befürchten stand, sie würden über die Vorsteher herfallen und diese durchprügeln. Der Kattundrucker Thiele stieß hierbei die gemeinsten Reden aus. Der Vertheiler der Gesellschaft Buchbindermeister Fritzsche hier war so hitzig, daß er hinter dem Tische, wo er gesessen, hin und her brauste, dabei einen Stuhl umschmiß und in den heftigst ausgesprochenen, ja ausgeschriehenen Worten den Nutzen der Association vertheidigte. Wohl 10 Mitglieder kamen heftigst an den Tisch, wo die Association Vorstandsmitglieder saßen, heran und brüllten dieselben an ... Um ferneren Ungezogenheiten und einer zu gewärtigen Schlägerei vorzubeugen, wurde die Versammlung aufgelöst.«

Es ist keinesfalls untypisch, daß sich unter den Initiatoren der Eilenburger Genossenschaft kein Arbeiter befand. Anders als in England, wo Arbeiter die Initiative ergriffen, organisierten sich in Deutschland nach den Intentionen von Schulze-Delitzsch vor allem Angehörige des gewerblichen Mittelstands. Viel zu der anfänglichen Zurückhaltung der Arbeiterschaft gegenüber den Konsumgenossenschaften trug zweifellos die Reserve oder gar offene Ablehnung bei, mit der die Führer der proletarischen Bewegung den freiwilligen Selbsthilfeorganisationen gegenüberstanden. Ihr Wirken, so fürchteten sie, werde die Arbeiter vom Ziel der proletarischen Machtergreifung ablenken und damit ihre revolutionäre Energie schwächen. Karl Marx verspottete die Genossenschaften schlicht als »Kooperativ-Krämereien«; Ferdinand Lassalle sprach ihnen jede Bedeutung für die Lösung der sozialen Frage ab, weil sie den Arbeiter nur vor dem Wucher der Händler, nicht aber vor der Ausbeutung durch die Produzenten schütze.

Erst die Revisionisten, an ihrer Spitze Bernstein und David, haben gegen Ausgang des 19. Jahrhunderts in der SPD den Boden für die Anerkennung der Konsumgenossenschaften bereitet. Nicht umsonst setzte erst um diese Zeit die große Gründungswelle ein: Hatte sich die Zahl der Genossenschaften von 1880 bis 1890 nur von 195 auf 263 erhöht, so waren zehn Jahre später 568 Gruppen registriert.

## Lieferboykott der Industrie

Um ihre Einkaufsmacht zu stärken, hatten die Genossen bereits im Jahre 1896 die »Großeinkaufs-Gesellschaft« (GEG) gegründet, die sich nicht gerade des Wohlwollens der Industrie erfreute. Als die GEG Pläne entwickelte, eine eigene Fabrikation aufzubauen, kam es zum Kampf. Um die lästige Konkurrenz auszuschalten, verhängte der »Verband der Fabrikanten von Markenartikeln« über die Konsumgenossenschaften einen Lieferboykott. Der Feldzug endete für die Produzenten jedoch mit einer peinlichen Niederlage, weil sich nur ein Teil der Mitgliederfirmen an der Aktion beteiligte. Nach dem Bau einer Seifenfabrik in Aken bei Dresden im Jahre 1910 nahm die GEG nach ihrem Sieg in rascher Folge Fertigungsbetriebe für Zigaretten, Zündhölzer, Bekleidung und Kaffee in Betrieb; sogar eine eigene Weinkellerei, eine Fischräucherei und eine Käserei legten sich die Genossen zu. Im Jahre 1920 produzierte die GEG bereits in 20 Betrieben; von den 500 Millionen Mark, die das Unternehmen 1929 umsetzte, stammten etwa ein Viertel aus der Eigenproduktion.

Mit dem Beginn der Weltwirtschaftskrise und dem Erstarken des Nationalsozialismus mündete die Entwicklung der Konsumgruppe jedoch in einen langen Leidensweg. Die starke Krisenanfälligkeit, die viele Genossenschaften in dieser Situation verrieten, enthüllte gleichzeitig auch erhebliche Fehler in der Geschäftspolitik. Man hatte sich, wie es im Verbandsbericht heißt, »dazu verleiten lassen, die Stärkung der eigenen Betriebsmittel ein wenig zu vernachlässigen«; ein großer Teil der Anlageinvestitionen war mit Spareinlagen finanziert worden. Als nun in der Krise so viele Mitglieder ihre Einlagen abzogen, daß die Gesamtbestände aller Konsumgenossenschaften von 1931 auf 1932 um nicht weniger als 30 Prozent zurückgingen, löste dies vielerorts akute Liquiditätsschwierigkeiten aus. Die GEG und 547 Genossenschaften mußten eine »Notgemeinschaft« ins Leben rufen, die zur Stützung notleidender Organisationen 15 Millionen Mark mobilisierte.

Die Nazis konnten in ihrer Agitation gegen die Konsumgenossenschaften an tiefwurzelnde mittelständlerische Ressentiments appellieren. Sie beließen es aber nicht bei Worten: Am 2. Mai 1933 besetzten SA-Trupps das Verwaltungsgebäude des Zentralverbandes Deutscher Konsumgenossenschaften in Hamburg, drei Tage später erklärte sich der Gauinspekteur der NSDAP als neuer Führer der GEG. Aus dem ganzen Reich wurden Übergriffe gegen Einrichtungen der Gruppe gemeldet. Robert Ley, Führer der Deutschen Arbeitsfront, der am 15. Mai 1933 die Konsumgenossenschaften seiner Kontrolle unterstellt hatte, sah sich zu einer scharfen Anordnung an die Parteigliederungen veranlaßt:

»Unverantwortliche Elemente treiben ihr Spiel. Im Einvernehmen mit dem Stellvertreter des Führers, Pg. Hess, wird folgendes verfügt: Jede Einzelaktion gegen Konsumvereine oder gegen die eingesetzten Beauftragten in den Konsumvereinen ist strengstens untersagt. Jeder Parteigenosse, der sich an solchen unverantwortlichen Aktionen beteiligt, wird aus der Partei ausgeschlossen. Darüber hinaus hat mich der Herr Innenminister Wagner gebeten, ihm in Bayern jeden Störenfried dieser Art namhaft zu machen, damit er augenblicklich verhaftet wird. Daß durch solche Eingriffe eine halbe Million Menschen brotlos würden, scheint diesen selbstsüchtigen Elementen gleichgültig zu sein.«

Um das Schicksal der Verbrauchergenossenschaften, wie die Konsumvereine unter dem neuen Regime hießen, kam es hinter den Kulissen zu einem heftigen Tauziehen. Der von den Mittelstandsideologen der NSDAP lebhaft unterstützte Versuch der »Reichsgruppe Handel«, die Auflösung der Organisation durchzusetzen, scheiterte zunächst am Widerstand von Reichswirtschaftsminister Hjalmar Schacht, der durch eine solche Aktion die Spargelder der Mitglieder gefährdet sah. Die Herren begruben ihren Streit schließlich durch einen Kompromiß: Überschuldete oder – wie es im amtlichen Sprachgebrauch hieß – »lebensunwerte« Genossenschaften sollten liquidiert werden. Ein im Mai 1935 erlassenes Dekret schuf die Voraussetzung für die Auflösung von 72 überwiegend größeren Konsumvereinen. Die gleichgeschaltete Bewegung verlor dadurch auf einen Schlag mehr als eine halbe Million Mitglieder, fast ein Drittel ihrer Anhängerschaft, und mußte sich aus so bedeutenden Städten wie Bielefeld, Chemnitz, Dresden, Hannover, Kiel, Lübek, Münster, Oldenburg, Osnabrück, Plauen, Wuppertal und Zwickau ganz zurückziehen.

Arbeitsfrontführer Robert Ley war damit jedoch noch längst nicht am Ziel seiner Wünsche. Auf sein Betreiben hin wurden Anfang 1941 alle noch bestehenden Verbrauchergenossenschaften aufgelöst und ihre Einrichtungen auf das »Gemeinschaftswerk der Deutschen Arbeitsfront GmbH« übertragen. Ein Reinvermögen von mehr als 300 Millionen Mark, das Ergebnis des Selbsthilfewillens vor allem weniger gut gesteller Schichten, wurde auf diese Weise ohne angemessene Entschädigung enteignet. Denn die Geschäftsguthaben, die Ley den Mitgliedern der Genossenschaften zurückerstattete, machten nur einen kleinen Teil ihres Gesamtvermögens aus. Unter der Regie der DAF wurden die mehr als 1500 Verbrauchergenossenschaften mit ihren etwa 12 000 Verkaufsstellen 1944 in 135 regionalen Versorgungsringen organisiert. Nach dem Endsieg, so träumten Ley und Genossen, sollten die Verkaufsstellen einmal verdienten Kriegsteilnehmern übergeben werden . . .

Die alliierten Sieger einte keine übereinstimmende Vorstellung von der Zukunft der deutschen Konsumgenossenschaften. Die Russen beeilten sich, sie als Grundpfeiler sozialistischer Planwirtschaft wiederzubeleben. Die Franzosen schien auch in dieser Frage keine Eile zu treiben. Aber selbst Briten und Amerikaner gingen in ihren Besatzungszonen unterschiedlich vor. Während unter der Kontrolle der Amerikaner neue Konsumgenossenschaften innerhalb der Grenzen der von der Arbeitsfront errichteten »Versorgungsringe« und nicht mehr wie vor dem Krieg auf lokaler Ebene gegründet wurden, schossen in der britischen Zone Zwerggenossenschaften wie Pilze aus dem Boden. Die Londoner Labour-Regierung hatte ihren Besatzungsbehörden eigens den Genossenschaftsoffizier William Pascoe Watkins attachiert. So verdienstvoll seine Arbeit am Wiederaufbau der Bewegung war, so sehr hat sein an die Ideen der Redlichen Pioniere von Rochdale anknüpfendes Konzept zu einer heillosen Zersplitterung der Organisation vor allem in Niedersachsen geführt. Noch 1970 gehörten dem BdK 41 Genossenschaften mit jeweils nur einem Laden an.

Im Jahre 1948 gab es in den drei Westzonen bereits wieder 244 Konsumgenossenschaften. Inzwischen hatte der Alliierte Kontrollrat auch die Rückgabe des von den Nazis enteigneten Vermögens angeordnet. Doch erst Ende 1954 war das schwierige Werk der Entflechtung abgeschlossen; mit der Löschung des Gemeinschaftswerks im Handelsregister wurden mehr als neun Jahre nach Kriegsende die letzten Spuren der NS-Herrschaft in der konsumgenossenschaftlichen Bewegung beseitigt.

## Ein harter Schlag aus Bonn

Aber nicht dieser mehr formale Schlußakt, sondern zwei andere Ereignisse des Jahres 1954 markieren in der Entwicklung der Gruppe einen entscheidenden Einschnitt. Durch eine Novelle des Genossenschaftsgesetzes durften Konsumläden erstmalig auch an Nichtmitglieder verkaufen. Gleichzeitig wurde der Rückvergütungssatz für Genossenschaften auf den gesetzlich festgelegten Höchstrabatt von drei Prozent beschränkt. Das war für die Organisation ohne Frage ein harter Schlag, denn der Zustrom neuer Mitglieder – allein von 1949 bis 1954 kamen mehr als eine Million hinzu – hatte seine Ursache vor allem in den hohen Umsatzrückvergütungen. So gewährte die »Pro« traditionell vier Prozent, die Genossenschaft Dortmund sechs und ihre Düsseldorfer Schwestergruppe sieben Prozent; in einigen Gebieten der Bundesrepublik kassierten die Mitglieder am Ende des Jahres auf ihre Einkäufe sogar elf und zwölf Prozent Vergütung.

Da die Hausfrau fast in jedem beliebigen Lebensmittelladen drei Prozent Rabatt erhielt (und dies nicht erst am Jahresende), hatte der

Gesetzgeber den Konsumgenossenschaften die entscheidende Attraktivität genommen, was zweifellos auch seine Absicht war. Auf andere finanzielle Segnungen können Konsumgenossen ohnehin nicht hoffen, denn ein Genossenschaftsanteil ist nach dem Gesetz unverzinslich. Wer beispielsweise im Jahre 1905 mit einer Einlage von 50 Mark in einen Konsumverein eintrat und heute ausscheidet, erhält diese 50 Mark und keinen Pfennig mehr zurück.

Die Geschäftsguthaben repräsentieren jedoch nur einen Bruchteil des wirklichen Vermögens der Gruppe. In der addierten Bilanz aller Konsumgenossenschaften für 1970 stehen 70 Millionen Mitgliederguthaben 280 Millionen Mark offenen Rücklagen gegenüber. Jeder Teilhaber einer Kapitalgesellschaft hätte Anspruch auf ein Vielfaches von dem, was ein Genosse bei der Realisierung seines Anteils erwarten kann. Mit wachsender Bedeutung der Selbstfinanzierung erhöhte sich das außerhalb der Verfügungsgewalt der Mitglieder liegende »anonyme« Vermögen der Konsumgenossenschaften rapide.

Konnte die Gruppe trotz der limitierten Rückvergütung in den folgenden Jahren noch eine – wenn auch geringere – Zunahme ihres Mitgliederbestandes melden, so ließen sich von 1962 an immer mehr Genossen ihre Geschäftsguthaben auszahlen. Um fast 500 000 auf 2,1 Millionen Mitglieder schrumpfte die Anhängerschaft des Konsums in der Zeit von 1962 bis Ende 1970 zusammen. Betrugen die Geschäftsguthaben, in Relation zur addierten Bilanzsumme aller Genossenschaften, 1962 noch rund zwölf Prozent, so ging dieser Satz bis 1970 auf sechs Prozent zurück. Der Exodus der Mitglieder war zuletzt eine Folge des Übergangs vieler Genossenschaften von der Rückvergütung für Mitglieder zum Rabatt für alle und später vielfach sogar zu Nettopreisen. Dieser Schritt, mit dem sich die Genossenschaften unter dem zunehmenden Konkurrenzdruck breiteren Käuferschichten öffnen wollten, bedeutete praktisch der Abschied vom Prinzip der Mitgliederförderung, das die Väter der Bewegung einst auf ihre Fahnen geschrieben hatten. So hat die unter »GVG« firmierende Konsumgenossenschaft Berlin, die Ende der fünfziger Jahre als erste große Gruppe das Rückvergütungssystem aufgab, heute nur noch 9000 Mitglieder. Das entgegengesetzte Extrem ist die strikt am alten Prinzip festhaltende Hamburger »Pro«, in deren Mitgliederlisten 230 000 Namen verzeichnet sind.

Einen erheblichen Abzug von Geschäftsguthaben mußten die Genossenschaften gerade zu einer Zeit verkraften, als sie zur Modernisierung ihrer Läden hohe Investitionen zu finanzieren hatten. Dabei hatte die Gruppe gegenüber ihren Konkurrenten, vor allem Filialfirmen und Kettenhändlern, einen weiten Rückstand aufzuholen. Denn bis 1954, als die Konsumläden das Recht erhielten, auch Nichtmitglieder zu bedienen, hatte sich der Verkauf überwiegend in unscheinbaren Ladenlokalen fern der belebten Geschäftsstraßen abgespielt. In dem Moment, als sie um die Gunst des breiten Publikums warben, mußten sie ihr selbstgewähltes Schattendasein aufgeben.

Um ihr Ladennetz zu reformieren, waren die Genossenschaften gezwungen, sich in hohem Maße fremdzufinanzieren. Schon im Jahre 1960 waren die meisten ihrer Grundstücke bis an die Grenzen der Beleihungsfähigkeit belastet. Sicherlich hätte eine ganze Anzahl von Konsumgruppen liquidieren müssen, wenn die GEG nicht wiederholt Verluste abgedeckt, gefährdete Projekte aufgefangen und für Kredite von insgesamt mehr als 100 Millionen Mark eine Bürgschaft übernommen hätte. Wo die Genossenschaften größere Vorhaben aus Mangel an Geld und Know How nicht in Angriff nehmen konnten, schaltete sich die GEG direkt ins Einzelhandelsgeschäft ein. So begann die Gesellschaft schon 1952 mit dem Aufbau einer Möbelkette, die 1970 an 31 Plätzen der Bundesrepublik 82 Millionen Mark umsetzte. Ein Jahr später startete die GEG ein Versandgeschäft, das 1966 zum Bau des Verbrauchsgüterzentrums in Kamen führte, von wo nicht nur Pakete verschickt, sondern die Konsumgenossenschaften auch mit Nicht-Lebensmitteln beliefert werden. Allein oder gemeinsam mit örtlichen Gruppen baute die GEG überdies mehr als 25 Kleinkaufhäuser (»coop-Center«) sowie fünf »Plaza«-Warenhäuser in Porz bei Köln, Esslingen, Brühl bei Mannheim, Berlin und Lübeck.

Um ihrer Organisation zusätzliche Finanzierungsquellen zu erschließen, gründeten die Konsumgenossenschaften Mitte 1966 den co op-Immobilienfonds, den sie außer über Banken auch über ihre Läden vertreiben und der sich zu einem der begehrtesten Anlagetitel entwickelte. Innerhalb von nur fünf Jahren setzten Fondsmanager 1,1 Millionen Anteile ab, die durch Wertzuwachs und Ausschüttungen auf eine Durchschnittsrendite von jährlich 10 Prozent kamen. Das Fondsvermögen (Mitte 1971: rund 137 Millionen Mark) ist nicht nur in Supermärkten und Einkaufszentren, sondern darüber hinaus in Wohn- und Geschäftshäusern festgelegt.

## Alarmierende Zahlen

Vereinzelte Erfolge konnten jedoch nicht über die insgesamt schwierige Lage der Konsumgenossenschaften hinwegtäuschen. Ihr Marktanteil im deutschen Lebensmitteleinzelhandel, der noch 1955 bei 9,5 Prozent lag, ging bis 1967 auf 8,1 Prozent zurück; in derselben Zeit verbesserten die Filialisten ihre Quote beispielsweise von 10 auf 14 Prozent. Gegen die am Markt auftrumpfenden Giganten fand die in sich zersplitterte Konsumgruppe keinen Weg, die spezifischen Vorteile eines Großbetriebs, vor allem die Beschäftigung eines qualifizierten Managements und die Konzentration des Warengeschäfts, zu nutzen. Der Zentralverband Deutscher Konsumgenossenschaften (ZdK) als Gruppenspitze war ein reiner Prüfungsverband und besaß keinerlei Handhabe, in die autonomen Führungsrechte der ihm angeschlossenen Mitglieder einzugreifen.

Bereitschaft, ihre in den alten Strukturen erstarrte Organisation zu modernisieren, ließen die regionalen Genossenschaftler erst in dem Augenblick erkennen, als auch die GEG nach Jahren der Expansion in eine Krise geriet. Die 1965 eingesetzte »Reformkommission« unter Leitung des Marburger Genossenschaftlers Professor Kirsch kam bei ihrer Bestandsaufnahme nicht gerade zu schmeichelhaften Ergebnissen. »Jedes Glied der Organisation«, so heißt es in ihrem Abschlußbericht, »nimmt – zuweilen mehr schlecht als recht – seine eigenen Interessen wahr, darauf vertrauend, eine Art automatischen Ausgleichs werde schon dafür sorgen, daß die Gesamtorganisation letztlich auch im Zeichen einer solchen unvollkommenen inneren Verfassung schon gedeihen werde.«

Die Kommission schlug vor, den alten Zentralverband durch einen »Bund deutscher Konsumgenossenschaften« mit Richtlinienkompetenzen zu ersetzen, der auch das Recht haben solle, bei der Besetzung von regionalen Vorständen mitzuwirken. Schwierigkeiten machte die Gründung des Bundes vor allem deshalb, weil die »Pro« wenig Neigung verspürte, sich in entscheidenden Fragen ihrer Geschäftspolitik irgendwelche Fesseln anlegen zu lassen. Überdies waren die stolzen Hamburger Genossen nicht bereit, im Interesse einer von den Reformern empfohlenen einheitlichen Firmierung auf ihren traditionsreichen Namen zu verzichten, den sie auch heute noch neben dem 1969 für die gesamte Gruppe eingeführten »co-op«-Emblem verwenden.

Um die »Pro« für das Reformwerk zu gewinnen, erklärte sich der Vorstand des Zentralverbandes bereit, sie von einigen in der Satzung des geplanten Bundes niedergelegten Pflichten zu suspendieren.

Als aussichtsreicher Anwärter auf das Amt des Präsidenten galt der von Professor Kirsch ins Spiel gebrachte Kanzler der Marburger Universität, dem der Ruf vorausging, eine besonders geübte Hand im Umgang mit heterogenen Gruppen zu besitzen. Dem »Pro«-Vorstand ging es dagegen mehr darum, den besonderen Status der größten Einzelgenossenschaft (Umsatz 1970: fast 544 Millionen Mark) durch die Wahl eines verständigungsbereiten Präsidenten zu sichern. Ehe sich die taktisch klug vorgehenden Hanseaten die Bereitschaft abringen ließen, an der Gründung des Bundes mitzuwirken, schlugen sie als Kandidaten den überraschten Genossen ihr Aufsichtsratsmitglied Oswald Paulig vor. Paulig, der vor seiner Nominierung in weiten Kreisen der Konsumgenossenschaften ein unbeschriebenes Blatt war, ist sicherlich alles andere als ein »Pro«-höriger Präsident geworden; doch die einzigartige Stärke der »Pro« (ihr gehört in Hamburg jede dritte Familie an) gab ihm bislang wenig Veranlassung, mit seinen Reformbestrebungen an der Elbe besonders aktiv zu werden.

In seinem neuen Amt erkannte Oswald Paulig sehr schnell, daß Richtlinien allein kein wirkungsvolles Mittel waren, um die Bildung optimaler Unternehmensgrößen mit dem nötigen Nachdruck voranzutreiben. Er konnte die Genossenschaften zwar auf die Beachtung bestimmter Regeln beim Bau neuer Läden und Lager festlegen; um sie jedoch zu einer Fusion mit der Nachbargenossenschaft zu bewegen, war er allein auf seine Überzeugungskraft angewiesen. Der Elan, mit dem Paulig die Zusammenführung kleinerer Gruppen zu regionalen Organisationen betrieb, ließ schon bald eindrucksvolle Erfolge sichtbar werden: Existierten bei seinem Amtsantritt noch 179 Genossenschaften, so sank diese Zahl bis Mitte 1971 auf 130.

Unter Pauligs Regie schlossen sich sogar so starke Genossenschaften wie Düsseldorf, Köln und Wuppertal zusammen. Frankfurt, Bischofsheim und Darmstadt bilden seit 1971 einen einzigen Verband »Hessen Süd«. Im Schwäbischen fusionierten Stuttgart, Heilbronn, Esslingen und Reutlingen. Durch den Hinzutritt weiterer Gruppen soll sich die Großgenossenschaft zu einer Region Württemberg ausdehnen. Auch Nord- und Südbayern, wo heute noch eng begrenzte

Zuständigkeitsbereiche die Entstehung starker Großunternehmen verhindern, werden von jeweils einem Punkt aus regiert werden. Das gleiche gilt für Schleswig-Holstein. Um das Regionalisierungsprogramm, wie geplant, bis Ende 1973 zu verwirklichen, ließ der eilige BdK-Präsident zahlreiche Genossenschaftsvorstände sogar aus dem Urlaub rufen, um mit ihnen auf halben Wege die nächsten Schritte zu beraten. Wenn Paulig am Ziel ist, soll es im ganzen Bundesgebiet nur noch 20 starke co op-Regionen geben.

Während Paulig an der Realisierung seines Fusionsmodells arbeitete, entwickelten einzelne Genossenschaften selbständig Pläne, sich von ihren finanziellen Problemen durch die Gründung von Aktiengesellschaften zu befreien oder sogar selbst die Rechtsform einer AG anzunehmen, wie es beispielsweise die co op Stuttgart oder die Asko Saarpfalz, Deutschlands drittgrößte Konsumgenossenschaft, anstrebten. Um zu verhindern, daß jeder einzelne Vorstand ohne Rücksicht auf die Interessen der gesamten Gruppe seinen eigenen Weg ging, übernahm Oswald Paulig, unterstützt von GEG-Chef Dr. Werner Peters, selbst die Initiative und kündigte auf dem Berliner Bundeskongreß 1970 Vorschläge für eine »neue Ordnung der Unternehmensgruppe »co op« an. Bis zur Diskussion eines klaren Reformkonzepts auf einem außerordentlichen Kongreß im Frühjahr 1971 sollten sich, wie es in einer Entschließung hieß, »alle Gruppenmitglieder eigener Umwandlungsinitiativen enthalten«.

Bis auf eine hielten sich alle Genossenschaften an diesen Beschluß: Auf eigene Faust handelten die eigenwilligen Asko-Genossen, die die Umwandlung in eine AG vollzogen. Hatten sich die Reformer in der Hamburger co op-Zentrale entsprechend dem Auftrag des Berliner Bundeskongresses zunächst ebenfalls mit der Gründung regionaler Aktiengesellschaften beschäftigt, so überzeugte sie bald ein schwerwiegender Nachteil von der Unzweckmäßigkeit einer solchen Lösung. 20 von Hamburg aus schwer zu beeinflussende regionale Aktiengesellschaften hätten kaum zu der erforderlichen Straffung der Gruppe beigetragen. Auch ein Gewinn- und Verlustausgleich, wie er in einem Konzern möglich ist, hätte sich zwischen den selbständigen AGs nicht verwirklichen lassen. Dies jedoch ist eines der Hauptziele Pauligs: »Es ist auf die Dauer nicht vertretbar, daß Teile der Gruppe 30 Millionen Mark Verlust machen und andere den gleichen Betrag zum Finanzamt tragen.«

Aus diesen Gründen gewannen innerhalb der coop-Führungsgremien sehr schnell Pläne Gestalt, eine zentrale Holding in der Rechtsform einer Aktiengesellschaft zu gründen, die vor allem eine Führungs- und Kapitalsammelfunktion ausüben soll. Da Genossenschaften nicht beherrschbar sind, sieht das Reformkonzept die Gründung von 20 regionalen Betriebsgesellschaften in der Form der GmbH vor, auf die das eigentliche Handelsgeschäft übergeht und an deren Kapital die zentrale co op AG mit 51 und die jeweilige Genossenschaft mit 49 Prozent beteiligt sind.

Die Genossenschaften ihrerseits halten 51 Prozent der Aktien der co op AG und bestimmen in dem aus den 20 Regionalbossen gebildeten »Führungsrat« aktiv die Politik der Gruppe mit. Es besteht kein Zweifel, daß der co op AG allein schon durch ihre finanzielle Potenz gegenüber den mit Eigenkapital nicht üppig ausgestatteten Regionalgenossenschaften eine zunehmende Führungsrolle zuwachsen wird. Immerhin sollen sich an der co op AG bis zu 49 Prozent befreundete Unternehmen wie die Bank für Gemeinwirtschaft und die Volksfürsorge beteiligen. Die nach einer späteren Kapitalerhöhung geplante Ausgabe von stimmrechtslosen Vorzugsaktien mit garantierter Dividende an Mitglieder und Beschäftigte von Genossenschaften wird der Gesellschaft nochmals erhebliche Mittel zuführen.

Mit dem von ihm auf dem Wiesbadener Bundeskongreß 1971 vorgetragenen Konzept trug Oswald Paulig der Tatsache Rechnung, daß die Gruppe, nur um ihren Marktanteil zu halten, in den nächsten Jahren Investitionen vornehmen muß, die die Genossenschaften allein nicht mehr finanzieren können. Paulig: »Die Genossenschaft wurde als regionale, durch das Mitglied direkt beeinflußbare Personenvereinigung geschaffen; für Unternehmen mit 200 oder 300 Millionen Mark Umsatz ist sie nicht mehr die passende Rechtsform.« Für einen gesellschaftspolitisch engagierten Mann wie Oswald Paulig dürfte bei seinem entschlossenen Schritt zur AG nicht zuletzt die groteske Situation eine Rolle gespielt haben, daß die aus dem Gedanken der Mitgliederförderung heraus entstandenen Genossenschaften ihrem Förderungsauftrag heute weniger gerecht werden als eine Kapitalgesellschaft, weil sie, so Paulig, »das Recht daran hindert, ihren über zwei Millionen Mitgliedern den mit ihrem Geld erwirtschafteten Vermögenszuwachs zuzuschreiben«. Es ist nur ein scheinbarer Widerspruch, daß der Mann, der die genossenschaftliche Hülle so unpathetisch beiseite legte, die Rückvergütung wieder zu einem anerkannten »genossenschaftlichen Förderungsinstrument« machen möchte. Er ist davon überzeugt, damit mehr zu bieten als jedes andere Unternehmen. Paulig: »Wo haben Sie einen Aktionär in einer normalen AG, der auch ein Umsatzinteresse hat, der also in den Genuß eines Kapitalertrages und zustäzlich noch einer Umsatzrückvergütung kommt?«

Oswald Paulig ist einer der wenigen Wirtschaftler, die heute aktiv in der Politik stehen. Zur Übernahme des Präsidentenpostens erklärte er sich 1967 nur unter der Bedingung bereit, das zeitraubende Amt des Fraktionsvorsitzenden der SPD in der Hamburger Bürgerschaft (das er 1970 schließlich doch mit dem Vorsitz im SPD-Landesverband Hamburg tauschte) weiter ausüben zu können. Wenn ihm in dieser Zeit Freunde scherzhaft vorhielten, er würde selbst für den Heiligen Abend noch Termine annehmen, konterte er mit hanseatischem Humor: »Aber nicht mehr für diesen.«

Pauligs politische Verpflichtungen beschränken sich nicht allein auf die festen Termine – die regelmäßig am Montagmorgen stattfindende Sitzung des SPD-Landesvorstandes, die Besprechung der Fraktionsspitze am Freitagvormittag und die an jedem zweiten Mittwoch um 16 Uhr beginnende Sitzung der Bürgerschaft. Um diese Termine ranken sich zahllose Einzelgespräche, Konferenzen und Reisen. Ohne Zweifel erleichtert Oswald Paulig die souveräne Beherrschung des politischen Geschäfts die Führung der im Vergleich zu »kapitalistischen« Unternehmen eher schwerfälligen coop-Gruppe erheblich. Er ist zwar nicht gerade ein mitreißender Redner, dafür aber – wie allgemein gerühmt wird – ein Meister der Diskussion in kleinem Kreise. Er stößt schnell zum Kern des Problems vor und hat, wenn er sich in dem betreffenden Gremium einer Mehrheit sicher ist, nicht den Ehrgeiz, auch noch den letzten zu überzeugen.

An Paulig ist nichts von der Attitüde eines Konzernchefs. Anstatt führende Mitarbeiter zu sich zu zitieren, taucht er in den Abteilungen seines Hauses persönlich auf und informiert sich an Ort und Stelle. Einmal in der Woche tagt der fünfköpfige Vorstand des BdK; über die aktuellen Probleme läßt sich der Präsident am täglichen Mittagstisch von seinen Vorstandskollegen und der Geschäftsführung der GEG unterrichten.

Oswald Paulig hätte ohne Frage die Chance gehabt, 1970 als Nachfolger Professor Herbert Weichmanns Hamburger Bürgermeister zu werden, aber der ungeduldige Manager schätzte seine Neigung und Fähigkeit zu repräsentieren, in diesem Augenblick wohl realistisch genug ein, um von einer Kandidatur Abstand zu nehmen. Vor die Entscheidung gestellt, entweder sein Amt an der Spitze der coop-Gruppe oder die Politik aufzugeben, würde er, wie er offen bekennt, auch heute noch eher den Posten quittieren: »Wir sind aus dem Krieg nach Hause gekommen, um ein bißchen was zu ändern, das kann man aber nicht nur, indem man Kaffee verkauft.«

EGBERT SNOEK

## Eine Revolution namens »Ratio«

»Ist es wirtschaftlich sinnvoll, mit einem Sack Salz im Werte von 12,50 Mark kilometerweit über Land zu fahren?«, fragte sich Anfang der fünfziger Jahre der Münsteraner Lebensmittelgroßhändler Egbert Snoek. Es war schon ungewöhnlich genug, daß jemand in Frage stellte, was Tausenden von Grossisten seit Jahrhunderten als Naturgesetz ihres Berufes unumstößlich erschien. Schlicht als revolutionär empfanden seine Branchenkollegen jedoch die Konsequenzen, zu denen sich Snoek entschloß, nachdem eine Gegenüberstellung von Aufwand und Ertrag die selbstgestellte Frage mit einem eindeutigen »Nein« beantwortet hatte: Er ließ seine Lieferwagen fortan nur noch vor Läden halten, deren Besitzer bereit waren, jeweils für mindestens 1000 Mark Ware auf einmal zu bestellen. Den durch die Auftragskonzentration erzielten Rationalisierungsgewinn – daher der für die neue Geschäftsmethode gewählte Begriff »Ratio-System« – gab Snoek teilweise an seine Kunden weiter, in Form einer linearen Preissenkung um fünf Prozent.

Mit der Einführung seines Ratio-Systems wurde Egbert Snoek, zusammen mit dem inzwischen verstorbenen Fritz Terfloth, Inhaber der Firma Terfloth & Snoek, mit einem Schlag über die Grenzen seiner münsterländischen Heimat hinaus bekannt. Doch der damals 39 Jahre alte Westfale hatte seine Visitenkarte als Pionier nicht abgegeben, um anschließend selbstzufrieden die Rolle eines geachteten kleinen Provinzgroßhändlers weiterzuspielen. Als Wegbereiter neuer Ideen teils gefürchtet, teils gefeiert, baute er die bescheidene westfälische Lebensmittelhandlung zu einem Großunternehmen mit einer Belegschaft von 2600 Beschäftigten und einem Umsatz von über einer Milliarde Mark aus.

Mit dem Bau der ersten Ratio-Zentrale – zunächst nur für Lebensmittelhändler, später auch für das breite Publikum – wurde Terfloth & Snoek zur umstrittensten Firma im deutschen Nachkriegshandel. Gegen kaum ein anderes Unternehmen wurden so viele Schmähschriften verfaßt und so viele Boykotte inszeniert, gegen kein anderes Unternehmen wurden so viele Prozesse geführt – und in den meisten Fällen verloren. Einzelhandelsverbände und Vereine gegen unlauteren Wettbewerb, hinter denen sich zum Teil einflußreiche Interessenten versteckt hielten, versuchten mit Hilfe der Gerichte, Snoek an der Verwirklichung seiner Ideen zu hindern, die Warenhauskonzerne Karstadt und Horten zogen gezielte Preisattacken gegen die Außenseiter aus Münster vor, und namhafte Markenartikelfirmen von Asbach bis Zeiss nahmen – vielfach unter dem Druck des Fachhandels – zu Liefersperren Zuflucht, um den Pionier in die Schranken zu weisen.

Auf den Gedanken, Lebensmittelhändler zu werden, wäre Egbert Snoek wohl kaum verfallen, wenn nicht während der Weltwirtschaftskrise ein berufliches Mißgeschick seinen Vater, einen aus Leer in Ostfriesland stammenden Autokaufmann, gezwungen hätte, seine drei Söhne vorzeitig aus der Schule zu nehmen. Sohn Egbert, 1913 auf Gut Dringenburg bei Recklinghausen, dem Familiensitz seiner Mutter, geboren, hatte bereits die Unterprima der städtischen Oberrealschule in Münster erreicht, als er abgehen und damit seinem Wunsch entsagen mußte, später einmal Arzt zu werden. Deprimiert machte sich der 17jährige Schulabgänger auf den Weg, um irgendwo eine Lehrstelle zu finden. Von seinem Bruder, der in einer Münsterschen Bonbonfabrik untergekommen war, erfuhr er, daß die zu den Gesellschaftern der Firma zählende Familie Terfloth in der Nähe des Hafens noch eine Lebensmittelgroßhandlung besäße, die vielleicht noch einen Stift gebrauchen könne. Snoek stellte sich schon am nächsten Tag dem damals gerade 30jährigen Fritz Terfloth vor und wurde tatsächlich eingestellt. Im ersten Lehrjahr durfte er sich an jedem Ersten im Lohnbüro 25 Mark abholen.

Als Egbert Snoek seine Lehre begann, zählte die Lebensmittelgroßhandlung Terfloth nicht mehr als neun Beschäftigte. Die Firma war von Fritz Terfloths Urgroßvater Bernhard bereits 1774 in der 20 Kilometer von Münster entfernten Kleinstadt Greven gegründet worden. Außer mit Kolonialwaren hatte Bernhard Terfloth auch mit Importhölzern gehandelt, die per Schiff die Ems heraufgebracht wurden. Seit der Übersiedlung nach Münster Ende des vorigen Jahrhunderts widmete sich das kleine Unternehmen jedoch nur noch dem Lebensmittelgroßhandel.

Daß sein Lehrling das Zeug zu einem ebenso geschickten wie passionierten Verkäufer besaß, erkannte Fritz Terfloth schon nach kurzer Zeit. Der junge Snoek nutzte jede freie Stunde, oft sogar seine Mittagspause, um zu den umliegenden Einzelhändlern zu radeln und mit zwei riesigen Mustertaschen, die links und rechts von seinem Fahrrad herabbaumelten, Reis, Zucker, Gewürze und andere Artikel zu verkaufen. Auf seine ersten beruflichen Erfolge zurückblickend, schließt Egbert Snoek heute allerdings nicht aus, daß ihm mancher Krämer nur aus purem Mitleid etwas abgenommen hat. Immerhin spürte der aufgeweckte Stift schnell, daß gewisse Tricks ihre Wirkung nicht verfehlten, wenn er – zwischen Hausfrauen eingekeilt – über die Ladentheke hinweg auf den Inhaber einredete. »Ich erweckte immer den Eindruck, als wären wir viel größer als wir in Wirklichkeit waren.«

Daß die Firma, die er vor seinen Kunden so wortgewaltig vertreten hatte, 1931 wegen Illiquidität Konkurs anmelden mußte, war für den ehrgeizigen Lehrling ein harter Schlag. Als Glück erwies es sich in diesem Augenblick jedoch, daß Fritz Terfloth vorrangig aus der Konkursmasse zu befriedigende Gehaltsforderungen in erheblicher Höhe geltend machen und dadurch einen Teil des Warenlagers an sich bringen konnte. An seiner Stelle fuhr Egbert Snoek über Land und machte die Vorräte, darunter Hülsenfrüchte, Bohnerwachs und Schuhcreme, zu Geld. Doch von dem Verkaufserlös, ganzen 10 000 Mark, konnte Terfloth allein noch keine neue Firma gründen. Die entscheidende Starthilfe gewährte ihm in dieser Situation ein vermögender Onkel: Der Bankier Paul Wirtz, führender Mann im Hamburger Bankhaus M. M. Warburg & Co., der einige Jahre später, nachdem die jüdischen Inhaber emigriert waren, zu einem der Gesellschafter der von da ab unter »Brinkmann & Wirtz« firmierenden Privatbank aufrückte. Die von Wirtz unterstützte neue Lebensmittelgroßhandlung Terfloth entwickelte sich über Erwarten gut. Zu Beginn des Krieges beschäftigte sie bereits 15 Leute.

## Vom Lehrling zum Kompagnon

In der aufstrebenden Firma machte der junge Egbert Snoek schnell Karriere. Relativ kurze Zeit nach Beendigung seiner Lehre wurde er von Fritz Terfloth zum Prokuristen bestellt und 1943 schließlich sogar als gleichberechtigter Partner in die Firma aufgenommen. Der als Seeoffizier auf dem U-Boot-Stützpunkt Brest stationierte Gründer gab seinem (wegen einer vor Leningrad erlittenen Bauchschußverletzung vorzeitig aus der Wehrmacht entlassenen) neuen Kompagnon damit alle Vollmachten, die Großhandlung durch die schwierige Kriegs- und Nachkriegszeit bis zu seiner Heimkehr aus Kriegsgefangenschaft im Jahre 1947 allein zu führen.

In einem halbgeschleiften Luftwaffenlager auf der Loddenheide vor den Toren der Stadt Münster fand die in ihren alten Geschäftsräumen ausgebombte Firma Terfloth & Snoek eine neue Bleibe. Mehrere Sonntage hindurch schaufelten Egbert Snoek und seine Mitarbeiter eigenhändig die halbverschütteten Kellerräume leer. Durch teilweise abenteuerliche Kompensationsgeschäfte gelang es den westfälischen Großhändlern, bisweilen ebenso abenteuerliche Ware aufzutreiben. Ihre Kunden verblüfften sie unter anderem mit einem Läuse-Bekämpfungsmittel und einer von den Chemischen Werken Hüls bezogenen »künstlichen Milch«; im Austausch gegen Lebensmittel für ihre Arbeiter lieferten ihnen die Hüls-Chemiker außerdem billige Flüssigseife, die als Abfallprodukt in großen Mengen zu haben war. Ein anderes Chemiewerk, die Firma Giulini in Ludwigshafen, mischte für Terfloth & Snoek Backpulver auf der Grundlage von Haferschalen-Pudermehl; einen Teil des begehrten Pulvers leiteten die findigen Westfalen gleich an einen im Schwarzwald ansässigen Großhändler weiter, der ihnen seinerseits zu französischen Zigaretten verhalf.

Mit der Währungsreform am 20. Juli 1948 gehörte der blühende Tauschhandel jedoch über Nacht der Vergangenheit an. Wie vom Himmel gefallen, lagen plötzlich wieder Lebensmittel, Kleidung und Schuhe in den Schaufenstern der Geschäfte. Mit der Ware kehrte aber auch der Wettbewerb in den Handel zurück, vor dem sich in den Jahren der Knappheit nicht einmal Kümmerexistenzen bedroht zu fühlen brauchten. Unter dem Schock des ungewohnten Konkurrenzkampfes, der im Laufe der Zeit immer stärker spürbar wurde, wuchs vor allem im mittelständischen Lebensmitteleinzelhandel die Bereitschaft vieler Kaufleute, sich einer der kooperativen Gruppen anzuschließen. Sie wurden Mitglied einer Edeka- oder Rewe-Genossenschaft oder traten einer der freiwilligen Handelsketten, etwa der SPAR- oder A & O-Organisation bei. Unter dem Dach der Ketten waren Großhändler jeweils mit einem festen Kreis von Einzelhändlern ein dauerhaftes Liefer- und Betreuungsverhältnis eingegangen.

Egbert Snoek und Fritz Terfloth beobachteten das Anlehnungsbedürfnis vieler Einzelhändler nicht ohne Sorge. Ihnen wurde klar, daß sie etwas unternehmen mußten, um ihre Kunden in die Lage zu versetzen, den verschärften Wettbewerb ohne Angst um ihre Existenz auszuhalten. Den Gedanken, sich selbst einer Handelskette anzuschließen, verwarfen sie jedoch schnell wieder. Snoek: »Wir wären gezwungen gewesen, uns in engen regionalen Grenzen zu entfalten.«

Den berühmten Sack Salz für 12,50 Mark auch weiterhin jedem Landkrämer einzeln in den Laden zu stellen, wäre in der Tat kaum der geeignete Weg gewesen, um sich der Angriffe von Seiten der Konkurrenz zu erwehren. Wenn sich die westfälischen Lebensmittelgrossisten durch niedrige Preise ihren Kunden gegenüber als leistungsfähig erweisen wollten, durften sie durchgreifende Rationalisierungen nicht scheuen. Als Ergbert Snoek – von dieser Überlegung ausgehend – den Vorschlag machte, künftig nur noch Aufträge im Mindestwert von 2000 Mark auszuführen, um sich auf diese Weise von kleineren Abnehmern zu trennen, erklärten die meisten seiner Reisenden ihren Chef für »total verrückt« (Snoek). Doch so schnell ließ sich der hartnäckige Neuerer sein »Ratio-System« nicht ausreden. Am Ende war er lediglich bereit, die Mindestgrenze pro Auftrag auf 1000 Mark zu senken und das neue System zunächst auf freiwilliger Basis einzuführen.

Die Reaktion der Kunden auf Snoeks Offerte war ermutigend: Schon nach neun Monaten waren 80 Prozent aller Einzelhändler auf seine Linie eingeschwenkt. Dieser Erfolg erleichterte es den Westfalen, weitere drei Monate später alle Kaufleute, die zu diesem Zeitpunkt noch immer unter »Ratio«-Limit bestellten, kurzerhand von ihrer Kundenliste zu streichen. Terfloth & Snoek konnte für sich in Anspruch nehmen, als erstes Großhandelsunternehmen der Bundesrepublik eine wirkliche Auftragskonzentration erreicht zu haben.

Das Echo auf das neue »Ratio-System« war in der Branche noch nicht ganz verhallt, als sich Egbert Snoek bereits mit einem weit kühneren Projekt beschäftigte, durch das er die Wettbewerbsfähigkeit seiner Kunden und damit auch die Stellung seines eigenen Unternehmens stärken wollte. Warum sollte es nicht möglich sein, so fragte er sich, Lebensmittelkaufleute dafür zu gewinnen, wie Gemüse- und Blumenhändler ihre Ware auf einem zentralen Großmarkt selbst einzukaufen und in ihre Läden zu fahren? Neben einer spürbaren Preissenkung hätten Kunden von einem Selbstbedienungsgroßhandel noch andere Vorteile zu erwarten: Sie würden auf einer Art permanenter Messe im Kleinformat einkaufen können, und zwar zu Zeiten, zu denen ihre Läden noch gar nicht geöffnet oder erfahrungsgemäß nur wenig frequentiert sind. Sogar Einzelhändler, die einer Genossenschaft oder Handelskette angeschlossen sind, würden vorzeitig ausgegangene Artikel, auf deren Nachlieferung sie sonst unter Umständen mehrere Tage warten müßten, in wenigen Stunden wieder im Regal haben. Snoek: »Ich war von meiner Idee begeistert.«

Um ja kein Risiko einzugehen, suchte der Pionier aus Münster den Standort für seinen ersten Großmarkt in einem möglichst dicht besiedelten Gebiet. Tatsächlich hatte Snoek das Glück, ein Grundstück zu finden, das in idealer Weise seinen Erwartungen entsprach: In Bochum, nur einen Steinwurf von Deutschlands meistbefahrener Schnellstraße, dem Ruhrschnellweg, entfernt. Den zähen Westfalen kümmerte es wenig, daß ihn wohlmeinende Freunde immer wieder vor seinen Experimenten warnten. Am 4. Mai 1957 schrieb er an alle Lebensmitteleinzelhändler Bochums und Umgebung: »Am Freitag, dem 10. Mai 1957 um 7 Uhr eröffnen wir in Bochum am Ruhrschnellweg, Ecke Hofstedterstraße, den 1. Lebensmittel-Selbstbedienungs-Großhandel der Bundesrepublik – mutmaßlich Europas ... Es besteht keinerlei Kaufzwang, auch der Umfang Ihres Einkaufs liegt in Ihrem Ermessen! Der Verkauf erfolgt nur gegen Barzahlung ... Unsere Tankstelle versorgt Sie zu einem besonders günstigen Preis mit Marken-Kraftstoff.«

## Boykotte gegen den Außenseiter

Für mehr als 50 000 Mark karrten Snoeks Premieren-Kunden Ware aus dem »Ratio«-Großmarkt an ihre unmittelbar vor der Halle auf einem großflächigen Parkfeld abgestellten Wagen. Doch wenn der Eindringling aus dem Münsterland geglaubt hatte, der örtliche Bochumer Großhandel würde seine Herausforderung einfach ignorieren, so hatte er sich getäuscht. Die Taktik seiner Konkurrenten durchschaute Egbert Snoek sofort, als namhafte Markenartikelhersteller in gewundenen Worten um Verständnis dafür baten, Ratio künftig nicht mehr beliefern zu können. Nach den Gründen für ihr Verhalten befragt, gaben die meisten Lieferanten zu, daß ihnen lokale Grossisten unmißverständlich mit dem Abbruch der Geschäftsbeziehungen für den Fall gedroht hätten, daß ihre Lastwagen weiterhin vor dem Ratio-Großmarkt gesehen würden.

Egbert Snoek war außer sich. Ohne zu zögern, machte er sich auf den Weg, um die Industrie persönlich von seinen lauteren Absichten zu überzeugen. Bei Oetker und Henkel, Eckes und Dujardin, bei Marmeladen-Fabrikanten und Mühlen-Besitzern rechtfertigte er seine Geschäftsphilosophie: Er könne nichts Unseriöses dabei finden, wenn ein Kaufmann seine Marktstellung und die Konkurrenzfähigkeit seiner Kunden durch niedrigere Preise zu stärken suche. Da er in seiner Selbstbedienungs-Großhandlung praktisch auf jeden Service verzichte, insbesondere dem Einzelhändler zumute, die Ware auf eigene Kosten abzuholen, sei es nur logisch, wenn er seine Abnehmer billiger beliefere. Zwei Dutzend Firmen besuchte Snoek auf seiner Goodwill-Reise. »Ich hatte vom vielen Reden schon Fransen am Mund«, scherzt er rückblickend auf diese Wochen.

Die wortreichen Plädoyers in eigener Sache verfehlten ihren Eindruck auf die Industriebosse nicht. Nach und nach erschien der Name Terfloth & Snoek wieder in ihren Kundenlisten. Noch während Egbert Snoek damit beschäftigt war, den Gegenschlag seiner Großhandelskollegen abzuwehren, nahte von einer anderen Seite Gefahr. Aufmerksame Einzelhändler hatten festgestellt, daß clevere Privatkäufer ohne eigenes Gewerbe mit Hilfe eines leicht erhältlichen Gewerbescheins im Bochumer Ratio-Großmarkt ungehindert ein- und ausgingen. Darin lag ein eindeutiger Verstoß gegen das Ladenschlußgesetz. Egbert Snoek, durch die versteckte Attacke seiner Konkurrenten gewarnt, wies seine Pförtner an, sich bei ihren Kontrollen außer dem Gewerbeschein eine höchstens drei Monate alte Umsatzsteuerquittung oder eine Bescheinigung des betreffenden Berufsverbandes über die tatsächliche Ausübung eines Gewerbes als Einzelhändler, Bäcker, Gastronom oder Kantinenwirt zeigen zu lassen. Bei einer Vertragsstrafe von 1000 Mark mußte sich jeder Kunde schriftlich verpflichten, seinen Einkaufsausweis nicht an Freunde oder Bekannte auszuleihen.

Ratio Bochum florierte schon nach kurzer Anlaufzeit so stark, daß sich alle Skeptiker in ihren vorsichtigen Prognosen gründlich widerlegt sahen. 1958 erzielten die Westfalen am Ruhrschnellweg 37,9 Millionen, ein Jahr später 74,4 Millionen und 1960 schon 129,5 Millionen Mark Umsatz; auch in den sechziger Jahren hielt der stürmische Boom an: 1961 kauften Ratio-Kunden für 193 Millionen, 1962 für 239 Millionen und 1963 für 260 Millionen Mark in dem 10 000 Quadratmeter großen Lebensmittelgroßmarkt. Dem Beispiel der Münsterschen Kaufleute folgend, richteten jetzt überall in der Bundesrepublik Großhändler gleichfalls Abholmärkte oder »Cash-and-carry-Märkte« ein, wie die attraktiven Nachschubbasen der Einzelhändler jetzt allgemein hießen. »Bar zahlen« (cash) und »selbst wegbringen« (carry) lautete das Einkaufsmotto 1963 bereits in über 600 dieser Märkte.

Egbert Snoek warnte seine Kollegen eindringlich vor dem Irrglauben, mit der Formel »Cash-and-carry« so etwas wie einen Schlüssel zum schnellen Glück zu besitzen. Auf einer internationalen Studientagung in Paris erklärte der noch wenige Jahre zuvor völlig unbekannte westfälische Kaufmann vor mehreren hundert Zuhörern: »Die in Deutschland und anderen Ländern aus dem Boden schießenden Selbstbedienungsgroßhandlungen können es auf die Dauer nicht alle leicht haben. Es wird einen Wettbewerb geben, dem diejenigen, die keinen ausreichenden Umsatz mehr erzielen, und die ihren konservativen Bedienungsgroßhandel als Ausgangs- oder Rückzugsbasis vernachlässigt haben, erliegen werden. Vor allen Dingen meine ich jene Großhändler, die es nicht verstehen, ihre Gebäude, ihre Räume, ihre Ware, kurzum ihren ganzen Betrieb schön und anziehend zu machen. Für sie gilt das alte chinesische Sprichwort ›Wer seine Augen nicht zum Sehen gebraucht, wird sie zum Weinen benötigen.‹

## Egbert Snoeks zweiter Coup

Egbert Snoek, der neben seinem ins Pensionsalter vorgerückten Partner Fritz Terfloth immer mehr zur dominierenden Figur des aggressiven Familienunternehmens geworden war, hatte sich um diese Zeit einem neuen Projekt zugewandt. Ausgangspunkt seiner Überlegungen war die Frage, wie er sich und seinen Kunden einen höheren Anteil am Geschäft mit günstig kalkulierten Nicht-Lebensmitteln erobern und damit die Rendite verbessern könne. Es hätte Snoek keine Schwierigkeiten bereitet, seinen Abnehmern ein attraktives Angebot gängiger Gebrauchsartikel wie Haushaltswaren, Kleintextilien,

Schreibwaren oder Geschenkartikel zusammenzustellen. Aber es gab ein entscheidendes Hindernis. Die meisten Lebensmittelhändler hatten viel zu kleine Läden, um das platzraubende Zusatzsortiment optisch wirkungsvoll präsentieren zu können. Friedrich Schwab, früh erloschener Komet am Branchenhimmel, war zu dieser Zeit bereits auf die Idee verfallen, das Problem durch eine neuartige Kooperation – nicht zuletzt zum eigenen Nutzen – zu lösen. Der Hanauer Versandherr gab 1960 rund 8000 SPAR-Kaufleuten die Möglichkeit, den Schwab-Katalog unter ihren Kunden kreisen zu lassen und gegen eine Provision von zehn Prozent anschließend die Rolle des Sammelbestellers zu übernehmen. Die Kettenhändler sollten sich auf diese Weise am lukrativen Geschäft mit Nicht-Lebensmitteln beteiligen können, ohne jedoch die Ware selbst führen zu müssen. Auf gleiche Weise gingen Anfang der sechziger Jahre auch Neckermann mit der Rewe-Organisation und der Hamburger Otto-Versand mit der Handelskette A & O eine Vertriebsgemeinschaft ein.

Egbert Snoek sah seine Aufgabe darin, Friedrich Schwabs Modell für einen risikolosen Extragewinn des Lebensmitteleinzelhandels seinen eigenen Bedürfnissen entsprechend weiterzuentwickeln. So entstand sein Plan, neben jedem Ratio-Großmarkt einen auf Nicht-Lebensmittel spezialisierten Ratio-Markt für Jedermann zu errichten. Die bei ihm einkaufenden Lebensmitteleinzelhändler sollten nach seinem System mit Hilfe von Kaufkarten unter ihren Kunden für die neue Einkaufsstätte werben und dafür eine Provision von vier Prozent auf alle mit ihrer Unterstützung erzielten Umsätze kassieren.

Am 16. September 1963 eröffnete die Firma Terfloth & Snoek in Münster ihren ersten Ratio-Markt. In einem Brief an die Einzelhändler der Stadt stellte Snoek seine neue Attraktion vor: »Eine große Halle von 220 Meter Länge, in der ein umfangreiches Sortiment preisgünstiger Nicht-Lebensmittel angeboten wird und ein riesiger Parkplatz steht Ihren Käufern, den Verbrauchern, offen.« Was Snoeks Besuchern in den schnurgeraden Regalfluchten besonders ins Auge stachen, waren preiswerte Textilien, Haushaltsgeräte, Eisenwaren, Elektroartikel, Autozubehör, Rundfunk- und Fernsehgeräte, ferner Schmuck, Spielwaren und Bücher. »Werben Sie fleißig – denn vier Prozent sind eine gute Verdienstspanne, die Ihnen ohne Kapital- und Arbeitsbeteiligung zufließt«, ermunterte der ideenreiche Kaufmann seine Kundschaft.

Egberts Snoeks Brief schlug vor allem unter den Münsteraner Fachhändlern wie eine Bombe ein. Sie erkannten schnell die Gefahr, die Deutschlands erster Verbrauchermarkt für sie heraufbeschwor, eine Gefahr, die ihnen durch das raffinierte Kaufkartensystem doppelte Angst einflößte. Denn der Anschein, die Karte verbriefe ein Privileg, verführte naive Kunden dazu, in einem normalen Kauf einen Beziehungskauf zu sehen, an dessen Preisgünstigkeit sie nicht einen Augenblick zweifelten. Der schlaue Westfale hatte sein zweistufiges Vertriebssystem jedoch so geschickt aufgebaut, daß nicht nur der Großhandel über die Kaufkarten-Verteilung der angeschlossenen Lebensmittelhändler den Ratio-Markt belebte, sondern umgekehrt auch der Verkauf an das breite Publikum das Stammgeschäft anregte. »Diesem Brief«, so schloß Egbert Snoek seine Eröffnungsbotschaft an die Händlerkunden berechnend, »liegen für den Anfang 50 ausgefüllte Kaufkarten bei. Weitere können Sie bei Ihrem nächsten Besuch im Ratio-Großmarkt an der Anmeldung bekommen.«

Wie nicht anders zu erwarten war, erntete der Branchenschreck aus dem Münsterland mit seinem neuerlichen Coup einen Sturm der Entrüstung. Diesmal fühlten sich sogar die mächtigen Warenhauskonzerne herausgefordert. »Jetzt wollen wir's wissen«, verkündete Horten in ganzseitigen Zeitungsanzeigen und versuchte, durch gezielte Preisunterbietungen dem lästigen Außenseiter Konkurrenz zu machen. Als Ratio beispielsweise ein bestimmtes Fernsehgerät zum Preis von 602 Mark anbot, ging Horten in seiner Filiale Münster postwendend auf 588 Mark herunter. Das Nachbarhaus in Essen verlangte dagegen weiterhin den üblichen Preis von 768 Mark. Karstadt pickte sich aus dem Ratio-Sortiment eine Waschmaschine heraus und zeichnete sie mit 1545 Mark aus, 15 Mark günstiger als der Preisbrecher; 50 Kilometer vom Ort des Scharmützels entfernt, in Dortmund, verlangte Karstadt für die gleiche Maschine dagegen 1725 Mark.

In die Kriegsfanfaren gegen Ratio stimmten engagierte Fachhandelsfunktionäre mit besonders kräftigen Trompetenstößen ein. So wetterte die Verbandsführung der deutschen Eisenwarenhändler: »Die Schergendienste des Lebensmitteleinzelhandels für den Ratio-Markt können ein Signal für die Auflösung der gesamten Einzelhandelsgemeinschaft sein. Gleichgültigkeit wäre Selbstmord.« In seiner Standesehre nicht minder verletzt, fragte der Vorsitzende des Fach-

(Foto: dpa)

*Theo Albrecht*

(Foto: Manfred Hamrok)

*Fritz Terfloth (links), Egbert Snoek (Mitte) und Direktor Manfred Weidenhamer anläßlich des 10jährigen Bestehens des Ratio-Großmarktes Bochum*

(Foto: Archiv)

*Herbert Eklöh*

verbandes des deutschen Teppich- und Gardinenhandels: »Gibt es in unserer Branche kein Berufsethos mehr?«

Egbert Snoek wurde schließlich sogar vor den Handelsausschuß der Industrie- und Handelskammer Münster zitiert, wo er sich vor seinen versammelten Gegnern für seinen frevelhaften Alleingang rechtfertigen sollte. In einer turbulenten Sitzung, die streckenweise zu einem Tribunal wurde, hielt der Pionier seinen Kritikern entgegen: »Ist es unmoralisch, wenn ein Kaufmann seine Waren nicht in der traditionellen und konservativen Form verkauft?« Die Antwort gab er selbst: »Die Veränderung einer Handelsform sollte man niemals verhindern, wenn man den Handel nicht erstarren lassen will.«

## Hilferufe an Ludwig Erhard

Snoeks Gegner ließen sich durch solche Worte jedoch kaum beeindrucken. Sie schrieben empörte Briefe an mittelstandsfreundliche Bundestagsabgeordnete und wandten sich mit ihren Klagen schließlich sogar an Bundeswirtschaftsminister Professor Erhard. Als auch dies nicht den erhofften Erfolg hatte, hielten sie nach wirkungsvolleren Mitteln Ausschau, um Ratio zur Kapitulation zu zwingen. Über die Art der Mittel konnte sich Egbert Snoek aus einem Brief des Münchener Südwest-Verlages an seinen für Westfalen zuständigen Vertreter informieren. »Wie eine Bombe«, so begann die Snoek zugespielte Nachricht, »schlug gestern ein Fernschreiben der Karstadt-Zentrale bei uns ein, welche zugleich federführend für die Arbeitsgemeinschaft der großen deutschen Warenhauskonzerne ist. Darin wird uns kurz und bündig mitgeteilt, daß bei Weiterbelieferung der Ratio-Märkte die Geschäftsverbindungen zu uns abgebrochen und bis dahin unsere Bücher zu herabgesetzten Preisen verkauft werden.«

Aus Sorge, »daß wir nicht auszugleichende Umsatzeinbußen erleiden werden«, kündigte auch Siemens den Münsteranern die Lieferbeziehungen auf. »Zum Schutz der uns mit dem Fachhandel verbindenden Interessen« drohte der Konzern gleichzeitig auch seinen Großhandelskunden den Boykott für den Fall an, daß sie Ratio weiterhin beliefern sollten. Wie Siemens, so schleuderte gegen den westfälischen Außenseiter auch Bauknecht den Bannstrahl. »Wir bitten um Ihre schriftliche Bestätigung«, forderte das Unternehmen einen renitenten Grossisten auf, »daß Sie die Firma Ratio-Markt mit allen Filialbetrieben mit unseren Erzeugnissen nicht mehr bedienen werden.« Die Kündigung erhielten Terfloth & Snoek auch von der Herforder Möbelfabrik Fricko: »Ich bedaure dieses sehr, aber die Hauptkundschaft läßt mir keine andere Wahl.« Anonyme Möbelhändler hatten zuvor an ihre Kollegen in Nordrhein-Westfalen, Hessen und Niedersachsen eine Liste mit den Namen von 13 Herstellern geschickt, deren Modelle sie bei Ratio aufgespürt hatten, darunter auch Möbel von Fricko in Herford. Das Rundschreiben endete mit dem Aufruf: »Meiden Sie diese Firmen bei Ihrem Einkauf!«

Neuen Attacken sahen sich Terfloth & Snoek ausgesetzt, als sie im Mai 1964 in Hannover und ein halbes Jahr später auch in Bochum Ratio-Märkte eröffneten. »Es ist unerträglich«, entrüstete sich der Präsident des Bundesverbandes des deutschen Textileinzelhandels, der CDU-Bundestagsabgeordnete Josef Illerhaus, »daß das Gesetz gegen Wettbewerbsbeschränkungen den Verbänden verbietet, einen Abwehrboykott gegen solche Lieferanten zu empfehlen, die bewußt Konkurrenzunternehmen des Einzelhandels belieferten, welche unter ganz anderen Wettbewerbsvoraussetzungen am Markt antreten.« Illerhaus hatte den Plan verfolgt, Aufkleber drucken zu lassen, deren sich seine Mitglieder bei schriftlichen Aufträgen bedienen sollten. Text: »Die Bestellung erfolgt unter der Voraussetzung, daß Sie kein Lieferant des Ratio-Marktes sind.« Erst als ihm das um eine Unbedenklichkeitserklärung gebetene Kartellamt unter Hinweis auf ernste Rechtsfolgen den dringenden Rat gab, »sich jeder Mitwirkung an der gegen den Ratio-Markt geplanten Aktion des Einzelhandels zu enthalten«, gab Illerhaus sein Projekt auf.

Um Zweifel an den lauteren Absichten der »größten Lebensmittelgroßhandlung der Welt« (Ratio-Werbung) zu nähren, beschworen Verbandsfunktionäre in düsteren Worten »die Gefahr, daß der Ratio-Markt eines Tages ebenfalls Lebensmittel in sein Sortiment aufnehmen und damit denjenigen Konkurrenz machen könnte, die ihm vorher die Kunden geschickt haben«, so Johann Anton Pernice, seinerzeit Geschäftsführer der Bezirksfachgemeinschaft Lebensmittel im Einzelhandelsverband Hildesheim, heute Hauptgeschäftsführer im Verband des Deutschen Lebensmittel-Einzelhandels in Wiesbaden. In seiner Hauspostille »Ratio-Nachrichten« parierte Egbert Snoek den Angriff postwendend: »Niemand wird uns ernsthaft für so dumm halten, einen Umsatz von 400 Millionen Mark, den die Ratio-Gruppe mit den mittelständischen Einzelhändlern tätigt, auf diese Art und Weise aufs Spiel zu setzen.«

Die Eröffnung ihres Ratio-Marktes in Hannover verstrickte die Prügelknaben des deutschen Handels in den langwierigsten Prozeß ihrer Karriere. Mit der Begründung, die Ausgabe von Kaufkarten verstoße gegen die Zugabeverordnung, da sich Lebensmittelhändler die vier Prozent Provision nach Snoeks eigenen Worten »mühe- und risikolos« verdienen könnten, erhob der Verein zur Förderung des lauteren Wettbewerbs der Stadt Hannover und Umgebung e. V. gegen Ratio Klage vor dem Landgericht Hannover. Überdies werde auf den Händler ein Kaufzwang ausgeübt, weil ihm das Ratio-System nur die Wahl lasse, auf die Ausgabe von Kaufkarten zu verzichten oder Ratio-Kunde zu werden. Die exklusive Belieferung von Ratio-Kunden mit Kaufkarten, so trug der Verein vor, stelle ein »sittenwidriges Kopplungsverhältnis« dar. Der klagende Verein konnte zumindest einen Teilerfolg melden: Das Landgericht erklärte die Ausgabe von Kaufkarten wegen Verstoßes gegen die Zugabeverordnung für unzulässig. Allerdings entschied das Oberlandesgericht Celle in zweiter Instanz zugunsten Ratios. Die Verfechter lauteren Wettbewerbs, die ihren Feldzug mit finanzieller Unterstützung potenter Großfirmen führten, brachten den Fall schließlich bis vor den Bundesgerichtshof, der ihre Klage im Frühjahr 1968 abwies.

Mit seinem Sieg vor Gericht hatte Egbert Snoek zweifellos auch einen großen persönlichen Erfolg errungen. Endlich, nach fast vierjährigem erbittert ausgetragenen Streit, gab es an der Lauterkeit seines als unseriös verteufelten Kaufkartensystems keinen Zweifel mehr. Doch wer geglaubt hatte, Snoek würde seinen Triumph genießerisch auskosten, sah sich schnell getäuscht: Nur wenige Wochen nach dem Spruch der Karlsruher Richter verkündete er zur grenzenlosen Überraschung seiner Konkurrenten die Abschaffung der Kaufkarte. Die offizielle Begründung für seinen unerwarteten Schritt überzeugte jedoch nicht alle: Die bisherige Regelung, so erklärte er, habe Lebensmittelhändler aus entfernteren Gegenden benachteiligt, weil ihre Kunden weit weniger zahlreich als die ihrer zentraler gelegenen Kollegen bei Ratio gekauft hätten. An Stelle von vier Prozent Provision auf die durch sie vermittelten Käufe ihrer Kunden im Ratio-Markt erhielten Händler fortan auf ihre eigenen Großhandelsumsätze einheitlich eine Rückvergütung von einem Prozent. Mindestens ebenso stark hatte

Egbert Snoek jedoch die Einsicht zum Handeln veranlaßt, daß mit zunehmender Verbreitung der Verbrauchermärkte Kaufkarten immer mehr an Reiz eingebüßt hatten. Es ist bezeichnend für den standhaften Westfalen, daß er sich erst von seinem System trennte, als er den Prozeß erfolgreich durch die letzte Instanz geführt hatte.

## In Etappen zur Alleinherrschaft

In den hinter ihm liegenden Jahren der Selbstbehauptung gegen Angriffe von allen Seiten war Snoek nicht nur einer der bekanntesten Männer im deutschen Handel geworden; auch in seinem Unternehmen hatte er in der Zwischenzeit erheblich an Einfluß gewonnen. Nachdem der 13 Jahre ältere Fritz Terfloth wegen einer schweren Krankheit in der Geschäftsführung der Firma immer mehr in den Hintergrund getreten war, setzte Snoek Mitte der sechziger Jahre eine Aufstockung seines Gesellschaftsanteils auf 63 Prozent durch. Als Terfloth im Frühjahr 1971 starb, übernahm sein Kompagnon weitere 13 Prozent. 1973, genau 43 Jahre nachdem er als Lehrling bei Fritz Terfloth anfing, wird Egbert Snoek das aus der kleinen Familienfirma hervorgegangene Milliardenunternehmen allein gehören.

Hatte sich der unkonventionelle Handelsunternehmer in der ersten Phase seines Aufstiegs vor allen Dingen den Zorn seiner Standesgenossen zugezogen, so lockte er Ende der sechziger Jahre durch spektakuläre Niedrigpreiskampagnen mächtige Industriekonzerne aus ihrer Reserve. Seine Premiere als Preisbrecher feierte Snoek 1968, als die ersten Farbfernsehgeräte auf den Markt kamen. In seinen Ratio-Märkten bot er Siemens- und Graetz-Modelle fast 400 Mark unter den gebundenen Preisen von 2200 Mark an, ohne sich eines Vertragsbruches schuldig zu machen. Die Geräte stammten nämlich von einem israelischen Importeur namens Nathan Blutreich, der sie frei von jeder Pflicht, bei einem Weiterverkauf den festgesetzten Preis zu verlangen, statt in Richtung Israel (wo es überhaupt noch kein Farbfernsehen gab) nach Münster in Marsch setzte. Mit einem erneuten Schlag gegen die Industrie versetzte der Münsterländer im Herbst 1970 der Preisbindung für Farbfernseher schließlich den Todesstoß.

Im Juni 1969 legte sich Ratio sogar mit Agfa-Gevaert, Europas größtem Fotokonzern, an. In ihren vier Ratio-Märkten in Bochum,

Hannover, Münster und Ratingen brachten die Preisbrecher Agfas Schwarzweiß- und Farbfilme 35 Prozent billiger unter das Volk; die Ware hatten sie – ohne einen Preisbindungsrevers unterschrieben zu haben – in Holland und Belgien eingekauft. Zwar gelang es den Fotomanagern mit Hilfe einer einstweiligen Verfügung, die undichte Stelle in ihrem Preisgefüge noch einmal zu verstopfen; doch die letzte Verhandlungsrunde vor dem Oberlandesgericht in Düsseldorf endete für sie mit einer empfindlichen Niederlage, die schließlich zum Zusammenbruch der gesamten Fotopreisbindung führte.

Auch noch so lauter Prozeßlärm vermag den kampferfahrenen Egbert Snoek nicht davon abzuhalten, sich jeden Mittag hinter das Steuer seines grünen Mercedes 300 SEL zu setzen und auf sein 800 Morgen großes Gut Waldhof vor den Toren der westfälischen Metropole hinauszufahren, wo er seine Nachmittage verbringt. Snoeks ganzer Stolz ist ein zu seinem Besitz gehörendes Gestüt mit 70 Pferden und einer modernen Reithalle. Täglich zwei Stunden bringt der drahtige Großkaufmann, dessen energische Gesichtszüge eine schwarze Hornbrille noch zusätzlich unterstreicht, im Sattel zu, begleitet von zünftigen Volksweisen aus der Musikbox. Gesellschaft leisten ihm dabei häufig sein Sohn Hendrik, Jahrgang 1948, der neben dem Studium der Betriebswirtschaftslehre in Münster Muße fand, sich bis in die Spitzengruppe der deutschen Springreiter vorzukämpfen, sowie Tochter Marion, Jahrgang 1953, die bereits im zarten Mädchenalter von 16 Jahren zu den besten Amazonen der Bundesrepublik zählte. Wo andere Reiche in ihrer guten Stube einen Impressionisten hängen haben, und sei es auch nur einen kleinen, schaut bei den Snoeks ein ölgemalter Pferdekopf aus einem gediegenen Rahmen. Für Wandschmuck in der Snoek-Villa sorgt im übrigen die Jagdleidenschaft des Hausherrn, der er in einem eigenen Revier im Rothaargebirge frönt. »Unternehmer, die den Sinn des Lebens nur in der Arbeit sehen«, meint Egbert Snoek, »sind doch eigentlich arme Leute.«

HERBERT EKLÖH

# Der Erfolgsweg eines Lebenskünstlers

Eine sechssitzige »Piper Aztec« mit deutschem Hoheitszeichen am Leitwerk tauchte tief in die Schluchten des Grand Canyon. Was der Pilot beim Anblick der zerklüfteten Felswände empfand, hielt er auf einem Reisetonband fest: »Man ist überwältigt von so grandioser Schönheit der Natur. Freunde, wenn man den Grand Canyon zu den Weltwundern zählt, so ist das keine amerikanische Übertreibung. Sicher waren die Sieben Weltwunder der Antike kleine Fische dagegen. Man kann gut verstehen, daß das Erlebnis des Grand Canyon Dichter und Musiker inspiriert und aufnahmefähige Menschen bis ins Innerste ergriffen hat.«

Die bildhaften Schwärmereien drängten sich keinem empfindsamen Romantiker auf, sondern einem erfolgreichen Geschäftsmann. Sein Name: Herbert H. Eklöh, Großaktionär der Hagener Süßwaren-Filialfirma Hussel, Wegbereiter der Selbstbedienung in Deutschland, Erbauer des ersten deutschen Supermarktes. Sein Lebenslauf markiert eine der farbigsten Karrieren im Einzelhandel, voll Höhen und Tiefen, umstrittenen Transaktionen und – selbstvollzogenen Zäsuren. Als der 64jährige, nur von einem Bordfunker begleitet, über die Rocky Mountains schwebte, hatte er zur allgemeinen Überraschung gerade den Posten des Hussel-Generaldirektors gegen den Sessel eines Aufsichtsratsmitglieds vertauscht. Auf einer mehrmonatigen Flugreise über den Atlantik und dann kreuz und quer durch die USA und den karibischen Raum wollte er, wie er vor dem Start zu seinem 40 000 Kilometer-Luftmarathon erklärte, »Abstand von den Geschäften finden«.

Doch Herbert Eklöh wäre sich selbst untreu geworden, wenn er während seiner Weltreise nicht bereits wieder ein neues Projekt verfolgt hätte. Als seine »Piper Aztec« an einem Tag im September 1969 in Miami Beach landete, erwarteten ihn im Hotel bereits drei junge deutsche Drogisten. Eklöh hatte sie vor seiner Abreise per Annonce für eine »interessante Aufgabe« engagiert: Gemeinsam mit ihm sollten sie zehn Tage lang durch Florida reisen und moderne amerikanische Selbstbedienungs-Drogerien besichtigen. Nach ihrer Rückkehr hoffte er sie gegen Übernahme ihrer Drogerien als Filialleiter der ersten drei rund 400 Quadratmeter großen Drogen-Supermärkte zu gewinnen, die er nach dem Vorbild der in den USA studierten Geschäfte in der Bundesrepublik einrichten wollte. Sein Ziel war es, die durch viel zu kleine Läden (Durchschnittsgröße 1970: 53,7 Quadratmeter) am überholten Bedienungssystem hängengebliebene Drogistenbranche ebenso zu revolutionieren wie seinerzeit den Lebensmittelhandel durch die Einführung der Selbstbedienung.

Mit seinem Experiment knüpfte der Süßwaren-Filialist an seine Lehre an, die er nach der mittleren Reife in einer Drogerie in Mülheim an der Ruhr absolviert hatte. Eigentlich hätte es nahegelegen, daß der 1905 in Bochum geborene Herbert Eklöh ohne große Umwege Lebensmittelkaufmann geworden wäre. Denn schließlich hatten seine Vorfahren seit vier Generationen hinter der Krämertheke gestanden; seine Eltern besaßen sogar den größten Kolonialwarenladen, den man seinerzeit in Deutschland kannte. 60 Verkäuferinnen standen in Kost und Logis. »Mir ist unser Geschäft immer wie eine weibliche Kaserne erschienen«, erinnert sich Herbert Eklöh, den sein erstes Säuglingsphoto beziehungsreich in einer durch ein paar Pfundgewichte in der Balance gehaltenen Kaufmannswaage zeigt.

Um genau zu sein: als Herbert mit 17 die Schule verließ, hatten seine Eltern den Laden bereits fünf Jahre nicht mehr. Denn ein momentanes Ärgernis hatte Vater Albrecht Eklöh, einen prinzipientreuen Westfalen aus Lüdenscheid im Sauerland, während eines Fronturlaubs im Jahre 1917 veranlaßt, das Geschäft zu verkaufen. Als dann einige Jahre später die Inflation über Deutschland hereinbrach, waren die einstigen Kolonialwarenhändler mit einemmal arme Leute. Als kleiner Schreiber auf dem Rathaus verdiente Herberts Vater so wenig, daß Mutter Grete Eklöh, eine lebenslustige Rheinländerin, ihren Kindern lange Zeit nur Brote mit Senf und Zwiebeln mit auf den Schulweg geben konnte. Als Herbert Eklöh wie einst sein Vater in einer Drogerie als Lehrling anfing, durfte er nur davon träumen, wie zwei Onkel von ihm einmal eine Gruppe von Lebensmittelfilialen zu besitzen. »Als einer der ärmsten Drogisten-Stifte konnte ich nie damit rechnen, es einmal so weit zu bringen«, schilderte der Großkaufmann seine damalige Situation.

Der Zufall fügte es jedoch, daß sich Herbert Eklöh sehr bald günstigere Perspektiven für seine Zukunft eröffneten. Während eines Verwandtenbesuches in Hagen kam seine Mutter bei einem Einkaufsbummel mit einem Drogisten ins Gespräch, dem sie in höchsten Tönen von der Tüchtigkeit ihres Sohnes vorschwärmte, dessen Lehre sich gerade ihrem Ende näherte. Der Drogeriebesitzer bekundete Interesse an dem jungen Mann, lud ihn zu einer Vorstellung und stellte ihn schließlich als Gehilfen in seinem Geschäft ein. Die Tüchtigkeit des jungen Eklöh muß sich recht schnell herumgesprochen haben. Denn als eine bäuerliche Genossenschaft den Plan faßte, nebenbei noch eine Kette von Lebensmittelläden zu eröffnen, bot man ihm die Leitung der Filialen an. Da der emsige Gehilfe aber gerade erst das zarte Jünglingsalter von 21 Jahren erreicht hatte, trat für ihn sein Vater formell an die Spitze des neuen Betriebes. Was in den Läden zu tun war, bestimmte jedoch Herbert Eklöh. Das unverhoffte Glück blieb dem jungen Mann allerdings nicht lange treu. Denn eines Tages teilte ihm sein Aufsichtsrats-Vorsitzender mit, er habe alle Lebensmittelgeschäfte an seinen Schwiegersohn verkauft. Eine der ersten Amtshandlungen des neuen Besitzers war es, den jugendlichen Geschäftsführer einem älteren Revisor zu unterstellen. Eklöh kündigte.

Mit den 3000 Mark, die er auf die hohe Kante gelegt hatte, beschloß der 23jährige, ein eigenes Geschäft zu eröffnen. Nachdem er auf der Suche nach einem günstigen Ladenlokal in zehn Städten inseriert hatte, ließ er sich schließlich in einem schmalen Geschäftshaus (Eklöh: »Es wirkte auf mich immer wie ein Knusperhäuschen«) in der bergischen Kleinstadt Gummersbach unweit Köln nieder. Ein väterlicher Freund schenkte ihm die erste Ladeneinrichtung, über 30 Jahre alte Möbel, mit der Auflage: »Wenn du es je zu etwas bringst, dann gib mir 1000 Mark dafür.«

Eklöhs Knusperladen war indes nicht zu klein, um in ihm neue Verkaufspraktiken auszuprobieren. Unter dem Namen »Ratio-System« ließ der experimentierfreudige Anfänger beispielsweise eine von ihm entwickelte Form der Waren-Placierung schützen, deren Reiz darin bestand, daß die Verkäuferin alle Artikel in greifbarer Nähe fand und sich überflüssige Bedienungswege ersparen konnte. Die Regale hinter der Theke hatte er gerade so breit und hoch konstruiert, wie die Pakkungen es jeweils erforderten. Die Ware war statt in der Breite in der Tiefe gestaffelt und wurde von hinten nachgefüllt. Eine Lebensmittel-Abteilung der »Kaufhalle«, die ein paar Häuser weiter etwa zur selben Zeit wie Herbert Eklöhs Laden eröffnet wurde, hängte der erfindungsreiche Neuling innerhalb kurzer Zeit ab. Eklöh: »Wir waren immer eine Idee schneller.«

Ein despektierlicher Brief

Doch schon 1932 (Eklöh: »Die Leute begannen, den Hut vor mir immer tiefer zu ziehen«) stand für den dynamischen Kaufmann der Entschluß fest: »Bloß weg von hier, sonst endest du als verspießerter Gummersbacher Lebensmittelhändler.« Gegen den dringenden Rat seines an das eigene Mißgeschick denkenden Vaters trennte sich Herbert Eklöh von heute auf morgen von seinem Laden. In Osnabrück mietete er statt dessen ein neues, wesentlich größeres Geschäft. Mit zehn Kassen und Attraktionen wie einer Süßwaren- und einer Fischabteilung erregte der Laden erhebliches Aufsehen.

In Eklöhs Osnabrücker Zeit fällt auch ein Ereignis, das seine weitere Entwicklung nachhaltig beeinflussen sollte: Als 1935 der Dollar abgewertet wurde, nutzte er die Gelegenheit, zum sensationell niedrigen Preis von 650 Mark 14 Tage lang durch die USA zu reisen. Herbert Eklöh hat Amerika seitdem mehr als 40mal besucht und bei seinen Aufenthalten die entscheidenden Anregungen empfangen. Was er damals auf seiner ersten Reise beobachtete, beeindruckte ihn so stark, daß er sich nach seiner Rückkehr zu einem ungewöhnlichen Schritt gedrängt fühlte. Den Vorstandsbossen der Westdeutschen Kaufhof AG in Köln schrieb er ziemlich respektlos, sie verkauften in ihren Filialen zwar Lebensmittel, verstünden jedoch von diesem Geschäft »so gut wie nichts«. Was Eklöh nicht erwartet hatte, trat ein. Die Kaufhof-Chefs, halb amüsiert, halb interessiert, baten den unbekannten Osnabrücker Lebensmittelhändler, sich gelegentlich zu einem Gespräch einzufinden. Mit der ihm eigenen Unbekümmertheit, dem Erbteil seiner Mutter, machte sich Eklöh auf den Weg »zu den Großkopfeten des deutschen Einzelhandels« (Eklöh). Die Warenhaus-Herren fanden seine Anregungen so originell, daß sie ihn – mit einem Empfehlungsschreiben versehen – auf eine vierwöchige Inspektionsreise durch ihre Filialen schickten.

Nach jeder Visite hatte er dem Vorstand einen detaillierten schriftlichen Bericht über den Zustand der jeweiligen Lebensmittel-Abteilung abzuliefern. Worauf er sich damit eingelassen hatte, bekam Herbert Eklöh schon bei seinen ersten Besuchen auf recht drastische Weise zu spüren. Die Geschäftsführer der örtlichen Kaufhof-Filialen, sämtlich selbstbewußte Männer, waren über das Erscheinen eines kleinen Provinzkaufmanns, der da im höchsten Auftrag in ihren Häusern herumspionierte und an Ort und Stelle kritische Beurteilungen ihrer Arbeit an den Vorstand verfaßte, alles andere als erfreut.

Wo Eklöh erschien, begegnete er versteckten Feindseligkeiten und Schikanen. Einmal, in Düsseldorf, wies man dem unerwünschten Inspizienten für sein Diktat einen Platz auf dem Speicher zu, wo gewöhnlich Schaufenster-Dekorationen hergestellt wurden und schickte ihm ein Mädchen, das noch nie ein Diktat aufgenommen hatte. Eklöh: »Das waren einige der deprimierendsten Wochen in meinem Leben, die haben mich mit allen Mitteln getriezt und lächerlich zu machen versucht.«

Herbert Eklöh rückte der für einen kleinen Lebensmittelhändler höchst ehrenvollen Aufgabe indes mit soviel Elan zu Leibe, daß ihn noch so boshafte Nadelstiche nicht aus der Fassung bringen konnten. Dies dürfte die Kaufhof-Bosse schließlich auch dazu bewogen haben, ihm nach Rückkehr von seiner aufreibenden Mission die ständige Betreuung ihrer seinerzeit 32 Lebensmittelabteilungen und 20 Erfrischungsräume als Assistent des Verkaufsvorstandes anzutragen. Eklöh ließ sich nicht lange bitten.

Mit akribischer Genauigkeit begann der neue Chef-Betreuer in seinem Revier selbst den verborgensten Verlustquellen der damals noch in den roten Zahlen steckenden Lebensmittel-Abteilungen nachzuspüren. In den sonst vorbildlich organisierten Häusern, so stellte er fest, waren die einfachsten Pflichten eines Lebensmittelkaufmanns – genaues Wiegen und Rechnen, Schwundbekämpfung und rationeller Personaleinsatz – vor lauter Organisations- und Verwaltungsarbeiten in Vergessenheit geraten. Während er bei seinen Filialbesuchen im Büro des Geschäftsführers saß, kaufte eine Mitarbeiterin von ihm unauffällig eine bestimmte Anzahl vorher genau festgelegter Artikel, vor allem lose abgepackte Waren. Im Hotel oder in einer nahegelegenen Konditorei prüfte sie anschließend mit einer Briefwaage die Gewichte nach und kontrollierte Preise und Additionen. Meist stellte sie fest, daß es die mit dem Abwiegen von Käse und Wurst, Mehl und Nudeln beschäftigten Verkäuferinnen zu gut mit ihren Kunden gemeint hatten. Um unerkannt zu bleiben, durfte Eklöhs Begleiterin ihren Testbericht stets nur beim Pförtner der jeweiligen Kaufhof-

Filiale abgeben. Dem rührigen Vorstands-Beauftragten, in dessen Abteilungen über 1000 Menschen beschäftigt waren, entging nicht einmal, wenn Fleisch und Wurst so unsachgemäß gelagert waren, daß übermäßig viel Wasser verdunstete und auf diese Weise praktisch bares Geld verschenkt wurde.

Ungewöhnlich wie die Umstände seines Eintritts in den Kaufhof war auch die Tatsache, daß er neben der neuen Tätigkeit nicht nur seinen Osnabrücker Laden weiterführte, sondern auch die vier Lebensmittelgeschäfte in Ludwigshafen, die er 1935 von einem Freund seiner Eltern erworben hatte. In Osnabrück wagte Herbert Eklöh 1938 ein Experiment, das den Beginn einer neuen Ära im Einzelhandel ankündigte: Als erster Europäer bot der westfälische Selfmademan in Deutschland seine Ware in Selbstbedienung an. Da es zu dieser Zeit erst wenig industriell verpackte Lebensmittel gab, mußten Eklöhs Verkäuferinnen fast alles selbst abpacken und obendrein noch die Preise auf die Tüten stempeln. Anstatt nach modernen Drahtkörben oder Einkaufswagen griffen seine Kunden noch nach einfachen Spankörben. Herbert Eklöh ließ sich nicht dadurch beirren, daß die konservativen Hausfrauen Osnabrücks seine Neuerung alles andere als ernst nahmen. »Das ganze wurde wie eine Volksbelustigung aufgenommen«, erinnert er sich.

Ernster nahm dagegen Dr. Franz Hayler, Vorsitzender der Reichsgruppe Handel, den ersten deutschen Selbstbedienungsladen. Just am Tag der Premiere mußte Herbert Eklöh den Herren der Reichsgruppe in Berlin Rede und Antwort stehen. Hayler zu Eklöh: »Wissen Sie nicht, daß nach dem Gesetz zum Schutz des Handels der örtliche Einzelhandels-Verband einer Änderung der Betriebsform zustimmen muß?« Eklöh zu Hayler: »Doch, das weiß ich, aber auf diese Weise wäre ich nie an mein Ziel gelangt.« Mit einer harmlosen Rüge kehrte der Osnabrücker aus Berlin zurück.

## Von Köln nach Dresden

Weniger glücklich entwickelten sich die Dinge für Eklöh dagegen im Kaufhof. Zunehmende persönliche Spannungen zwischen ihm und dem für den Verkauf zuständigen Vorstandsmitglied Hubert Liffers führten schließlich im Jahre 1940 zu Eklöhs Ausscheiden aus dem Unternehmen. Etwa um dieselbe Zeit hielt der Dresdener Industrielle

Richard Greiling, der seine Greiling-Zigarettenfabriken Anfang der dreißiger Jahre an Reemtsma verkauft hatte, nach einem Geschäftsführer für die in seinem Besitz verbliebene Lebensmittel-Filialkette »Görlitzer Wareneinkaufs-Verein AG« Ausschau. Die aus einer Einkaufsgenossenschaft hervorgegangene Dresdener Firma betrieb seinerzeit in Sachsen und Schlesien mehr als 100 Geschäfte sowie eigene Fabriken. Eklöh bewarb sich auf ein Inserat Greilings und avancierte wenig später zum Chef der Lebensmittelgruppe. Den einstigen Zigarettenfabrikanten konnte er außerdem 1941 dazu bewegen, ihm die zum Greiling-Bereich zählende Chemnitzer Lebensmittelfirma Emil Uhlmann AG, der 32 Geschäfte gehörten, zu einem äußerst günstigen Preis zu verkaufen. Nach der Besetzung der Ukraine übernahm Herbert Eklöh im Auftrag der Reichsgruppe Handel auch noch die Aufgabe, die Nahrungsmittelversorgung der in Kiew lebenden deutschen Zivilpersonen zu organisieren.

Mit dem Einmarsch der Russen in Sachsen waren auch Herbert Eklöhs Tage in Dresden gezählt. Nach dem die Kommunisten die Leitung des Görlitzer Wareneinkaufs-Vereins an sich gerissen hatten, beschloß er, sich in den Westen abzusetzen. Per Fahrrad landete Herbert Eklöh im Mai 1946 in Hagen. Da es nicht viel zu handeln gab, es sei denn auf dem Schwarzen Markt, versuchte Eklöh sein Glück mit der Fabrikation von Ersatzstoffen aller Art. Unter primitivsten Verhältnissen ließ er in seinem zusammen mit zwei Partnern aufgebauten »Mara-Werk« in Hagen Heringsrogen zu kulinarischen Delikatessen verarbeiten, aus Getreide billige Suppenmehle herstellen, sowie Backaromen und Zitronenlimonade auf synthetischer Basis abfüllen.

Als Nachspiel ihrer Zusammenarbeit kam es zwischen Herbert Eklöh und Richard Greiling um diese Zeit zu einem heftigen Konflikt, der sich an schwer zu rekonstruierenden Vorgängen der letzten Kriegstage entzündete. Greiling glaubte Anhaltspunkte dafür zu besitzen, daß Eklöh große Mengen Ware aus Beständen des Görlitzer Wareneinkaufs-Vereins seiner (Eklöhs) Emil Uhlmann AG zugeschoben habe. Eklöh hat dies stets energisch bestritten und darauf hingewiesen, daß Greiling ihm persönlich gegenüber diesen Vorwurf nie erhoben habe. Außerdem war da noch eine zweite mysteriöse Angelegenheit: Anfang 1945 hatte Greiling in klarer Erkenntnis der aussichtslosen Kriegslage seinen Generaldirektor Eklöh beauftragt, sämtliche Barmittel und Bankguthaben des Görlitzer Wareneinkaufs-Vereins auf ein Konto bei der Würzburger Filiale der Deutschen Bank zu überweisen. Über Radio Beromünster, dessen Nachrichten er wie viele Deutsche heimlich abhörte, hatte er erfahren, daß die Stadt einmal zur amerikanischen Besatzungszone gehören werde. Wie Greiling geltend machte, landete jedoch nur ein Teil des Geldes auf dem Würzburger Konto. Eklöh erklärte hierzu später, er habe das Geld entgegen den Weisungen Greilings deshalb nicht in den Westen transferiert, weil er habe fürchten müssen, von den vor Dresden stehenden Russen hierfür später zur Verantwortung gezogen zu werden. Greiling unternahm auf eigene Kosten umfangreiche Recherchen, doch Beweise, die seinen Verdacht untermauert hätten, konnte er nicht erbringen.

Am Tage nach der Währungsreform hielt Herbert Eklöh die Zeit für gekommen, sich wieder seinem eigentlichen Metier zuzuwenden. Er verkaufte seine kleine Fabrik, in der zuletzt rund 50 Leute für ihn arbeiteten und eröffnete im März 1949 in Osnabrück anstelle seines alten Geschäfts, das im Krieg sechsmal ausgebombt und zuletzt in eine Garage verlegt worden war, einen größeren, repräsentativeren Laden. In dieser Phase hatte Eklöh das Glück, eine Reihe äußerst tüchtiger Lebensmittelkaufleute zu finden, mit denen er eine Geschäftspolitik betreiben konnte, die er »Expansion durch Zellteilung« nennt. Seine Mitarbeiter übernahmen in der Regel die Leitung eines Geschäfts und mieteten nach und nach weitere Filialen dazu. Auf diese Weise errichtete beispielsweise die Firma Herbert Eklöh neben sechs weiteren Läden am Ort Stützpunkte in Bielefeld (2), Hannover (2) und sogar in Kiel (3). Ähnlich entwickelten sich die juristisch selbständigen Eklöh-Betriebe in Köln, Hagen, Münster, Dortmund und Ludwigshafen. Dank seiner Strategie gelang es dem mit finanziellen Mitteln nicht gerade üppig ausgestatteten Handelskaufmann, rasch in ansehnliche Umsatzdimensionen hineinzuwachsen: Kauften seine Kunden 1949 erst für 70 000 Mark bei ihm, so setzte seine dezentralisierte Filialgruppe zehn Jahre später bereits rund 100 Millionen Mark um. Vor Studenten einer amerikanischen Universität hielt Herbert Eklöh gelegentlich einen Vortrag über seinen Aufstieg aus dem Nichts. Thema: »How to build a multimillion Dollar business without money.«

Einen spektakulären Schritt unternahm der Großfilialist im Mai 1955 mit der Einweihung des ersten 1000 Quadratmeter großen Supermarktes in der kubanischen Hauptstadt Havanna, dem der Erzbischof der Stadt persönlich seinen Segen erteilte. Einen zweiten Betrieb errichtete die Firma »Supermercados Ekloh SA« einige Monate später. Sein Kuba-Engagement motivierte Eklöh mit dem Wunsch, den neuesten Entwicklungen in den USA täglich »hautnah auf der Spur« zu sein. Nur der Respekt vor den amerikanischen Supermarkt-Giganten habe ihn dazu veranlaßt, seine Projekte nicht direkt in den USA, sondern in der 200 Kilometer von der Halbinsel Florida gelegenen Inselrepublik zu realisieren. Sicherlich geht man nicht fehl in der Annahme, daß für seine Kuba-Investitionen mindestens ebenso stark steuerliche Überlegungen maßgebend waren.

Rätsel gibt auch die Frage auf, warum Herbert Eklöh seine beiden Supermärkte bereits zwei Jahre später wieder verkaufte. Die amerikanische Chase Manhattan Bank, die – so Eklöh – über die bevorstehende Machtübernahme Fidel Castros unterrichtet gewesen sei, habe ihm eines Tages ohne Angabe von Gründen für die weitere Expansion zugesagten Kredite gekündigt und ihm damit unbeabsichtigt das Zeichen zum Rückzug gegeben. Dazu ist zu sagen, daß Castro erst Anfang 1959, also fast zwei Jahre nach Eklöhs Abschied von Kuba der Vorstoß nach Havanna gelang. Im übrigen ist anzunehmen, daß die nicht gerade unbedeutende amerikanische Supermarkt-Firma Minimax, die beide Geschäfte übernahm und später von Castro enteignet wurde, mindestens ebenso gut über die innenpolitische Entwicklung des Landes im Bilde war wie Herbert Eklöh. Vielmehr spricht manches für die auf Aussagen von Insidern gestützte Vermutung, daß er die beiden Supermäkte verkaufte, weil ihre Ertragslage nicht seinen Erwartungen entsprach und weil er Geld für ein bereits in Angriff genommenes Projekt benötigte, mit dem er im Herbst 1957 Schlagzeilen machte.

## Ein »Super-Supermarkt«

In der Kölner Rheinland-Halle, einer ausgedienten Radrennhalle im Stadtteil Ehrenfeld, eröffnete Eklöh den ersten Lebensmittel-Groß-Supermarkt auf deutschem Boden. Die Größe der Halle – die Verkaufsfläche betrug 2400 Quadratmeter – ließ Kölns Einzelhändlern das Geschäft wie eine Herausforderung des Schicksals erscheinen. Hinzu kam noch, daß der Eingang etwa 80 Meter abseits der Straße mit ihrem Kundenstrom lag. Wie wenig Vertrauen seine Kreditgeber in das Projekt setzten, erfuhr der dynamische Handelsunternehmer, als ihm die Commerzbank einen bereits bewilligten Kredit wieder entzog. Begründung: In der umgebauten Radrennhalle könnten wohl pro Jahr nicht mehr als drei Millionen Mark umgesetzt werden. Die vorsichtigen Bankiers hatten ihre Schätzungen jedoch zu niedrig angesetzt. Bereits im ersten Jahr kauften die Hausfrauen Ehrenfelds für nahezu zehn Millionen Mark im »Supermarkt Rheinlandhalle«.

Mit dem Bau seines Kölner Großladens, der ihn 2,5 Millionen Mark kostete, hatte Herbert Eklöh seine Finanzen jedoch stark strapaziert. Ihm wurde in dieser Situation klar, daß er im Grunde nur die Wahl hatte, seine 1956 in eine Kommanditgesellschaft auf Aktien umgewandelte Firma (einziger persönlich haftender Gesellschafter: Herbert Eklöh) in eine Phase der Konsolidierung überzuleiten oder aber zu verkaufen. Seiner Mentalität entsprechend, entschied er sich für den letzteren Weg. »Ich habe als erster in Europa die Selbstbedienung aufgegriffen«, erläuterte er seine Entscheidung auf der letzten Hauptversammlung, »ich bin Künder, Schrittmacher und Durchtrotzer gewesen – 21 Jahre lang. Was jetzt kommt, ist das Technische, bei dem der technische Experte seine große Stunde hat, nicht der Mann, der gegen die allgemeine Ablehnung seine neue Idee placiert.«

Eine glückliche Fügung wollte es, daß sich zur selben Zeit, als Eklöh Interessenten für eine Übernahme seiner mittlerweile 24 Supermärkte zwischen Kiel und Bonn suchte, der kanadische Lebensmittel-Industrielle Garfield Weston nach einem Einstiegloch in den deutschen Einzelhandel Ausschau hielt. Ein Gespräch, das der verkaufswillige Handelsunternehmer am Rande einer Filialisten-Tagung mit einem Vertrauensmann Westons führte und das nicht geheim blieb, gab den innerhalb der Branche bis hinauf zu den Warenhaus-Konzernen vorhandenen Ängsten vor einem Eindringen des Kanadiers in den deutschen Markt neue Nahrung. Nicht zuletzt um Weston die günstige Startbasis für seine wesentlich weitergehenden Ziele zu blockieren, gewann Helmut Horten Anfang 1959 Karstadt, Hertie und Kaufhof für den Plan, gemeinsam mit ihm die Eklöh-Betriebe zu übernehmen. Nach zwei Treffen zwischen Horten und Herbert Eklöh war der Handel perfekt: Für rund acht Millionen Mark übernahm die von den vier Warenhaus-Unternehmen vorgeschaltete Firma Argus die Supermarkt-Kette. Die »Großen Vier« verkauften die Geschäfte allerdings schon nach zwei Jahren wieder an die Großeinkaufsgesellschaft

*Beate Uhse*
*und ihr Versandhaus*
*in Flensburg*

(Foto: Beate Uhse und Gerd Remmer)

(Foto: moderner markt, Ffm.)

*Hugo Mann*

Deutscher Konsumgenossenschaften weiter. Da jeder der Konzerne über einen Gesellschaftsanteil von 25 Prozent verfügt hatte, war geschäftspolitischen Entscheidungen, vor allem wenn es um die Errichtung neuer Filialen ging, stets ein langwieriges Tauziehen vorangegangen. Eklöh: »Die Ausweitung wurde immer von demjenigen gebremst, der in der Nähe eines neuen Projektes gerade ein Haus hatte.«

Garfield Weston blieb nach dem geglückten Schachzug der Warenhäuser nichts anderes übrig, als den Grundstock seiner unter dem Namen »Deutscher Supermarkt« mittlerweile zum drittgrößten Lebensmittel-Filialunternehmen der Bundesrepublik aufgestiegenen Ladenkette durch den Kauf dreier kleinerer Betriebe zu legen.

Wenn ein Vollblutunternehmer mit 55 Jahren verkündet, sich fortan »mit Dingen abseits von Soll und Haben« zu beschäftigen, ist wohl immer eine gehörige Portion Skepsis am Platze. Als Herbert Eklöh mit diesen Worten 1959 seine künftige Tätigkeit umriß, hatte er konkrete Pläne. Er half seinem Duzfreund Gottlieb Duttweiler, dem kämpferischen Gründer und Präsidenten der Schweizer Migros-Genossenschaft, beim Aufbau seiner Sprach- und Bildungszentren in Europa und Amerika und seines Reiseunternehmens Hotelplan, dessen Aufsichtsrat Eklöh angehörte.

Doch bereits ein Jahr später lockte Eklöh wieder etwas neues. In den USA hatte ein findiger Industrieller unter der Bezeichnung »Gyrocopter A 18« einen Tragschrauber (Eklöh: »Sowas ähnliches wie einen Volkswagen der Lüfte«) auf den Markt gebracht, für den sich der flugbegeisterte Lebensmittelhändler gute Absatzchancen in der Bundesrepublik ausrechnete. Im Juni 1960 ließ er ins Kölner Handelsregister die Firma »Flymobil Vertrieb Herbert Eklöh« eintragen, die den Tragschrauber exklusiv in Westdeutschland anbieten sollte. Doch Eklöhs amerikanischer Partner hatte gerade 20 seiner Luft-Vehikel produziert, als ihm finanziell die Luft ausging. Durch den Aufbau einer eigenen Vertriebsorganisation, die Ausstellung eines Prototyps auf der Hannover-Messe sowie durch größere Anzahlungen erlitt Herbert Eklöh einen Millionen-Verlust.

Dafür gelang ihm ein Jahr später der wohl größte Coup seines Lebens: Für rund 19 Millionen Mark erwarb er von dem Hagener Süßwaren-Filialisten Rudolf Hussel 95 Prozent der Aktien der Rudolf Hussel AG, der zu dieser Zeit insgesamt 187 über das ganze Bundesgebiet verstreute Läden gehörten. An dieser Transaktion, deren Begleitumstände die Handlung eines farbigen Krimis abgeben könnten, zerbrach die Freundschaft zweier Männer, die ein gutes Stück ihres beruflichen Weges gemeinsam gegangen waren. Schätzen lernten sich die beiden Nachkriegs-Karrieristen bereits, als Herbert Eklöh zum Kaufhof kam, in dessen Frankfurter Filiale der acht Jahre jüngere Hussel zu dieser Zeit die Lebensmittel-Abteilung leitete. Später, als Eklöh die Führung des Görlitzer Wareneinkaufs-Vereins übernahm, holte dieser ihn als Chef des Zentraleinkaufs nach. Durch Hussels Ehe mit einer Eklöh-Nichte wurde das Verhältnis der beiden Kaufleute schließlich sogar verwandtschaftlicher Natur.

Während Herbert Eklöh nach dem Kriege sein Glück im Lebensmittelhandel fand, drängte es Rudolf Hussel danach, den Heißhunger der Deutschen nach Süßigkeiten zu stillen. Seinen ersten Laden machte er 1951 in Hagen auf. Hussels Prinzip: Einfache Ausstattung, ein auf 120 Artikel beschränktes Sortiment, schneller Warenumschlag (16- bis 18mal) und dadurch niedrigere Preise als die Konkurrenz. Als lose Schüttware ließ er seine Süßigkeiten, darunter riesige Mengen ungarischer Weinbrandbohnen, polnischer Bonbons und holländischen Gebäcks, das er waggonweise einführte, in seinen Selbstbedienungsläden aufhäufen. Im Schatten der Preisbindung für Schokolade und Pralinen, die er durch Importe und Eigenmarken unterlief, florierten Hussels Geschäfte. Betrug der Umsatz 1952 erst 2,8 Millionen Mark, so schnellte er bis 1962 auf fast 35 Millionen Mark empor.

## Der Streit der Konsuln

Sein angegriffener Gesundheitszustand veranlaßte Rudolf Hussel jedoch bereits Ende der fünfziger Jahre, sich nach einem Käufer für sein Unternehmen umzusehen. Er verhandelte mit dem zur Oetker-Gruppe zählenden Bielefelder Bankhaus Lampe und 1959/60 zweimal mit Helmut Horten, jedoch in beiden Fällen ohne Ergebnis. Weiter gediehen dagegen die Verhandlungen mit dem amerikanischen Grace-Konzern, der unmittelbar vor der Übernahme der Schokoladenfirma C. J. van Houten & Zoon in Weesp/Holland stand und sich mit dem Erwerb der Hussel-Kette eine eigene starke Absatzbasis schaffen wollte. Zwar erschien den Amerikanern der von Hussel für seine 1961 in eine AG umgewandelte Firma (Grundkapital: sechs Millionen Mark) geforderte Übernahmekurs von 400 nicht unangemessen hoch; allerdings wollten sie nur die Hälfte des Kaufpreises bar, die andere Hälfte dagegen in Grace-Aktien zahlen. Hussel war von diesem Ansinnen seiner Kontrahenten wenig begeistert. Er konnte zu diesem Zeitpunkt nicht ahnen, daß der Kurs der Grace-Aktie im Laufe der folgenden Jahre auf das Doppelte seines damaligen Standes emporschnellen würde. Wenig Neigung verspürte er auch, den Forderungen der Grace-Unterhändler entsprechend noch zwei Jahre nach dem Verkauf in der Geschäftsführung zu verbleiben.

Während Hussel sich von einem Herzanfall erholte, übernahm es sein Freund Herbert Eklöh für ihn, Interessenten für einen Erwerb der Aktien zu finden. Schon nach zwei Wochen konnte er Hussel berichten, daß ein Konsortium, bestehend aus der Investitions- und Handelsbank in Frankfurt, dem Düsseldorfer Bankhaus Simon und der Herstatt-Bank in Köln, bereit sei, die Papiere zum Kurs von knapp 317 zu übernehmen und ihn, Eklöh, zum Generaldirektor zu bestellen. Ein günstigerer Verkaufspreis sei unter keinen Umständen zu erzielen. »Ich verlangte«, so schilderte Rudolf Hussel den Fortgang der Angelegenheit später, »selbst mit den Banken zu sprechen, aber Eklöh sagte mir, dies würde die Dinge nur erschweren. Bei unserem Vertrauensverhältnis kam mir natürlich nie der Gedanke, daß er sich das Unternehmen selbst aneignen wollte. Hierzu Eklöh: »Ein Mann wie Hussel läßt sich gerade von mir vorschreiben, mit wem er sprechen soll, wenn es um Millionen geht.«

Auf Eklöhs Drängen erklärte sich Hussel Anfang 1963 schließlich bereit, 95 Prozent seiner Aktien zum vorgeschlagenen Kurs von rund 317 zu veräußern – wie er glaubte, an das Bankenkonsortium, tatsächlich jedoch an Herbert Eklöh. Für seine Dienste zahlte der arglose Hussel seinem Weggefährten aus alten Tagen anstandslos die vorher vereinbarte Verkaufsprovision von 380 000 Mark.

Mißtrauisch wurde der Firmengründer erstmals, als ein halbes Jahr nach der Transaktion an der Börse plötzlich Hussel-Aktien auftauchten, die zum Kurs von 450, vereinzelt sogar 478 gehandelt wurden. Hussel: »Ich erfuhr, daß ein ›Erwerbskonsortium‹ nie bestand. Was Eklöh als ›Konsortium‹ deklarierte, waren Privatbanken, die gegen Sicherheitsleistung von Hussel-Aktien die Hälfte des von Eklöh sofort aufzubringenden Kaufpreises finanzierten.« Hussel stellte Eklöh darauf zur Rede und erfuhr dabei, daß er einen Teil der Aktien bereits weiterverkauft hatte.

Dem listenreichen Lebensmittelhändler war nämlich längst aufgegangen, daß zur Beherrschung des Unternehmens eine Majorität von 51 Prozent ausreiche, er mithin die restlichen 44 Prozent der Aktien zu Geld machen könne. Um keine Spekulationssteuer zahlen zu müssen, wartete er sechs Monate und veräußerte dann im Sommer 1963 das Hussel-Paket zum Kurs von etwa 425 an die Pariser Bank Morgan & Cie., die die Papiere ihrerseits mit Hilfe der New Yorker Bank Oppenheimer & Co. zu einem Kurs von etwa 455 im Ausland placierte. Eklöh hatte auf diese Weise ein glänzendes Geschäft gemacht: Er hatte Hussel knapp 19 Millionen zahlen müssen (dieser Betrag verminderte sich sogar noch um 1,25 Millionen Mark Dividende, die er für das Geschäftsjahr 1962 kassierte) und erhielt für das 44-Prozent-Paket von Morgan jetzt elf Millionen Mark zurück, so daß der Erwerb der Mehrheitsbeteiligung sich zu einem erheblichen Teil aus sich selbst heraus finanzierte.

Hussel argwöhnte, Eklöh sei mit den Morgan-Bankiers bereits handelseinig gewesen, als er die Aktien von ihm zu einem niedrigeren Kurs übernommen hatte. Eklöh hat dies stets energisch bestritten und betont, sich gegen Hussel »in jeder Weise korrekt« verhalten zu haben. Der erboste Firmengründer erhob trotzdem gegen seinen früheren Freund den Vorwurf der arglistigen Täuschung, der Untreue und des Betrugs. Nach langen, stark persönlich geführten Auseinandersetzungen kam es zwischen den beiden Konsuln – Eklöh hatte das Exequatur für die Vertretung Mexikos, Hussel als Repräsentant El Salvadors erhalten – schließlich zu einem Vergleich, in dem sich Eklöh bereiterklärte, Hussel die Verkaufsprovision von 380 000 Mark und noch eine Reihe weiterer Beträge zurückzuzahlen. Hussel: »Insgesamt kostete der Vergleich Eklöh beziehungsweise die Hussel AG 1,6 Millionen Mark.« Eklöh spricht dagegen nur von 500 000 Mark.

Herbert Eklöh spürte sehr bald, daß sich die goldenen Jahre der Hussel-Läden allmählich ihrem Ende zuneigten. Ein deutliches Zeichen setzte der Zusammenbruch der Schokoladen-Preisbindung im Sommer 1964, der sich vor allem im Tafel-Geschäft verheerend auswirkte. Der Preis der Marken-Schokolade, der bis dahin durchweg bei 1,20 DM gelegen hatte, fiel vereinzelt auf nur noch 58 Pfennige. Die Lage spitzte sich zu, als 1966 auch die Preise für Pralinen in Bewegung gerieten. Der dadurch erhoffte Anstieg des Konsums blieb nahezu aus. Im Gegenteil: Immer mehr gegen Korpulenz ankämpfende Bundesbürger ließen einen deutlichen Widerwillen gegen Süßigkeiten, vor allem einfacher Qualität erkennen. Dem statt dessen immer stärker spürbaren Hang zu ausgefallenen Spezialitäten folgend, erhöhte Eklöh das Hussel-Sortiment nach und nach auf 350 Artikel. Daneben stellte er auch Spirituosen, Tabakwaren und Snack-Artikel in seine Regale. Dennoch kennzeichnete er die Tendenz in seinem Geschäftsbericht für das Jahr 1967 als »bitter bis halbbitter«. Konnten die Hussel-Aktionäre – außer der Eklöh-Gruppe (29,5 Prozent) sind die Investitions- und Handelsbank (26 Prozent) sowie die Oetker-Gruppe und die Hamburger Kaffee-Importfirma Rothfos (je 12,5 Prozent) in größerem Umfang beteiligt – 1967 jedoch noch 22 Prozent Dividende kassieren, so mußten sie sich ein Jahr später bereits mit 18 und 1969 sogar mit nur noch 12 Prozent zufriedengeben. 1970 trat der Vorstand erstmals mit leeren Händen vor die Hauptversammlung.

### *Mit 65 noch einmal Drogist*

Herbert Eklöh brauchte sich allerdings den enttäuschten Aktionären schon nicht mehr zu stellen. Er hatte 1969 den Posten des Generaldirektors mit dem eines Aufsichtsrats-Mitglieds vertauscht und zu seinem Nachfolger den zu dieser Zeit erst 29 Jahre alten Dr. Jörn Kreke bestellen lassen, einen Sohn seiner langjährigen Freundin Erne Kreke, die rund zehn Prozent der Hussel-Aktien hält. Kreke, den Eklöh in amerikanischen Supermarktfirmen und an amerikanischen Universitäten hatte ausbilden lassen, begegnete dem Renditeschwund durch eine Politik der gezielten Diversifikation. Unter seiner Führung übernahm Hussel 1969 die Braunschweiger Parfümerie-Kette Hanhausen mit acht Filialen und ein Jahr später die Branchenfirma Douglas in Hamburg, die sechs Geschäfte betrieb. Gleichzeitig schloß er von den 1968 noch existierenden 271 Süßwaren-Läden bis 1971 insgesamt 69 kleinere Verkaufsstellen.

Herbert Eklöh dagegen zog sich zurück, so wie er sich zehn Jahre zuvor von seiner Supermarkt-Gruppe zurückgezogen hatte: Ohne zwingenden Grund, in einer Phase der Geschäftsentwicklung, die seine impulsive Natur wenig anregte und in der ihm eigenen demonstrativen Art. Er räumte sein Zimmer in der Hagener Hussel-Verwaltung und richtete sein Büro, um die vollzogene Zäsur auch äußerlich deutlich zu machen, in einem einsamen Holzhaus inmitten eines Waldes am nahegelegenen Hengstey-See ein, das außer ihm nur noch ein Forsthüter-Ehepaar bewohnt. Anstatt einer Sekretärin diktiert er einem IBM-Diktiergerät. Anschließend setzte sich der in vieler Beziehung ungewöhnliche Kaufmann an das Steuer seiner »Piper Aztec« und startete zu seiner dreimonatigen Reise um die halbe Welt. Eklöh hatte noch mit 50 Jahren Flugunterricht genommen und auf der Lufthansa-Schule in Bremen die Blindflugberechtigung erworben, obwohl ihn ein künstliches Schultergelenk seit einer Knochenoperation in jungen Jahren behindert.

Daß sich der mittlerweile 66jährige Eklöh nach der Rückkehr aus Amerika anschickte, noch einmal, diesmal in seinem erlernten Beruf, Pionier zu spielen, haben viele seiner Freunde als eine »Alterstorheit« belächelt. Ihn selbst focht das wenig an. Um Mitglied im Verband Deutscher Drogisten werden zu können, ließ er sich sogar von der weit über 80 Jahre alten Inhaberin der Mülheimer Stern-Drogerie noch einmal ein Zeugnis über seine 45 Jahre zuvor beendete Lehre ausstellen. Unter dem Namen »Schotten-Drogerie« eröffnete er 1970 dann die ersten fünf Geschäfte in Krefeld, Köln, Göttingen, Eschwege und Hannoversch-Münden. Daß der große Erfolg bis heute ausgeblieben ist, bereitet Konsul Eklöh kaum schlaflose Nächte. »Wenn mein Lebensweg auch mehr Fehlschläge und Reinfälle aufweist als der der meisten anderen Einzelhandelskaufleute«, philosophiert er gelegentlich, »so glaube ich doch sagen zu können, ein größerer Lebenskünstler als viele dieser Herren gewesen zu sein.«

BEATE UHSE

## Die Liebesdienerin der Nation

»Hier kann man mit Lust und Liebe für die Lust und Liebe tätig sein«, rief der Flensburger Oberbürgermeister aus, als er das im Volksmund »Sex-Eck« genannte sechseckige Haus Gutenbergstraße 12 zum erstenmal betrat. Dabei blickte der an schlichtes Behördenmobilar gewöhnte Stadtvater begeistert auf eine mit geradezu verschwenderischer Großzügigkeit angelegte Bürolandschaft: Aus einem über tausend Quadratmeter großen honiggelben Teppichboden ragen weiß angemalte präparierte Bäume mit riesigen Papierblumen in den kahlen Ästen. Dazwischen, wie willkürlich aufgetragene Farbtupfen, blaue »Pohlschröder«-Stahlschränke und -Schreibtische, weiße und lila Plastiksitzmöbel, rote, gelbe und orange Papierkörbe und da und dort ein Luftballonarrangement.

Dezente Hintergrundmusik aus unsichtbaren Klangkörpern unter der Wabendecke sorgt für einen gleichmäßigen Stimmungspegel. Dem körperlichen Wohlbefinden in diesem Bürogarten Eden dient eine mit Hilfe sensibler Stabthermostaten gesteuerte automatische Klimaanlage. Zwei repräsentative Freitreppen aus afrikanischem Edelholz führen auf die Galerie der stilvollen Großraumidylle, wo – durch spanische Wände abgeschirmt – luxuriöse »Pausenzonen« angelegt sind, mit kleinen Kaffeeküchen, Kühlschränken für kalte Getränke und Schaumstoffsesseln, die leicht in bequeme Liegen zu verwandeln sind.

In diesem Lust- und Liebesgarten lehnt an einem modernen »Miller-Action-Office«-Stehpult eine 1,68 Meter große Frau. Blondes Haar, Minikleid, anstatt Schmuck nur eine Plakette mit der Aufschrift »make love not war«: Beate Rotermund, geborene Köstlin, verwitwete Uhse. Vor 20 Jahren begann sie sexuelle Aufklärungsschriften zu versenden, pikanterweise in der Pfarrei der katholischen Kirche St. Marien, wo sie ein kleines Zimmer bewohnte. Heute verschickt das Versandhaus Beate Uhse täglich bis zu 12 000 Pakete und Päckchen mit Verhütungsmitteln, erotischen Büchern und Schallplatten, mit Pillen, Salben und Säften. Über eine Kette von 26 Läden zwischen Flensburg und München bringt das Unternehmen etwa noch einmal die gleiche Menge Schlafzimmerrequisiten unter das Volk. Beate Uhse wurde geradezu ein Symbol der bundesrepublikanischen Sexwelle. Ihren Namen kennt inzwischen jedes Schulkind. Illustrierte und Boulevardblätter breiteten sämtliche Phasen ihres Lebens, die allerpersönlichsten eingeschlossen, vor Millionen von dankbaren Lesern aus. Kabarettisten zogen sie als »Liebesdienerin der Nation« und »Nachtaufklärerin« genüßlich durch den Kakao.

Es gibt in der Bundesrepublik schätzungsweise 150 Versender erotischer Artikel und 180 Besitzer von Sexläden. Ihre genaue Zahl kennt niemand. Aber nur Beate Uhse glückte ein wirklich durchschlagender Erfolg, nur sie vermochte ihrem Namen das Profil eines unverwechselbaren Markenzeichens zu geben. Das Geheimnis ihrer Karriere besteht im Grunde in einer einzigen, wenngleich in diesem Falle entscheidenden Eigenschaft: Courage. Beate Uhse brachte bereits Pakete mit Aufklärungsliteratur und Verhütungsmitteln zur Post, als es noch als unschicklich galt, das Wort »Präservativ« überhaupt nur in den Mund zu nehmen. Sie hat ihr »Versandgeschäft für Ehehygiene«, ohne sich dabei an ausländischen Vorbildern orientieren zu können, mit dem Aufbau eines tragfähigen Sortiments erst konzipieren müssen. Als einige Jahre später Scharen von Glücksrittern auf die Sexwelle setzten, steuerte Beate Uhse ihren Versandbetrieb längst mit einem eigenen Computer – bis heute dem einzigen in der Branche.

Anders als die meisten ihrer Konkurrenten, die ihr beargwöhntes Gewerbe in dunklen Kellerverliesen aufzogen und ihre Offerten anonym über Chiffreanzeigen abgaben, identifizierte sich die Untermieterin von St. Marien von Anfang an mit ihrem Geschäft. Es entmutigte sie nicht, wenn die Polizei bei Hausdurchsuchungen ihre privaten Fotoalben durchschnüffelte, als die örtliche Zeitung die Stellenanzeigen ihrer Firma zurückwies, als sich der Tennisclub, dem sie gern beigetreten wäre, weigerte, sie als Mitglied aufzunehmen und als sie sich selbst nach Jahren erfolgreicher Arbeit von der ehrpusseligen Gesellschaft Flensburgs eher gemieden als toleriert fühlen mußte. Ja, es störte sie nicht einmal, daß Pfarrer in der Provinz ihren sittlich gefährdeten Schäflein den Rat gaben, sich in der Sakristei vorgedruckte Beleidigungsklagen abzuholen, falls sie unaufgefordert ein Uhse-Angebot erhalten sollten.

»Deutschlands Sexengel Nummer 1«, wie sich die Versenderin in ihrer Hauszeitschrift »absender beate« titulieren ließ, ist zutiefst davon überzeugt, daß nicht anstößig sein kann, was Menschen dabei hilft, sich ihre natürlichsten Wünsche zu erfüllen. In ihr »Sex-Eck« ließ sie zur Straße hin eine große Fensterfront einbauen, so daß Passanten mühelos einen Blick in die Versandzentrale werfen können. Beate Uhse: »Jeder soll sehen, was wir hier treiben.« Damit selbst Skeptiker spätestens an der Anmeldung davon überzeugt sind, daß bei ihr allein für die Lust und Liebe gesorgt wird, forderte die engagierte Volksbeglückerin ihre herkunftsbedingt etwas schwerblütige Versandtruppe zu sachbezogener Ungezwungenheit auf: »Haben Sie den Mut, auch optisch zu zeigen, daß wir nicht nur eine tüchtige, sondern auch eine swinging Firma sind.« Was ihre Chefin damit konkret meinte, erfuhren ihre Herren aus der Hauspostille: »Wenn Ihnen so zumute ist, daß Sie mit einer gepunkteten Schleife ins Büro kommen möchten, statt mit grauem Anzug und korrektem Schlips – dann tun Sie es.«

Ihre natürliche Betrachtungsweise zwischenmenschlicher Beziehungen verdankt Beate Uhse Eindrücken, die sie in der ländlichen Atmosphäre ihres elterlichen Gutshofs in Wargenau bei Cranz in Ostpreußen empfing, wo sie am 25. Oktober 1919 zur Welt kam. Über ihre ersten Lebensjahre vermerkt der firmenoffizielle Lebenslauf: »Sie erlebte die Freuden und Sorgen in Haus und Hof, sah alte und junge Menschen bei ihrer Mutter Rat holen in den großen und kleinen Problemen des Alltags, denn Mutter war Ärztin gewesen und damit ›zuständig‹ für alles, was Kopfschmerzen machte um Mensch und Tier.« Ihre Ausbildung unterschied sich zunächst nicht von der anderer Töchter aus gutsituierten Familien: Internat auf Juist, Odenwaldschule, danach eine Haushaltslehre. Der geradewegs in eine bürgerliche Ehe führende Lebensweg der jungen Beate nahm jedoch eine jähe Wendung, als eines Tages ein Flugzeugbesitzer von einem Stoppelfeld des väterlichen Gutes Touristenrundflüge über Ostpreußen veranstaltete. Ihre Eltern waren nicht gerade erfreut, in ihrer Tochter von heute auf morgen eine helle Begeisterung für die Fliegerei erwachsen zu sehen. Bald nahm sie jede Gelegenheit wahr, sich von einem der freigebliebenen Plätze aus die Welt von oben anzusehen. Ein intensiver Flugunterricht ermöglichte es ihr, mit Hilfe einer Sondergenehmigung schon mit 17 Jahren den Pilotenschein zu erwerben.

Was nun folgt, hat mit dem beschaulichen Leben einer ostpreußischen Gutsbesitzerstochter nichts mehr gemein: Beate Köstlin wird Einfliegerin in einem Flugzeugwerk, tritt 1943 im Range eines Hauptmanns in ein Überführungsgeschwader der Luftwaffe ein und fliegt fortan Jagdmaschinen vom Typ Me 109, den Sturzkampfbomber (»Stuka«) Ju 87 und sogar Strahljäger vom Typ Me 262 zu Frontflugplätzen. Nach kurzer Ehe fällt ihr erster Mann, Hans-Jürgen Uhse, Staffelkapitän im Nachtjagdgeschwader 102. Als die Russen im Frühjahr 1945 Berlin einkesselten, schlug sich die 25jährige Kriegerwitwe mit ihrem 18 Monate alten Sohn Klaus zu Fuß von ihrer Wohnung zum 24 Kilometer entfernten Flugplatz Gatow durch und entdeckte zwischen zerschossenen Flugzeugen eine noch flugtüchtige Siebel FH 104. Eine halbe Stunde bevor die sowjetischen Truppen den Flugplatz erreichten, startete Hauptmann Beate Uhse mit Kind, Bordmonteur, Säuglingsschwester und zwei Verwundeten ins Ungewisse. Im »Heckensprung« dicht über dem Erdboden flog sie unter sowjetischen Jägern hinweg und landete am 30. April, abends um 20 Uhr 25 auf dem Flugplatz der kleinen Ortschaft Leck in der Nähe von Flensburg.

## Mit Spielzeug fing sie an

Mit ihrem Kind ganz auf sich allein gestellt, entwickelte Beate Uhse in jenen Monaten des Hungerns erstaunliches kaufmännisches Geschick. Es gelang ihr, einen Lieferanten ausfindig zu machen, dem sie große Mengen billiger Einkaufstaschen und Holzspielwaren abkaufte. Die Ware deponierte sie in Kramläden und Bäckereien, deren Besitzer froh waren, ihre trostlosen Schaufenster ein wenig herausputzen zu können. Per Fahrrad fuhr sie mehrmals die Woche zu ihren auf mehrere Dörfer verteilten »Depots« und bediente zu festgesetzten Verkaufsstunden die bäuerliche Kundschaft mit Taschen und Spielzeug. Neben der Sorge um das tägliche Brot beschäftigte die Frauen in diesen Tagen nichts intensiver als das Problem, sich vor unerwünschten Schwangerschaften zu schützen. Nach der Ära des Nationalsozialismus, in der jede Aufklärung über eine Geburtenregelung aus bevölkerungspolitischen Gründen verboten war, herrschte in Deutschland über dieses Thema allgemeine Unwissenheit.

In einem alten Archiv stöberte Beate Uhse ein Schweizer Fachbuch mit einer populären Darstellung der von den beiden Gynäkologen Knaus und Ogino entwickelten Methode zur Bestimmung der empfängnisfreien Tage der Frau auf. Es sprach sich unter den Dorfbewohnerinnen offenbar schnell herum, daß die ehemalige Kriegsfliegerin auf all die drängenden Fragen Rat wußte. Doch je öfter sie für die Frauen ihrer Nachbarschaft Empfängniskalender aufstellte, desto stärker drängte sich ihr der Gedanke auf, ihren Besucherinnen anstatt mit individueller Aufklärung mit einer verständlich geschriebenen allgemeinen Anleitung zu helfen. Mit dieser Idee hatte Beate Uhse, ohne daß sie sich dessen klar war, den ersten Schritt zu ihrer späteren Karriere getan.

Zum Preis von zwei Reichsmark – dem Gegenwert für eine Viertel Zigarette – bot die künftige Volksaufklärerin ihre zwei Seiten lange, auf Schwarzmarktpapier gedruckte Rechenhilfe zunächst in ihrem Bekanntenkreis an. Das Echo auf die kleine Schrift war so groß, daß Beate Uhses wacher Geschäftssinn sofort von der Überlegung erfüllt war, das Druckwerk mit Hilfe einer Werbekampagne in hohen Stückzahlen unter die Frauen zu bringen. Sie ließ Prospektzettel drucken und sie als Postwurfsendung in die Hausbriefkästen stecken. Vierzig Prozent aller Empfänger bestellten die Uhse-Expertise, von der binnen weniger Monate 30 000 Exemplare verkauft waren. In die Technik ihres neuen Metiers weihte sie ihr zweiter Ehemann, der Kaufmann Ernst-Walter Rotermund ein, der in russischer Kriegsgefangenschaft als Vorbereitung auf die Freiheit den Aufbau eines Versandgeschäfts für Haarwasser bis ins letzte Detail durchdacht hatte. Das florierende Geschäft mit Frau Beates Knaus/Ogino-Konzentrat veranlaßte ihn jedoch, sich nach der Währungsreform ebenfalls dem Sex zuzuwenden. Denn der Versand des Aufklärungspapiers verriet überdies schnell eine bemerkenswerte Eigendynamik: Uhse-Kunden begehrten auch auf andere Fragen Antwort und baten um Verhütungsmittel. Es traf sich daher gut, daß auf die rührige Versenderin eines Tages ein Stuttgarter Kaufmann aufmerksam wurde, der sein Geld mit dem Vertrieb einschlägiger Hygieneartikel verdiente. Von seinem sechsseitigen Katalog mit dem blumigen Titel »Ein Blick in die Zauberwelt der Erotik« verschickte sie 200 Exemplare an ihre besten Kunden. Jeden Morgen lief die unterdessen nach Flensburg übergesiedelte Beate Uhse zur Post, um die erste Bestellung entgegenzunehmen. Endlich, nach mehreren Tagen, fand sie in ihrem Schließfach eine Postkarte, auf der ein Mann das Aufklärungsbuch »Unter vier Augen« anforderte. Noch auf dem Postamt steckte sie eine bereits zu Hause vorbereitete Benachrichtigung an ihren schwäbischen Geschäftspartner in den Kasten; für ein eigenes Lager reichte das Geld noch nicht. Beate Uhse: »Welche Bank gab einem denn schon einen Kredit, wenn man mit Präservativen handelt?«

Schwierigkeiten hatte die ehrgeizige Händlerin auch zu überwinden, als sie im Frühjahr 1951 die Einzelfirma »Versandhaus Beate Uhse« ins Flensburger Handelsregister eintragen lassen wollte. Die Registerbeamten bestanden zunächst auf einer Registrierung unter dem Namen Rotermund und lenkten erst ein, als ihnen Beate Rotermund nachwies, daß sie sich bereits vor ihrer zweiten Ehe als Helferin in Liebesdingen betätigt hatte. Auf diese Episode ist es zurückzuführen, daß die populäre Sexunternehmerin unter ihrem bürgerlichen Namen so gut wie unbekannt ist.

Kein unbekleidetes Pärchen in eindeutiger Pose, wie es die Umschlagseite ihres heutigen Katalogs ziert, sondern die Strichzeichnung eines keuschen Mädchens diente Beate Uhse als Blickfang ihres ersten, nicht mehr als zwei Seiten umfassenden Angebots. Es enthielt vor allem Aufklärungsbücher, Präservative und Empfängnisverhütungsmittel. Mit ihrem schmalen Sortiment gängiger Artikel kam die kleine Versandfirma zügig voran. 1953 mußte Beate Uhse mit ihrem inzwischen auf 14 Leute angewachsenen Mitarbeiterstab neue Räume in einer ehemaligen Eisengießerei beziehen. Ihre Bücher wiesen am Ende dieses Jahres bereits einen Umsatz von 370 000 Mark aus. Als Kundenfänger bewährte sich die von der Versandchefin selbst entworfene Partnerfibel »Stimmt in unserer Ehe alles?«, die sie Interessenten kostenlos zuschickte. 1957 füllten bereits 200 000 Namen die Flensburger Käuferkartei, drei Jahre später sogar eine Million. 1965 belieferte die Volksbeglückerin von der Förde 1,9 Millionen Bundesbürger mit Liebesbedarfsartikeln im Werte von 18,5 Millionen Mark.

### Jährlich acht Millionen Werbebriefe

Ende 1971 hatte Beate Uhses Computer – eine »Bull Gamma 30«-Anlage – die Daten von 2,3 Millionen Kunden gespeichert. Unter ihnen waren rund 1,2 Millionen regelmäßige Besteller, die einem werblichen Dauerbeschuß ausgesetzt sind. Da ein Uhse-Kunde durchschnittlich nach sechs Jahren als »Karteileiche« abgeschrieben werden muß, weil er entweder mit unbekannter Adresse verzogen oder sexmüde geworden ist, die ruhigeren Jahre erreicht hat oder gar gestorben ist, muß eine ideenreiche Erstkundenwerbung ständig für frisches Blut sorgen. Allein zu diesem Zweck verschickt das Versandunternehmen jährlich acht Millionen Werbebriefe; ihre Empfänger sind in umfangreichen Adressenkarteien registriert, die Beate Uhse von professionellen Anschriften-Firmen, aber auch von anderen Versendern wie Neckermann und Porst mietet. Für die Miete dieser Adressensammlungen wendet sie jährlich nicht weniger als 400 000 Mark auf. Die Kosten pro Adresse liegen zwischen 3,5 und 8 Pfennig. Am billigsten sind unselektierte Adressenlisten, etwa Sammlungen mit den Namen aller Rundfunk- und Fernsehteilnehmer eines bestimmten Gebietes, die dafür aber auch nur eine geringe Kundenausbeute versprechen. Die Werbebriefe, in denen Beate Uhse jeweils einen attraktiven Einzelartikel wie beispielsweise einen gewagten Aktbild-Band oder einen erotischen Roman anbietet, beantworten durch Rücksendung der ausgefüllten Bestellkarte nicht mehr als vier Prozent aller Empfänger. Davon wiederum bestellt letzten Endes nur jeder zweite etwas aus dem Katalog, der seiner Buchsendung beiliegt.

Bessere Ergebnisse lassen sich dagegen mit Adressensammlungen anderer Spezialversender – zum Beispiel von Autozubehöranbietern – erzielen, die sich wie Beate Uhse mit ihrem Sortiment vorwiegend an Männer jüngerer und mittlerer Jahrgänge wenden. Karteien dieser Art sind meist doppelt so ergiebig wie ungeordnetes Anschriftenmaterial – bei einem Mietpreis bis zu acht Pfennig pro Adresse jedoch auch wesentlich teurer.

Beate Uhse mietet nicht nur Adressen, sondern vermietet auch ihre eigene Kundenkartei an andere Firmen wie Neckermann, Quelle, Bertelsmann und Readers Digest. Ein Hamburger Fernlehrinstitut, das junge, ehrgeizige Angestellte zwischen 30 und 40 Jahren zu seinen Hauptkunden zählt und ein Versender von elektrischen Kachelöfen, der sich gezielt an jüngere Ehepaare wendet, haben das Anschriftenwerk der Flensburger Sex-Verkäuferin sogar regelrecht abonniert. Mit Hilfe des Computers kann das Versandhaus Adressen auf Wunsch auch selektiert nach Alter, Geschlecht, Wohnort und bestimmten Kundenverhalten wie Bestellrhythmus, Kaufsumme und Art der ausgewählten Artikel liefern.

Ihr reichhaltiges Arsenal lustfördernder Produkte breitet Beate Uhse in Form aufreizender Farbfotos und unmißverständlicher Begleittexte auf 40 Seiten Kunstdruckpapier aus. Ihren im handlichen Brieftaschenformat hergestellten Katalog verschickt sie in einer Auflage von jährlich einer Million Stück. Da einige Bücher gewöhnlich schon nach kurzer Zeit wie Blei in den Lagerregalen liegen oder nach ihrer Indizierung durch die Bundesprüfstelle für jugendgefährdende Schriften in Bad Godesberg nicht mehr ausgeliefert werden dürfen, aktualisiert die geschäftstüchtige Ehehygienikerin ihren Sex-Almanach durch eine alle sechs Wochen fällige Neuauflage. 30 Pfennig Produktionskosten muß sie dabei für einen Katalog kalkulieren, der ihr 1970 durchschnittlich 2,20 Mark Umsatz einbrachte.

Um ihre 1,2 Millionen Dauerbesteller bei Kauflaune zu halten, betreibt Beate Uhse eine kostpielige Kundenpflege. Vier- bis fünfmal jährlich verschickt sie an die Treuesten unter ihren Beziehern kleine Faltprospekte in Taschenkalendergröße, die neue Artikel und besonders erfolgreiche Katalogknüller enthalten. Kosten pro Aussendung: 28 Pfennig, inklusive Porto. Das erotische Werbefeuerwerk krönen im persönlichen Stil abgefaßte Briefe, in denen Beate Uhse ihren Stammkunden acht- bis neunmal jährlich vor allem literarische Spezereien, wie die Liebeserinnerungen der Wiener Dirne Josefine Mutzenbacher schmackhaft macht: »Wenn ich Ihnen einen Rat geben darf, bestellen Sie Ihr Exemplar möglichst schnell. Wegen seiner harten Erotik ist zu erwarten, daß es nicht lange lieferbar sein wird.«

Für alle Kunden, die schon über ein Jahr nichts mehr bei ihr bestellt haben, ließ sich die listenreiche Versandunternehmerin als sogenannte »Aktivierungsaussendung« vor einigen Jahren einen besonderen Gag einfallen: Eine Original-Computerlochkarte mit einer handschriftlichen Chefnotiz: »Weshalb ist dieser Kunde nicht zufrieden? Schlecht behandelt worden? Beate.« Von der – wie er glaubte – seinetwegen gemaßregelten Kundenberaterin wurde der verwirrte Uhse-Kunde dann noch einmal zusätzlich ins Gebet genommen: »Wenn wir Ihre Karte nicht zurückbekommen, werden Sie nie mehr unsere neuesten Angebote erhalten können. Unser Computer kann Sie dann nicht mehr auswählen. Sie sind ›weg‹ für ihn, verstehen Sie?«

Mit Hilfe des Computers kann Beate Uhse die Effizienz jedes einzelnen Werbemittels ständig kontrollieren. Die Attraktivität ihres Katalogs testet sie sogar schon, bevor das Gros der Kunden ihr gedrucktes Lieferprogramm in den Händen hat: Durch den Versand von Vorausexemplaren an eine repräsentative Auswahl von 10 000 Bestellern. Auf diese Weise kann sie, bevor die Hauptauflage die Maschinen verläßt, besonders oft verlangte Artikel optisch noch stärker hervorheben und ausgesprochene »Nieten« aus dem Angebot nehmen. Viermal im Jahr erhält Beate Uhse aus ihrem Rechenzentrum eine Aufstellung sämtlicher Artikelumsätze, die mit Hilfe jedes einzelnen Werbemittels erzielt wurden. Dies ist möglich, weil jeder Kunde mit der Artikelnummer eine angehängte zweistellige Ziffer auf dem Bestellschein vermerkt, unter der der »kaufauslösende« Prospekt, Katalog oder Werbebrief intern registriert ist. Da in der Flensburger Versandzentrale sämtliche Bestellungen unmittelbar nach ihrem Eingang auf Lochkarten übertragen werden, läßt sich die Zugkraft jeder Aussendung kurzfristig überprüfen.

Beate Uhses treueste Versandkunden leben da, wo auch ihre eifrigsten Kritiker zu Hause sind: In den ländlichen, vornehmlich katholischen Gebieten Süddeutschlands, in denen sich die durch Tabus in ihrer Entfaltung gehemmte Sexualität Ventile sucht. Auch in ihrem Altersaufbau zeigt die Kundschaft einen klaren Schwerpunkt: 39 von 100 Bestellern sind zwischen 31 und 40 Jahre alt; mit weitem Abstand folgt die Gruppe der 21- bis 30jährigen, zu der 28 Kunden zählen, 17 Bezieher von Uhse-Produkten sind zwischen 41 und 50 und 10 zwischen 51 und 60. Ganze 4 rekrutieren sich aus den reiferen Jahrgängen über 60; die restlichen 2 entstammen dem Kreis der Jungvermählten, die das Vorrecht, schon als Minderjährige in Flensburg einkaufen zu dürfen, nur noch mit den Soldaten der Bundeswehr teilen. »Wer für Deutschland sterben darf, der wird auch von uns beliefert«, entschied die kleine Klare aus dem Norden.

Fünf Prozent ihres Umsatzes verdankt Beate Uhse mehr als 100 000 Auslandskunden in 118 Ländern der Welt. Flensburger Liebespäckchen gehen nach Sydney, nach Chicago, nach Djibuti in Somalia und sogar an einen Besteller in Peking. Die Versenderin liefert aber nicht nur ins Ausland, sondern bezieht von dort auch direkt über Importeure einen Teil ihrer 400 Katalogartikel. So kauft sie beispielsweise Spezialpräservative in Japan, chemische Verhütungsmittel und erotisierende Duftsprays in Frankreich und Pin-up-Kugelschreiber in Dänemark. Ihre als »Liebeswunder aus dem Fernen Osten« angepriesene Salbe »Pau-Yuen-Tong« bezieht sie zum Preis von 3,40 Mark die Dose bei einem in Südafrika tätigen chinesischen Hersteller. Im Katalog ist die Wunderpaste mit 9,80 Mark ausgezeichnet.

## Lustelixiere aus dem eigenen Labor

Vielversprechende Lustelixiere mixt Beate Uhse auch im eigenen Hause. In ihrem »Honema«-Labor, so genannt nach der 1953 übernommenen Präparatefabrik H. & G. Honemann, stellt sie Eigenmarken wie das Stärkungsmittel »everfit«, die aphrodisische Badeessenz »Ariadne H 6« und den anregenden Likör »Amatella« her. Aus dem in einem Seitentrakt ihres »Sex-Ecks« gelegenen Liebeslabor stammt unter anderem auch eines der meistgefragten Artikel ihres Angebots: Das Spezialmittel »longtime männer-creme«, dessen Grundstoffe kaum mehr als 50 Pfennig kosten und für das der Kunde 7,50 Mark bezahlt.

Speziell bei Präparaten kann Beate Uhse bei ihren Abnehmern auf ein hohes Maß an Preisunempfindlichkeit vertrauen. Derselbe Mann, der bereitwillig einen langen Weg in Kauf nimmt, um die Flasche Whisky eine Mark billiger als in seinem Laden um die Ecke einzukaufen, verhält sich vor einem Angebot potenzstärkender Mittel meist alles andere als preisbewußt. Im blinden Vertrauen auf die Wirkkraft des glückverheißenden Präparates, von dessen Zusammensetzung er nicht die geringste Vorstellung hat, greift er nach der Pakkung, gleichgültig ob sie 7,75 oder 9,75 Mark kostet.

Daß Beate Uhses Eigenprodukte alles andere, nur keine geheimnisvollen Wirkstoffe enthalten, erfuhr die Öffentlichkeit in einem Prozeß, in dem der Versandhändlerin 1968 vorsätzlicher Betrug und ein Vergehen gegen das Lebensmittelgesetz zur Last gelegt wurden. Es ging dabei um die in ihrem Labor abgefüllten Liebesliköre »Cythera« und »Amatella« sowie um die von einem Schokoladenfabrikanten im Lohnauftrag hergestellten »nous deux«-Pralinen, für die Beate Uhse nach Ansicht der Flensburger Staatsanwälte mit irreführenden Angaben geworben hatte. Bei einer Analyse des als »anregend« empfohlenen Liebescocktails hatten Lebensmittelchemiker beispielsweise keine anderen stimulierenden Substanzen als gewöhnliches Coffein, Teein sowie Cola-Stoffe feststellen können. Das Flensburger Landgericht befand die Angeklagte für schuldig und verurteilte sie zu einer Geldstrafe von 60 000 Mark. Begründung: Wer bei Beate Uhse Artikel dieser Art kaufe, gehe davon aus, daß es sich dabei um sexuell anregende Mittel handelt, auch wenn in der Werbung davon nicht ausdrücklich die Rede ist. Auf Antrag der Sexgewerblerin wurde der Fall vom Oberlandesgericht Schleswig an das Flensburger Landgericht zurückverwiesen, das sie freisprach.

Das tägliche Brot verdient Beate Uhse jedoch weder mit lustfördernden Säften noch mit verführerischen Dessous, die sie in einem eigenen Modellwäscheatelier nähen läßt, sondern mit Präservativen in allen Ausführungen und Preislagen. Mit dem Standardverhütungsmittel erzielt sie 40 Prozent ihres gesamten Umsatzes. Erstaunlich ist, daß der Absatz von Präservativen trotz zunehmender Verbreitung der Anti-Baby-Pille noch immer um rund fünf Prozent jährlich zunimmt. Spitzen-Boni und hohe Mengenrabatte sichern ihr überdies eine glänzende Handelsspanne: Von einer Mark, die sie einnimmt, 66 Pfennig!

Allerdings muß Beate Uhse in ihren Preisen besonders hohe Kosten auffangen. Allein die Ausgaben für die Werbung – die aktive Sexhändlerin verschickt jährlich 14 Millionen Werbesendungen – erreichen 22 Prozent des Umsatzes, mit 22 Prozent schlagen auch die Löhne und Gehälter der 350 Beschäftigten des Unternehmens zu Buch. Dennoch ist die Umsatzrendite des Versandhauses mit gut zehn Prozent immer noch dreimal so hoch wie die der Großversender oder Warenhäuser. Um ihr Lager jährlich zwölfmal umschlagen zu können, achtet die Firmenchefin auf eine ständige Aktualisierung ihres auf rund 400 Artikel beschränkten Sortiments. Uhse-Produkte, mit denen nicht mindestens ein Versandumsatz von monatlich 3500 Mark zu erzielen ist, werden aus dem Angebot gestrichen.

Mehr dem Zufall als dem Ergebnis kaufmännischer Überlegungen verdankt Beate Uhse den Anstoß zum Aufbau einer eigenen Ladenkette als Ergänzung ihres Kataloggeschäfts. Speziell für Gäste ihres Hauses, die vielfach den Wunsch hatten, sich an Ort und Stelle ein Sex-Mitbringsel auszusuchen, richtete sie in der Flensburger Innenstadt ein kleines Geschäft ein. Was niemand erwartet hatte, trat ein: Der als Schau- und Einkaufsladen für auswärtige Firmenbesucher gedachte Uhse-Shop zog vom ersten Tag an auch das Interesse des örtlichen Publikums auf sich. Wenn schon die Flensburger nichts dabei fanden, Verhütungsmittel und Liebespräparate vor aller Augen zu kaufen, so überlegte die Intimversenderin, wie erfolgreich müßten dann erst Filialen in Hamburg, Berlin oder München laufen. In eigenen Geschäften könnte man sogar indizierte Pornoliteratur gezielt an den Mann bringen, die weder in Katalogen noch in Schaufenstern und offenen Ladenregalen angeboten, sondern nur unsichtbar unter der Theke gelagert werden darf. Also beschloß Beate Uhse, übrigens gegen den Rat der meisten ihrer Mitarbeiter, dem kleinen Flensburger Laden weitere Verkaufsstützpunkte folgen zu lassen.

Ihr zweites Geschäft eröffnete die Sexverkäuferin im Februar 1965 in Hamburg, ein halbes Jahr später etablierte sie sich in Frankfurt, im Juli 1966 in Berlin, danach in Nürnberg, Ludwigshafen, Düsseldorf, auf Westerland, in Saarbrücken, Hannover und Bochum. Ende 1971 verfügte sie über 26 Filialen, in denen sie bereits annähernd den gleichen Umsatz erzielt wie im Versandgeschäft. Aus ihrem Spitzenladen auf der Hohen Straße in Köln tragen Kunden täglich für 4000 bis 6000 Mark Ware heraus. Im Schnitt kassiert Beate Uhse von jedem Besucher pro Einkauf einen Betrag von 16,80 Mark, in Westerland sogar 22 Mark. Im Vergleich dazu der Durchschnittswert eines Versandpakets: 30,50 DM.

Den Gehemmten und Verklemmten unserer Gesellschaft, die oft unschlüssig vor dem Schaufenster auf und ab gehen, bevor sie sich ein Herz nehmen und zum erstenmal einen Uhse-Laden betreten, kommt die Sexfilialistin durch eine betont gelockerte, zugleich aber anonyme Verkaufsatmosphäre entgegen. Farbige Teppichböden, auf Orangetöne abgestimmte Boutiquemöbel, indirekte Beleuchtung und verspielte Raumdekorationen wie bunte Rosetten und Luftballonarrangements gehören zur Grundausstattung jedes Geschäfts. Überflüssig zu sagen, daß sich Beate Uhses Besucher selbst bedienen. Die geschickte Verkaufspsychologin läßt ihre Kunden – 90 von 100 sind Männer, im Versand dagegen nur 70 – Pornobücher, Präservative und Potenzpräparate aber nicht etwa in offenen Drathkörben durch den Laden tragen, in die vielleicht andere Käufer, womöglich Bekannte oder gar Nachbarn, interessierte Blicke werfen könnten. Vielmehr nimmt jeder, der den Sex-Shop betritt, gleich am Eingang eine neutrale Plastiktragetüte in Empfang, deren Inhalt nur die Kassiererin zu Gesicht bekommt. Laute Hintergrundmusik befreit unsichere Kunden vor der Angst, belauscht zu werden, wenn sie sich mit einem Intimproblem an eine der Verkäuferinnen wenden.

## Erotisches Kurzstudium für Verkäuferinnen

Beate Uhses Sexberater und -beraterinnen, die in der Regel aus völlig anderen Branchen stammen, müssen vom ersten Arbeitstag an ein hohes Lernpensum absolvieren, um sich gründliche Warenkenntnisse anzueignen. Nach einem in Flensburg aufgestellten Zeitplan müssen Anfängerinnen innerhalb der ersten vier Wochen zwischen allen Arten von Präservativen unterscheiden lernen; die fünfte und sechste Woche stehen Empfängnisverhütungsmittel auf dem Programm. Welche Mittel gegen bestimmte Liebeskümmernisse zu empfehlen sind, wissen Beate Uhses Ladenneulinge dann nach der dritten, abschließenden Phase ihres erotischen Kurzstudiums. Daneben müssen sie häufig verlangte erotische Romane lesen, um wißbegierigen Kunden mit subtilen Inhaltsangaben dienen zu könen. Wie fleißig sie gebüffelt haben, stellt sich spätestens heraus, wenn sie im Beisein eines Ladeninspektors einen Fragebogen mit Prüfungsaufgaben ausfüllen müssen. Aufgabenbeispiel: »Nennen Sie alle indizierten Bücher, die wir augenblicklich im Programm haben?« Oder: »Nennen Sie alle orgasmusfördernden Wirkpolster?« Ihre Verkaufsdamen und Filialleiterinnen läßt Beate Uhse nicht allein durch Ladeninspektoren überwachen, die unangemeldet in den Geschäften erscheinen. In ihrem Auftrag führen daneben Privatdetektive Testkäufe durch, um festzustellen, ob etwa eine Kassiererin den für einen Pornofilm eingenommenen Betrag von 38,50 Mark statt in die Ladenkasse nicht vielleicht in ihre Handtasche steckt und den verkauften Artikel anschließend als gestohlen meldet.

Mit der inzwischen aus dem Firmenkopf gestrichenen Wortmißbildung »Ehehygiene« – der Ausdruck erinnert in fataler Weise an Körperreinigung – ist Beate Uhses Betätigungsfeld heute längst nicht mehr zutreffend umrissen. Die geschäftstüchtige Sexhändlerin (»Ich führe alles, was erlaubt ist.«) würzte in den zurückliegenden Jahren ihr Sortiment mit delikaten Pornospezialitäten. Dabei konnte sie vor allem auf die Produktion des zum Versandhaus gehörenden Carl Stephenson-Verlages zurückgreifen, dessen Titel an ihrem Buchgeschäft (38 Prozent des Firmenumsatzes) zu zwei Dritteln beteiligt sind. Mit der Übernahme des im Kriege in Berlin stillgelegten Verlages für gängige Unterhaltungsliteratur verfolgte die Flensburgerin allein den Zweck, für ihre Erotikbücher im »Börsenblatt für den

Deutschen Buchhandel« zu werben und damit die Basis für einen Massenvertrieb zu schaffen.

Beate Uhses Versuch, mit ihren Sexwerken in den deutschen Buchhandel einzudringen, schien gescheitert, als der Norddeutsche Verleger- und Buchhändler-Verband der Branchenaußenseiterin die Aufnahme verweigerte. Die unnachgiebigen Verbandsfunktionäre ließen sich auch nicht von einer Anordnung des Bundeskartellamtes beeindrucken, die ungeliebte Kollegin in ihre Reihen aufzunehmen. »Wir wehren uns mit Zähnen und Klauen dagegen«, protestierten sie, »daß beim Versand von antikonzeptionellen Mitteln und Reizwäsche auch noch auf dem Briefbogen steht: ›Mitglied des deutschen Börsenvereins‹.« Die Einspruchsabteilung des Kartellamtes hob die Anordnung wieder auf. Ein Kompromißvorschlag des Börsenvereins beendete den Zwist: Beate Uhse zog ihren Aufnahmeantrag zurück, durfte aber fortan im Börsenblatt annoncieren und auf der Frankfurter Buchmesse einen eigenen Stand belegen.

Mit ihren Büchern erreicht die Sexverlegerin Auflagen, von denen die Produzenten seriöser Literatur nur träumen können. Nummer 1 auf Beate Uhses Bestsellerliste ist das Aufklärungswerk »Sexuelle Technik in Wort und Bild« des Japaners Dr. Sha Kokken, das bis Ende 1971 mehr als 350 000mal verlangt wurde. Das Liebesbrevier »Helga und Bernd« wählten 300 000 Bundesbürger als Schlafzimmerlektüre; das Eroticon »Sexspiel, Hingabe und Ekstase« brachte es immerhin auf 100 000 verkaufte Exemplare. Die Absatzerfolge der deutschen Nachtaufklärerin – durchschnittlich jeder vierte ihrer Titel wird ein Bestseller mit über 50 000 Auflage – sind das Ergebnis einer auf Ersatzbefriedigung zurückgedrängter Sexbedürfnisse programmierten Massenfabrikation. Ein fester Kreis von Autoren bringt nach einheitlicher Schablone so rustikalen Stoff wie »Die Sexspiele des Alfred Kindermacher«, oder »Harry, der nimmersatte Wonnespender« zu Papier. In Beate Uhses Buchfabrik ist Schnelligkeit Trumpf. Der kommentierte Aktbildband »Britta« zum Beispiel, den die Flensburgerin mit Hilfe billiger dänischer Fotos zum Herstellungspreis von nur 3,90 Mark produzierte (Katalogpreis: 19,80 Mark), benötigte von der Idee bis zur Auslieferung der Erstauflage nicht mehr als acht Wochen.

Trotz jährlich steigender Umsätze blieb Beate Uhse in jüngster Zeit eine zunehmende Sexmüdigkeit der Deutschen nicht verborgen.

Mit 32,7 Millionen Mark blieb ihr Umsatz 1970 genau drei Millionen Mark unter der zu Beginn des Jahres fixierten Zielmarke. Die Gründe sind vielfältiger Art: Der umstrittene Pornografie-Paragraph unseres Strafgesetzbuches hindert sie daran, ihre Kunden durch immer deftigere Kost bei Laune zu halten. Mit dem rasanten Abbau langgehegter sexueller Tabus haben Aufklärungs- und Pornobücher für viele überhaupt jeglichen Reiz verloren. Da auch das dominierende Präservativgeschäft nur noch mäßig floriert und mit der Aufhebung der Rezeptpflicht für die Anti-Baby-Pille zweifellos einmal zurückgehen wird, sah sich Beate Uhse schon vor Jahren auf weniger erschlossenen Auslandsmärkten nach Absatzmöglichkeiten um. Ihre Exportoffensive begann jedoch mit einem eklatanten Fehlschlag. Um den Franzosen ihre Liebesdienste anzutragen, hatte sie 1968 aus ihrem Katalog 36 – wie sie glaubte – in Frankreich zum Handel zugelassene Artikel ausgewählt und in einem Sammelangebot zusammengefaßt. Doch ihr bei der Auswahl zu Rate gezogener Fachanwalt mußte in den einschlägigen Vorschriften einiges übersehen haben. Denn als die ersten Päckchen aus Flensburg die Grenze erreichten, konfiszierten die französischen Zöllner die Liebesfracht kurzerhand und ließen Beate Uhse wegen »Verstoßes gegen die guten Sitten« in Paris den Prozeß machen.

Undramatischer verlief ihr Start dagegen in Österreich. Als Generalvertretung setzte sie hier eine kleine Wiener Werbefirma ein, die zu ihren Kunden unter anderem eine Reihe bekannter Zirkusunternehmen zählt. Ihr österreichischer Vertragspartner bezahlte das Recht, sein Sexgeschäft unter dem Namen »Beate Uhse« zu betreiben allerdings mit der Anerkennung harter Bedingungen. So mußte er sich nicht nur verpflichten, 75 Prozent seiner Ware bei Beate Uhse zu kaufen, sondern auch angemessene Preise zu verlangen, für alle Artikel ein Umtauschrecht zu garantieren und die Klebe-Layouts geplanter Kataloge und Prospekte in Flensburg zur Kontrolle vorzulegen. Im Frühjahr 1971 streckte die Versandhändlerin auch in Holland ihre Fühler aus – mit einem 100 Quadratmeter großen Laden auf Amsterdams belebter Kalverstraat.

Zwischen Luftballonbuketts und Baumattrappen reifen Beate Uhses geschäftspolitische Entscheidungen in einem Klima ungezwungener Hemdsärmeligkeit heran. Wie die Versandchefin selbst sind auch die meisten ihrer leitenden Mitarbeiter engagierte Autodidakten. Ihr Stellvertreter ist gelernter Schriftsetzer, ihre Ressortleiterin »Organisation, Ladenbau, Rechenzentrum« begann als Sekretärin. Dazwischen tummeln sich Beate Uhses jugendliche Söhne, die ihre Karriere als Aktmodelle für eine Reihe homophiler Bildbände des firmeneigenen Stephenson-Verlags begannen und ohne längere kaufmännische Praxis in einflußreiche Positionen des Versandhauses aufrückten: Klaus Uhse, Jahrgang 1943, verantwortlich für das Auslandsgeschäft, Dirk Rotermund, Jahrgang 1944, zuständig für Werbung und Vertrieb, und Ulli Rotermund, Jahrgang 1949, dem seine Mutter die Obhut über die Läden anvertraute. Völlig im Hintergrund hält sich demgegenüber Uhse-Ehemann Ernst-Walter Rotermund, der Frau Beate vor einigen Jahren die Bühne allein überließ und als »Generalbevollmächtigter« in den häuslichen vier Wänden seitdem über die Zukunft des Unternehmens nachsinnt. Nach einem Ehe-Zerwürfnis kündigte die impulsive Sexhändlerin ihrem Gatten Ende 1971 fristlos.

Überhaupt ist Beate Uhses privater Lebensstil ausgefallen wie ihre berufliche Laufbahn. In der zwölf Kilometer von Flensburg entfernten Ortschaft Rüde bewohnt sie eine zu einem behaglichen Holzhaus ausgebaute alte Wehrmachtsbaracke; sie kleidet sich von der Stange, trägt keinerlei Schmuck und läßt ihr Haar von ihrem Ehemann schneiden, der 50 Meter von ihrem Haus in einer eigenen Hütte lebt. Als einziges Bild hängte sich die vielfache Millionärin einen billigen Poster an die Wand: ein Porträt Mao Tse-tungs.

HUGO MANN

## Das dramatisierte Einkaufserlebnis

Das Schauspiel ist immer dasselbe. Nicht umsonst spielt der Regisseur die Hauptrolle selbst: Wenn Hugo Mann, eine rote Nelke im Knopfloch, vor sein Publikum tritt, über die »Selbständigkeit des modernen Verbrauchers«, die »Konzeption einer gutgeölten Verkaufsfabrik« und das »Paradies für Autofahrer« doziert, weiß er, daß sich im selben Augenblick vor der Halle endlose Autoschlangen durch ein Spalier blau-weißer Fahnen auf die weitflächigen Parkfelder quälen, daß Tausende Neugieriger – von schmissigen Militärmärschen einer Blaskapelle elektrisiert – in einer dicken Menschentraube dem Moment der Öffnung entgegenfiebern oder die mit 43 850 Mark ausgezeichnete Privatmaschine vom Typ »Cessna F 150 J« umlagern, die zusammen mit einer Gruppe voll ausgerüsteter Segeljachten einen vorzüglichen Blickfänger abgibt.

Der Höhepunkt naht, wenn Hugo Mann unter dem Applaus der geladenen Gäste vom blumengeschmückten Rednerpodest herabsteigt und an der Spitze der Festversammlung dem Portal zustrebt. Mit einer großen Schere, die ihm irgend jemand reicht, zerschneidet er in der Pose, in der sich Verkehrsminister bei der Freigabe neuer Autobahnteilstücke gefallen, ein quer vor den Eingang gespanntes blauweißes Band. Gleichzeitig reißen zwei Statisten die beiden Flügeltüren auf; in Massen stürmen die Wartenden an Gästen und Gastgebern vorbei in die weite Halle ...

Eröffnungen neuer »Wertkauf-Center« (Werbemotto: »Von der Apfelsine bis zum Flugzeug«) und »Mann-Mobilia«-Einrichtungswarenhäuser sind Höhepunkte im Leben des Hugo Mann. Der drahtige Schwabe genießt sichtlich die großen Auftritte, die ihn als Pionier industrieller Massendistribution im Mittelpunkt überschwenglicher Huldigungen sehen. »Phantastisch« nannte das US-Fachblatt »The Discount Merchandiser« 1968 seinen ersten großen »Wertkauf« in München, »Moderner Markt« sprach von einem Unternehmen der sich überschlagenden Superlative«. Seine außerhalb der verstopften Citys errichteten »Verkaufsmaschinen« konstruierte Mann im Vergleich zu herkömmlichen Verbrauchermärkten der Konkurrenz nicht nur größer und technisch perfekter, sondern vor allem ideenreicher und durch eine dramatisierte Warendarbietung suggestiver.

Mit der Einweihung seines ersten »Mann Mobilia« (Werbeverheißung: »Die Wunderwelt des Wohnens«) unmittelbar neben seinem »Wertkauf-Center« in Karlsruhe schuf Hugo Mann als Weiterentwicklung des traditionellen Möbelgeschäfts den Prototyp eines neuartigen Einrichtungswarenhauses, eine nach dem Prinzip der Bedarfsbündelung gestaltete Wohnlandschaft, in der vom Ohrensessel bis zum Teelöffel, von der Stereoanlage bis zur Ikone alles seinen Platz hat. Wer die Einkaufsoasen des rastlosen Schwaben an den Brennpunkten der süddeutschen Industrieregionen zum erstenmal erlebt – die zahllosen professionellen Späher aus dem In- und Ausland eingeschlossen – vermutet in ihnen kaum das Werk eines mittelständischen Verhältnissen entstammenden Möbeleinzelhändlers aus der Provinz.

Für den 1913 in der oberschwäbischen Kleinstadt Laupheim bei Ulm zur Welt gekommenen Hugo Mann war das Möbelgeschäft bereits ein vertrautes Metier, als die meisten seiner gleichaltrigen Freunde noch die Bänke der höheren Klassen drückten. Auf Wunsch seines Vaters verließ Hugo, erstes von fünf Kindern, schon mit der mittleren Reife die Schule, um sich in der von Großvater Siegfried Mann gegen Ende des vorigen Jahrhunderts gegründeten Möbelschreinerei nützlich zu tun, mit der sich die Familie gegen die Konkurrenz der modern eingerichteten Fabriken ihren Lebensunterhalt nur noch unter großen Mühen verdiente. Der Jüngling erkannte schnell, daß der elterliche Handwerksbetrieb nur durch einen Übergang auf serienmäßige Fertigung zu erhalten sein würde. Zusammen mit seinem Vater rüstete Hugo Mann die kleine Fabrik um; ihr Produktionsprogramm beschränkten sie im wesentlichen auf lackierte Schlaf- und Mädchenzimmer. Zum Teil kreierte der Filius neue Modelle sogar selbst. Ein von ihm am Zeichentisch entworfenes Töchterzimmer lieferten die Manns zum sensationell niedrigen Preis von 199,50 Mark bis nach Schlesien.

Es konnte jedoch nicht ausbleiben, daß Hugo nach dem frühen Tode seines Vaters im Jahre 1933 mit seinem betagten Großvater, einem traditionsverbundenen Handwerksmeister, immer öfter aneinandergeriet. Denn dem eigenwilligen Gründer (Hugo Mann: »Das war genauso ein Dickkopf wie ich.«), der seinen Enkeln stolz davon zu erzählen pflegte, wie er als Lehrling täglich fünf Kilometer barfuß nach Laupheim gelaufen sei, um abends die Gewerbeschule zu besuchen und der noch im hohen Alter von über 80 Jahren zu Möbelmessen fuhr, paßten keineswegs alle neuen Ideen des jugendlichen »Umstürzlers«. Nach einer besonders heftigen Meinungsverschiedenheit zog Hugo Mann die Konsequenzen: Er beschloß, sich selbständig zu machen. Bereits ein halbes Jahr bevor er aus der angestammten Familienfirma ausschied, richtete er sich in Laupheim ein Möbelgeschäft ein. Er schaffte vier »Opel P 4« an, engagierte drei Reisende und schickte sie von Montag bis Samstag auf Verkaufsfahrt nach Ulm, ins Illertal und in die Bodenseegegend. Am Sonntagmorgen stand der junge Chef mit seiner Verkaufstruppe daheim im Laden und machte mit der Kundschaft aus Laupheim und Umgebung glänzende Geschäfte.

## Einstand als Preisbrecher

In der schwäbischen Provinz, das wußte Mann sehr genau, waren den Entfaltungsmöglichkeiten eines ehrgeizigen Möbelhändlers enge Grenzen gesetzt. Einen Handelsvertreter, der ihm gerade eine größere Partie Schlafzimmer verkauft hatte, bat er deshalb, sich für ihn gelegentlich nach einem größeren Laden in Karlsruhe oder Stuttgart umzusehen. Schon nach ein paar Tagen erhielt er Nachricht, daß in der Karlsruher Kaiserpassage ein Geschäft zu günstigen Konditionen zu übernehmen sei. Hugo Mann, mit seinen 24 Jahren voll Unternehmungsgeist, fuhr sofort hin; abends saß der Provinzler in einem Terrassen-Restaurant über einer Portion Pfannkuchen mit Marmelade und einem Glas Bier, schaute auf die illuminierte Stadt Karlsruhe herab und teilte seiner Mutter auf einer Postkarte mit: »Lichter hat's genug, hier bleib' ich!« Tags darauf schloß er den Mietvertrag ab.

Die Möbelhändler der badischen Metropole staunten nicht schlecht, als sie die Schaufenster ihres neuen Konkurrenten inspizierten. Denn Hugo Manns Möbel waren im Schnitt 25 Prozent billiger als die ihren. Mann: »Ich war damals bereits, ohne es zu wissen, ein Discounter.« Einmal bot der aggressive Außenseiter ein Schlafzimmer so preiswert an, daß ihm seine Widersacher vorwarfen, die Kunden mit einem nur in wenigen Stücken vorrätigen »Lockvogel« ködern zu wollen und bei der Industrie- und Handelskammer eine Betriebsprüfung erwirkten. Ihre Überraschung war allerdings groß, als sie erfuhren, daß Manns billige Schlafzimmer das ganze Hintergebäude des Ladens füllten. Mit Hilfe eines Tricks kam der geschäftstüchtige Schwabe jedoch trotz des knapp kalkulierten Angebots voll auf seine Kosten: Er gab die umstrittenen Schlafzimmer nur zusammen mit den dazugehörigen Betten und Matratzen ab, für die er stattliche Preise verlangte.

Als bei Ausbruch des Krieges alle Möbelhändler ihre Umsätze der Kammer melden mußten, weil nach ihnen die Zuteilungsquoten im Rahmen der Warenbewirtschaftung ermittelt werden sollten, stellte sich heraus, daß Hugo Mann in den drei Jahren, die er in Karlsruhe tätig war, sämtliche Konkurrenten überflügelt hatte. Am 26. August 1939, seinem 26. Geburtstag, brach er zum Dienst mit der Waffe auf. Es sollte ganze zehn Jahre dauern, bis er wieder nach Karlsruhe zurückkehrte. Es zeugt von der Energie, aber zugleich auch von dem nüchternen Realismus Manns, daß er in den schweren Jahren russischer Kriegsgefangenschaft fließend Englisch lernte und sich – als er die Hoffnung auf eine Rückkehr allmählich aufzugeben begann – dem Studium des Russischen in Wort und Schrift zuwandte.

Hugo Manns Laden in der Kaiserpassage, den während seiner Abwesenheit eine Schwester geleitet hatte, war noch in der letzten Phase des Krieges ausgebombt worden. Was an Möbeln aus den Ruinen gerettet werden konnte, beschlagnahmten die Nazis, die Geschäftswagen wurden entweder gestohlen oder ausgeschlachtet. Als der mittlerweile 36 Jahre alte Kaufmann im Sommer 1949 doch aus Rußland heimkehrte, mußte er wieder ganz von vorne beginnen. Per Zeitungsinserat bewarb er sich um eine kaufmännische Tätigkeit in der Möbelbranche, doch auf ein Angebot wartete er vergeblich. Um sein Stellungsgesuch aufzuwerten, bot er in einer weiteren Annonce zusätzlich die Einbringung von 150 000 Mark an, die er aus dem Verkauf seiner Karlsruher Villa erlöst hatte. Diesmal bekundeten gleich 17 Firmen Interesse an ihm. Doch nachdem er mit einem Dutzend von ihnen verhandelt hatte und fand, daß bei allen entweder das Management oder die Bilanz nicht in Ordnung war, änderte Hugo Mann seine Pläne kurzfristig. »Nach meinen Besuchen kam ich zu der Überzeugung, daß es für mich das beste sei, wieder selbständig zu werden«, erläutert er seine damalige Sinneswandlung.

Mit seinen 150 000 Mark Startkapital baute der ausgebombte Preisbrecher auf der belebten Kaiserstraße im Herzen Karlsruhes ein fünfstöckiges Möbelhaus und setzte sich damit wesentlich wirkungsvoller in Szene als vor dem Krieg. Verhängnisvoll sollte sich jedoch auswirken, daß er sein Sortiment auf das gute bis sehr gute Mittelgenre abstimmte. Er übersah dabei, daß viele Menschen noch zu dritt oder zu viert in einem Zimmer schliefen und anstelle teurer breiter Betten eher Feldbetten oder Klappcouchen brauchten. Aus seiner ausweglosen Lage rettete Hugo Mann nur die Korea-Krise, die unter den Deutschen eine spontane Kauflust auslöste. An hohen Preisen störten sich die Leute wenig. »Ohne die Korea-Krise«, gibt der erfolgreiche Handelsunternehmer heute unumwunden zu, »wäre ich damals unweigerlich Pleite gegangen.«

## Ehe mit der Porst-Tochter

1950 führte er Rosemarie Porst, die Tochter des Nürnberger Fotoversenders Hanns Porst, zum Altar. Dank finanzieller Unterstützungen seines Schwiegervaters konnte der strebsame Möbelhändler seinem Karlsruher Stammgeschäft sehr bald Filialen in Mannheim und Pirmasens angliedern. Später eröffnete er noch weitere Geschäfte in Frankfurt, Heidelberg (2), Wiesbaden, Stuttgart, Pforzheim, Saarbrücken und Darmstadt. Im übrigen mußte die Familie Porst ihrerseits Ende der sechziger Jahre Manns Hilfe in Anspruch nehmen.

In seiner Geschäftspolitik ging Hugo Mann von Anfang an eigene Wege. Er hatte den Ehrgeiz, einmal zu den Größten seiner Branche zu gehören, vielleicht sogar einmal der Größte zu werden. Um dieses Ziel zu erreichen, mußte er viel Geld verdienen. Deshalb konnte er der Praxis vieler seiner Konkurrenten, Möbel vorwiegend über den Preis zu verkaufen, wenig Reiz abgewinnen. Um sich im Gegenteil dem Preisvergleich mit anderen Geschäften zu entziehen, entwickelte er zusammen mit namhaften Fabrikanten Exklusivmodelle, die er unter der Eigenmarke »Original Mann« anbot. Exklusivität verliehen seinen Möbeln vielfach jedoch nur geringfügige Abweichungen von den Standardausführungen.

In vielen Fällen als erster deutscher Möbelhändler vergab Mann Großaufträge an billig produzierende Fabriken in Osteuropa und Spanien. Allein aus Rumänien und Jugoslawien rollten ganze Waggons mit Schlafzimmern, Tischen und Stühlen in Richtung Karlsruhe.

Mit Hilfe einer an die jeweilige Artikelkalkulation angepaßten Provisionsstaffel spornt der renditebewußte Möbelhändler seine Verkäufer an, statt auf leichte Art billige Stücke an den Mann zu bringen, den mühsameren Weg zu gehen und teurere, in der Regel besser kalkulierte Modelle zu forcieren. Seiner erfolgsorientierten Sortiments- und Preispolitik verdankt Hugo Mann eine glänzende Gewinnspanne.

Mit seinem Werbeslogan »Mann richtet Ihre Wohnung ein« machte Hugo Mann deutlich, daß er – wie er es nannte – »nicht nur Bretter verkaufen« wollte. Wenn schon die Leute bei ihm ihre Möbel aussuchten, dann sollten sie wegen der Teppiche, Vorhänge und Gardinen nicht ins nächste Warenhaus laufen müssen. Früher als andere richtete er in seinen Häusern für diese Artikelgruppe eine eigene Etage ein; seine Verkäufer hielt er sogar dazu an, mindestens zehn Prozent ihrer Umsätze mit Heimtextilien zu erzielen. Damit das Publikum von seinem Angebot an Dekorationen gebührend Notiz nehmen konnte, legte er ihnen den bewährten Branchentrick ans Herz, Besucher entweder auf dem Weg in die oberen Möbelstockwerke oder auf dem Rückweg durch die Textiletage zu führen, anstatt im Lift an ihr vorüberzufahren. Um seine Verkäufer in die Lage zu versetzen, sich ganz auf die Gespräche mit dem Kunden zu konzentrieren, übertrug er alle administrativen Pflichten, wie beispielsweise die Entgegennahme von Reklamationen und Umtauschwünschen auf speziell für diese Aufgaben zuständige Angestellte, nicht nur zu seinem eigenen Nutzen: Bereits 1965 kamen von den 120 Verkäufern, die in seinen Läden arbeiteten, 40 auf ein Monatseinkommen von 2500 Mark und mehr.

Von seinen Verkaufswaffen hat Hugo Mann die Werbung von jeher besonders wirkungsvoll eingesetzt. Seinen Textern schärfte der kampfesfrohe Möbelhändler ein: »Wenn wir nicht in einem halben Jahr mindestens eine einstweilige Verfügung haben, ist unsere Werbung zu lahm.« Seine rauhe Gangart hatte in der Tat auch zur Folge, daß er wie kaum ein zweiter seiner Größe wegen gewagter Werbeaussagen mit Konkurrenten und Verbänden ständig im Streit lag, vor allem während der ersten Wertkaufjahre. Ein typisches Beispiel für seine ungeschminkte Werbediktion ist ein Inserat, gegen das Manns örtliche Händlerkollegen Anfang 1969 erfolgreich zu Felde zogen. Darin verkündete er: »Sie erhalten Ihr Geld zurück, wenn Sie innerhalb fünf Tagen nachweisen, daß Sie den gekauften Artikel bei gleicher Leistung anderswo billiger bekommen.«

Manns besondere Vorliebe für leuchtende Farben in Verbindung mit klaren graphischen Akzenten, die seinen »Wertkauf-Centern« und »Mann-Mobilia«-Einrichtungshäusern eine starke werbliche Ausstrahlung verleihen, prägte bereits früh das äußere Erscheinungsbild seiner Möbelkette. Seine knallrot gespritzten Lieferwagen mit dem in weißen Versalien plakativ aufgetragenen »MANN«-Schriftzug sind in den Städten, in denen er Geschäfte betreibt, ein gewohnter Anblick. Wert legte der um ein scharf umrissenes Profil seiner Läden bemühte Karlsruher auch auf einen im spezifischen Mann-Stil aufgemachten eigenen Prospekt – im Gegensatz zu vielen Konkurrenten, die sich mit einem Gemeinschaftskatalog begnügen, den meist ein Einkaufsverband zusammenstellt.

Mit unverhohlener Genugtuung registrierte Hugo Mann, wie er – je bedeutender seine Stellung im deutschen Möbelhandel wurde – für bestimmte Exponenten hochgestochener Qualitäten interessant wurde, die ihn (offensichtlich mit Rücksicht auf ihre wachsamen Stammkunden) anfänglich nicht hatten beliefern wollen. Den Triumph der verspäteten Anerkennung ließ der in Dingen des persönlichen Prestiges nicht gerade unempfindsame Schwabe die um ihn werbenden Produzenten fühlen, indem er ihnen, quasi als »Eintrittsgeld«, besonders günstige Lieferkonditionen abzutrotzen suchte. Eine Probe seines stark gestiegenen Selbstbewußtseins lieferte er bei der Planung seiner »Mann-Mobilia«-Häuser, als er ernsthaft erwog, namhafte Hersteller dafür zu gewinnen, in seiner »Wunderwelt des Wohnens« feste Verkaufsflächen zu mieten.

## Kampf dem grauen Markt

Die undurchsichtige Rabattpolitik sowie das Überhandnehmen von Beziehungskäufen im deutschen Möbelhandel Ende der fünfziger Jahre animierte Hugo Mann zu einem Gegenschlag. Nach der ersten Studienreise in die USA, die er damals unternahm, beschloß er 1958, seine Möbel versuchsweise auch im Discountstil zu knapp kalkulierten Nettopreisen – und zwar in Selbstbedienung – anzubieten und damit dem Rabattschwindel ein Ende zu bereiten. In Karlsruhe, genau an der Stelle, wo heute seine Hauptverwaltung steht, baute er im gleichen Jahr eine einfache Lagerhalle, deren zur Straße gelegenen Teil er als Ort seines Experiments bestimmte. Auf 3500 Quadratmetern Fläche präsentierte Hugo Mann außer Möbeln auch bereits Elektrogeräte sowie Garten- und Sportartikel. Der Erfolg seines Discountlagers – es trug bereits den Namen »Wertkauf« – übertraf selbst die kühnsten Erwartungen. Auf Anhieb erzielte er in seiner Versuchshalle, für deren Betrieb insgesamt 52 Leute zuständig waren, einen Jahresumsatz von 30 Millionen Mark. Hugo Mann: »Mir war seinerzeit noch nicht bewußt, daß ich mit meinem Versuch die Selbstbedienung auf dem Hartwarengebiet eingeleitet hatte.«

Mann sah jedoch richtig voraus, daß mit steigendem Wohlstand der Verkauf hochwertiger Konsumgüter in einem so primitiven Rahmen bald kaum noch attraktiv sein würde. Er eröffnete deshalb 1964 im neuerbauten Main-Taunus-Zentrum bei Frankfurt ein 2700 Quadratmeter großes weiterentwickeltes »Wertkauf«-Geschäft, in dem er erstmalig auch problemlose Textilien anbot. Bereits in den ersten Tagen trugen die Frankfurter Zehntausende billiger Nylon-Oberhemden aus seinem Laden. Hugo Mann hat es sich selbst nie ganz verziehen, daß er seinerzeit – durch zwei neue Filialen in Heidelberg und Stuttgart finanziell gerade stark in Anspruch genommen – die Chance versäumte, das 1963 zuerst ihm angebotene Gesamtgelände zu erwerben und an diesem unmittelbar an der Autobahn gelegenen Platz seinen ersten großen Verbrauchermarkt zu errichten. Als er seine Entscheidung schon nach kurzer Zeit bitter bereute und das geplante Objekt partout auf einem Ackergrundstück unmittelbar gegenüber dem inzwischen entstandenen Main-Taunus-Zentrum realisieren wollte, verweigerten ihm die hessischen Behörden die Baugenehmigung.

Nachdem er sich 1966 mit einem rund 7500 Quadratmeter großen »Wertkauf-Center« vor den Toren Freiburgs bereits an stattliche Dimensionen herangetastet hatte (er nahm hier erstmalig auch Lebensmittel, jedoch noch keine Frischwaren in sein Sortiment auf), weihte der couragierte Möbelhändler zwei Jahre später im Münchener Euro-Industriepark den – wie er in seiner Werbung verkündete – »größten Verbrauchermarkt Europas« mit einer Geschäftsfläche von 25 000 Quadratmetern ein. Der Besucher, der in die riesige Halle kommt – in sie passen drei Fußballfelder hinein –, sieht sich einem Irrgarten haushoher Warenschluchten gegenüber. Denn anstatt in einem Zentral- oder Reservelager, die in Manns rationellem Vertriebskonzept keinen Platz haben, ist in den Wertkauf-Häusern der Nachschub in haushohen Industrieregalen über den eigentlichen, nur bis zwei Meter hohen Verkaufsregalen gelagert. Allein die im Münchener »Wertkauf-Center« gespeicherten Warenmassen füllen 20 Güterzüge à 15 Waggons. Sogar während der Öffnungszeiten werden mit Hilfe von Hubstaplern die mit Kartontürmen beladenen Poolpaletten nach Bedarf aus den höheren Lagerzonen in die Selbstbedienungsregale heruntergeholt. Die Lieferanten fahren mit ihren Lastwagen direkt an eines der rückwärtigen Hallentore und entladen ihre Fracht auf Paletten. Für Warenannahme, Einsortieren und Lagerung braucht der »Wertkauf«-Chef nur Kosten von 1,3 Prozent vom Umsatz zu kalkulieren, während beispielsweise die Warenhäuser mit Zentrallagerhausabwicklung auf rund 4,5 Prozent kommen. Der auf das Lager zugeschnittene Riesenbasar mit einer Höhe von 9,20 Metern hat im übrigen auch den Vorteil, daß er ohne eine kostspielige Klimaanlage eine erträgliche Luft hat.

Auf ebenso unkomplizierten Wegen, wie die Ware in die Regale gelangt, verläßt sie Hugo Manns Verkaufsfabrik auch wieder. Der motorisierte Kunde parkt seinen Wagen nur ein paar Schritte vor dem Center-Portal auf einem der 2500 Abstellplätze. »Fahren Sie mit dem Einkaufswagen bis zum Auto. Lassen Sie den leeren Wagen einfach stehen«, ermuntert der Organisator eines »perfekten Warenumschlags« (Mann-Werbung) seine Besucher in einem der in mehreren Sprachen gedruckten Prospekte und Informationsblätter, die er – informativer und graphisch gekonnter als sie irgendwo anders zu finden sind – als eine Art Visitenkarte seines Unternehmens gleich am Eingang ausgelegt hat.

Den Wunsch vieler Autokunden, ihren Wagen während des Einkaufsausflugs gleichzeitig zu pflegen und aufzutanken, erfüllt Hugo Mann in den aus je einer automatischen Zwillingswaschbahn, einem Reifenschnelldienst und einer Niedrigpreis-Tankstelle mit zehn Doppelzapfsäulen bestehenden Auto-Centern. Nach dem »Wertkauf«-Grundsatz »Selbstbedienen – Barzahlen – Mitnehmen« können Kunden sogar Teppiche, Betten oder Polstermöbel selbst nach Hause chauffieren – in einem der blauen VW-Selbstbedienungstransporter zum Mietpreis von 50 Pfennigen pro Kilometer.

Anders als die meisten anderen Verbrauchermarktpioniere hatte

Hugo Mann nie einen Zweifel, daß auf der grünen Wiese gebaute Shopping-Center mit Jahresumsätzen von annähernd 100 Millionen Mark von Familien mit einem Zweitwagen allein nicht leben können. In teilweise zähen Verhandlungen erreichte er, daß seine Menschenmagneten an lokale Bus- und Straßenbahnlinien angebunden wurden, ja daß sogar Bahnbusse, vor allem mit Kunden aus den ländlichen Einzugsgebieten, vor seiner Halle halten. Wo ihm öffentliche Verkehrsmittel die Massen nicht buchstäblich bis vor die Tür bringen, übernimmt er die Beförderung auf dem letzten Stück durch eigene kostenlose Bus-Pendeldienste.

Was lockt täglich 20 000, an langen Samstagen manchmal sogar mehr als 40 000 Menschen in jedes der weitläufigen Einkaufsparadiese an der Peripherie der Städte? Sicher nicht alleine günstige Preise und kostenlose Parkplätze zu ebener Erde. Hugo Mann hat es vielmehr verstanden – und vielleicht liegt hierin gerade der wesentliche Grund für seinen Erfolg – den von ihm konzipierten Warenumschlagstätten die Atmosphäre echter »Erlebniszentren« zu vermitteln. In einigen seiner Äußerungen klingen bisweilen sogar menschheitsbeglückende Töne an. In einer Veröffentlichung aus Anlaß der Wiedereröffnung des im Herbst 1968 eingeweihten und ein Jahr später durch ein Feuer teilweise zerstörten Centers am Autobahn-Kleeblatt Karlsruhe-Durlach heißt es ein wenig pathetisch: »Schon die großzügig weiß-blau beflaggte Anfahrt läßt das berühmte Wertkauf-Gefühl wieder erwachen: Fortschritt, Großzügigkeit, Perfektion, Freiheit.«

## Ein Kartengruß vom Einkaufsbummel

Dem dramatisierten Einkaufserlebnis in seinen »Wertkauf-Centern« dienen zünftige Bierfeste unter einem gelben, dem Münchener Olympiadach ähnelnden Zelt, ebenso wie Autoscootergelände für Kinder, Camping- und Freizeitschauen mit Segel-, Schlauch- und Motorbooten und gefüllten Schwimmbecken unter freiem Himmel sowie Serviceattraktionen wie eine Expreßreinigung, in der Kunden ihre Kleidung vor dem Einkaufsbummel abgeben und spätestens nach eineinhalb Stunden fix und fertig verpackt wieder abholen können. Von ihrem Einkaufsausflug können »Wertkauf«-Besucher sogar eine kostenlose Ansichtskarte mit einem farbigen Centermotiv verschikken; die Briefmarken läßt Hugo Mann ebenfalls auf eigene Kosten aufkleben.

Als Pionier eines rationellen Warenumschlags machte Mann in den letzten Jahren sogar Artikel selbstbedienungsfähig, die nach landläufiger Ansicht für diese Verkaufsform völlig ungeeignet waren. Teppiche beispielsweise wählen »Wertkauf«-Kunden anhand numerierter Musterproben; ein paar Meter weiter greifen sie sich aus einem Arsenal fertig verpackter Teppichrollen das gewünschte Stück heraus. Selbst bedienen können sie sich sogar mit Polstergarnituren, Tischen und Schränken; mit Hilfe flacher Spezialwagen ziehen sie ihre Möbel an der Kasse vorbei direkt an den eigenen Wagen oder einen Miettransporter. Durch sein Arbeitskräfte sparendes Verkaufssystem kommt Hugo Mann auf Personalkosten, die nur ein Drittel der von den Warenhäusern kalkulierten Sätze erreichen. Gleichzeitig schlägt er sein Lager häufiger, nämlich zehnmal im Jahr (die Warenhäuser dagegen nur sechs- bis siebenmal) um.

Den Verkauf von Artikeln, die Beratung erfordern oder besonders diebstahlgefährdet sind, wie Feinkosmetika, Fotoapparate und Schmuck, überträgt Hugo Mann in seinen Centern Konzessionären; es sind meist Fachhändler, die am Ort bereits ein Geschäft haben und die bei ihm voll eingerichtete Shops vorfinden, dafür jedoch äußerst kurze, in der Regel vierteljährliche Kündigungsfristen akzeptieren müssen. Mann: »Wir sind froh, einen Konzessionär schnell wieder entlassen zu können, wenn er nicht floriert.«

Modern wie seinen Verkauf organisierte der in industriellen Dimensionen planende Möbelkaufmann auch seine Abrechnung. In seiner Karlsruher Zentrale laufen jeden Morgen – auf Magnetband gespeichert – die Zahlen aller am Vortag verkauften und nachgelieferten Artikel ein. Als einziges Handelsunternehmen der Bundesrepublik kann sich »Wertkauf« für alle 22 000 Artikel, sogar noch unterteilt nach Größen und Farben, auf eine tägliche Inventur stützen. Manns Kassiererinnen tippen nämlich für jeden Artikel nicht nur den Preis in ihre modernen Check-out-Kassen, sondern daneben eine ebenfalls auf dem Etikett vermerkte Indexnummer. Einem an die Kassen angeschlossenen Magnetbandspeicher wird der unter seiner Nummer registrierte Artikel als Abgang »gemeldet«. Mit Hilfe der elektronischen Bestandsstatistik verfügen Manns Zentraleinkäufer bei ihren wöchentlichen Nachdispositionen stets über taufrische Daten.

Da Preis und Indexnummer untrennbar zusammengehören, ist das Eintippen eines falschen Preises unmöglich; die Kasse zeigt der ungenauen Kassiererin durch einen Summton an, daß die eingegebene Zahlenkombination gar nicht existiert.

Hugo Mann wäre wohl kaum selbst zu einem Spezialseminar des amerikanischen Registrierkassenkonzerns NCR über moderne Abrechnungsverfahren nach Dayton in Ohio gefahren, wenn er nicht seit langem den Plan verfolgt hätte, seine Datenverarbeitung einmal durch ein automatisches Bestellsystem zu krönen. Die Rolle der Einkäufer würde dabei weitgehend durch den Computer übernommen, der entsprechend den für jeden einzelnen Artikel programmierten Mindest- und Höchstbeständen, Lieferfristen und wirtschaftlichen Bestellmengen (hierbei spielen Rabattstaffeln, Ladekapazitäten und andere Faktoren eine Rolle) die Orderpapiere selbständig und kontinuierlich ausdrucken würde. Voraussetzung eines elektronisch gesteuerten Einkaufs wäre allerdings vor allem eine technisch zuverlässige Datenfernübertragung zu akzeptablen Gebühren.

Im Gegensatz zu zahlreichen Heroen der ersten Verbrauchermarktwelle, die ihr meist kurzlebiges Glück in billig zu mietenden Fabrikhallen, Kinosälen und ausrangierten Omnibusdepots meist ohne ausreichende Standortanalyse suchten, stellte Hugo Mann an die Lage und das Einzugsgebiet seiner Projekte von Anfang an höchste Ansprüche. Nach einer Faustregel müssen »Wertkauf«-Standorte im Umkreis von 30 Autominuten ein Kundenreservoir von 600 000 bis 800 000 Menschen haben. Nach dem Bau seines zweiten Einkaufsdorados in Karlsruhe – der alte Karlsruher Betrieb wurde 1968, bei Eröffnung des neuen, stillgelegt – dessen 30 Meter hoher Turm mit dem großen »W« an der Spitze von der Autobahn schon von weitem zu sehen ist, sicherte er sich auch für das dritte Center seiner »zweiten Wertkauf-Generation« einen glänzenden Platz: An der verkehrsreichen Nord-Süd-Schnellstraße zwischen Wiesbaden und Mainz nahe der Autobahn Frankfurt–Rüdesheim und der Rheingaustraße B 42 weihte er im Frühjahr 1970 sein Rhein-Main-Center ein. Ähnlich günstig wählte er die Standorte für sein viertes und fünftes Projekt am Autobahn-Kleeblatt Mannheim-Viernheim (Eröffnung: 1972) sowie in Waiblingen (Eröffnung: 1973), wo er zusammen mit der Stuttgarter Kaufhausfirma Breuninger eine kleine Einkaufsstadt, bestehend aus einem »Wertkauf«, einem »Mann-Mobilia«-Einrichtungshaus, einem hochstehenden Bedienungswarenhaus, einem Holiday-Inns-Motel und einem Ärztezentrum plante.

Schon vor Jahren richtete Hugo Mann seine Blicke auch auf interessante Punkte nördlich der Mainlinie. Seine Versuche, sich an der Schnellstraße B 288 zwischen Düsseldorf und Essen nur wenige Kilometer von der Autobahn Köln–Ruhrgebiet entfernt anzusiedeln, scheiterten jedoch ebenso wie seine Bemühungen um einen Stützpunkt im Ruhrgebiet daran, daß er an allen anvisierten Plätzen kein zusammenhängendes Grundstück von 150 000 bis 200 000 Quadratmeter Größe kaufen konnte. Sogar über Wien hoffte der rastlose Schwabe seinen Stern aufgehen zu sehen, doch die Verhandlungen mit den Behörden blieben schon im Frühstadium stecken. Mann: »Die Österreicher waren gegen deutsche Investoren sehr abweisend.«

Während der vom ländlichen Ladenbesitzer zum erfolgreichen Großunternehmer und Wegbereiter neuer Formen der Massendistribution aufgestiegene Kaufmann mit Hochdruck am Ausbau der »Wertkauf«-Kette arbeitete, verlor er seine Möbelläden dabei keineswegs aus den Augen. Im Gegenteil: Schon seit längerem beschäftigte ihn die Frage, inwieweit das City-Möbelgeschäft alter Prägung seine Funktion künftig noch würde erfüllen können. Die Verstopfung der Innenstädte während des Tages, ihre Verödung am Abend, wenn noch wenige Jahre zuvor viele Ehepaare, etwa nach dem Kinobesuch, einen Schaufensterbummel unternahmen sowie die räumliche Enge der meisten Läden, die es unmöglich machte, dem Kunden wirklich gute Raumvorstellungen für eine echte Wohnungsgestaltung zu vermitteln, gaben ihm gleichermaßen zu denken.

## »Wunderwelt des Wohnens«

Als Ausweg aus diesem Dilemma entstand bei Hugo Mann die Idee eines neuartigen Einrichtungswarenhauses am Stadtrand, in dem er nicht recht und schlecht zusammengestellte Möbel, sondern eine geplante und gestaltete Umgebung vorführen wollte. Über sein Projekt sagte er später in einem Vortrag: »Das ehemalige Möbelhaus ist zum Einrichtungshaus geworden. Dieser Schritt erlaubt es zum erstenmal, eine Bedarfsbündelung aller Wohnungsgüter vorzunehmen. Aus dieser Bedarfsbündelung wiederum konnte eine Wunderwelt des Wohnens geschaffen werden, und diese Wunderwelt des Wohnens erlaubt einen Verkauf über Wohnwelterlebnisse. Das klingt alles sehr einfach. Ich habe indessen mindestens vier Jahre an dieser Konzeption gebrütet und Vorarbeiten geleistet. Zwei Jahre wurden zusätzlich für Überprüfung, Planung und Aufbau eingesetzt.«

Als »Schrittmacher für eine ganze Branche« ließ sich Hugo Mann in einer Pressemitteilung seines Hauses feiern, als er im September 1970 neben seinem Karlsruher »Wertkauf«-Center das erste »Mann-Mobilia«-Haus einweihte. Das zweite eröffnete er 6 Wochen später neben seinem Wiesbadener Einkaufsparadies. Die Wunderwelt der eigenen vier Wände, die sich vor den Augen des Besuchers hinter der rot-weißen Mann-»Mobilia«-Blütenfassade auftut, ließ Hugo Mann – architektonisch sehr wirkungsvoll – als abwechslungsreiche Wohnlandschaft in einem System durch Rolltreppen miteinander verbundener Galerien und versetzter Etagen anlegen. In dieser 12 000 Quadratmeter großen Wohnlandschaft haben neben komplett eingerichteten Wohnungen (»Vom Bettbezug bis zur Originalgrafik«) Studios für Porzellan, Fernsehen, Stereo, Tapeten, Leuchten, Badezimmer und Küchen, daneben ein Orientteppichbasar, eine Geschenkboutique, eine Bildergalerie und ein Büchershop mit Spezialliteratur über Bauen und Wohnen ihren Platz. In einer besonderen Abteilung können Kunden vor großen Tafeln mit Teppichbodenmustern unter nicht weniger als 800 Farben und Dessins wählen und sich mit einem Wohnberater ein paar Meter weiter gleich noch die passenden Tapeten und Vorhänge aussuchen. Weitere Attraktionen in Hugo Manns Wohn-Wunderland sind das »Forum« mit Nonstop-Filmvorführungen und Vorträgen über Wohnthemen, eine Bausparkasse, ein Wohnungsnachweis, eine Handwerkervermittlung und ein Café-Restaurant. Zum »verkaufsfreien Probewohnen« mit anschließendem Mittagessen im Dachrestaurant »Casino Mann-Mobilia« lockt Mann Interessenten sogar am Sonntag in seine Häuser.

Für Hugo Mann lag es nahe, seine »Mann-Mobilia«-Paläste in direkter Nachbarschaft zu seinen »Wertkauf-Centern« zu bauen, allein schon um von deren starker Kundenfrequenz zu profitieren. Er war allerdings Realist genug, um zu erkennen, daß ein großer Teil der Kunden, die sich in seiner Umschlaghalle mit problemlosen Massenartikeln selbst bedienten, nicht unbedingt den Verbrauchertyp repräsentierten, auf dessen Bedarfsniveau er das Sortiment seiner Einrichtungshäuser abgestimmt hatte. Durch Korrekturen an besonders auffälligen Stellen des »Wertkauf«-Angebots versuchte er, das Erscheinungsbild seiner Einkaufstempel anspruchsvoller zu gestalten. Einige Regalmeter Feinkostspezialitäten von Lachs und Räucheraal bis zu französischen Käsesorten in überdurchschnittlicher Auswahl und Qualität hoben das Image seines Lebensmittel-Supermarktes, eine »abgesenkte« Decke aus herunterhängenden bunten Stoffstreifen verlieh seinen Abteilungen für Damenbekleidung und junge Mode einen Hauch von Boutique-Atmosphäre. Auf der anderen Seite mußte Mann sich schon kurze Zeit nach der »Mann-Mobilia«-Premiere eingestehen, daß er – wie seinerzeit in seinem ersten Nachkriegsladen auf der Karlsruher Kaiserstraße – das Sortiment seiner neuen Einrichtungshäuser wieder zu stark auf das Spitzengenre zugeschnitten hatte. Es fiel dem ambitionierten Prediger einer verfeinerten Wohnkultur nicht gerade leicht, seinen Fehler zu korrigieren.

Was hat Hugo Mann dazu befähigt, als einzelner ohne nennenswerte wirtschaftliche Startbasis eine so erfolgreiche Karriere als Großunternehmer und Pionier neuer Distributionsformen hinter sich zu bringen? Bei einem der seltenen Anlässe, bei denen er einem größeren Publikum einen Blick in seine persönliche Gedankenwelt gestattete, sagte er: »Eine intuitive Begabung kann, so meine ich, zu einem schöpferischen Ziel führen. Wer davon getrieben wird, wie es bei mir immer der Fall war, findet darin eine ungewöhnliche persönliche Freude und Befriedigung. Die möglichen Informationen, die man dabei hinzuziehen kann, werden die Realisierungsmöglichkeiten immer einzuengen drohen. Man zaudert, man ist ängstlich, man findet fehlende Informationen, vielfach auch falsche, man zögert. Nur wenn man zugleich den Mut hat, darüber hinauszutreten und das unternehmerische Risiko auf sich zu nehmen, wird man etwas Neues schaffen können, bevor es Tausende zur gleichen Zeit tun.«

## Streit mit den Gewerkschaften

Diese Selbstcharakterisierung kennzeichnet wohl ziemlich treffend die unternehmerischen Antriebsmomente des Mannes, der mit seinen »Wertkauf«-Centern, seinen »Mann-Mobilia«-Häusern und Möbelgeschäften 1971 bereits fast 500 Millionen Mark umsetzte. So schöpferisch seine impulsive Natur bei der Entwicklung und Realisierung bahnbrechender Ideen wirkte, so sehr hinderte ihn diese Dynamik daran, Ruhe in sein Management zu bringen. Die Fluktuation im Führungscorps der Unternehmensgruppe war gerade in den letzten Jahren erheblich. Einige seiner Spitzenkräfte zog es schon nach nicht einmal zwei Jahren wieder von Karlsruhe weg.

Hugo Mann selbst sieht die Ursachen nicht in seinem persönlichen Führungsstil, sondern in der für den gesamten Handel besonders prekären Arbeitsmarktlage. Brauchbare Kräfte seien auf dem leergefegten Arbeitsmarkt schwer zu finden, zumal für ein expandierendes Unternehmen, das seinen Personalbestand ständig vergrößern müsse; bewährte Kräfte hätten gerade im Handel oft die Tendenz, sich selbständig zu machen. In der Branche hört man jedoch vielfach andere Meinungen. Sogar wohlwollende Beobachter glauben, daß weniger ein Mangel an know how oder finanzielle Engpässe als vielmehr die Allüre des »Prinzipals« Hugo Mann den Weg in die Spitzengruppe des deutschen Einzelhandels blockieren könnte.

Über seine rund 3000 Beschäftigten gebietet der selbstbewußte Alleinherrscher mit unangefochtener Autorität. An jenes »berühmte Wertkauf-Gefühl« aus »Fortschritt, Großzügigkeit, Perfektion und Freiheit« wird man kaum erinnert, wenn man die bei Hugo Mann früher geltenden Formularverträge liest, die den mißtrauischen Möbelhändler beispielsweise ermächtigen, bei erkrankten Mitarbeitern Kontrollen durchführen zu lassen. Obwohl juristisch bedenklich, nahm er – erpicht auf seinen Vorsprung gegenüber der Konkurrenz – für sich das Recht in Anspruch, einem Beschäftigten »aus wichtigem Grund« fristlos zu kündigen, falls dessen Ehepartner oder ein minderjähriges Kind ohne Zustimmung Manns eine Stellung in einem Konkurrenzunternehmen antreten sollte. Seine leitenden Mitarbeiter mußten sich sogar verpflichten, den Inhalt ihrer Verträge und sonstige Absprachen über ihr Arbeitsverhältnis »anderen Angehörigen der Unternehmensgruppe oder Dritten gegenüber im Interesse des Betriebsfriedens vertraulich zu behandeln«.

Einen Betriebsrat, der sich um die Rechte der Beschäftigten kümmern könnte, gab es bei Redaktionsschluß in den Mann-Betrieben nicht. Wiederholte Bitten örtlicher Gewerkschaftsfunktionäre um ein Gespräch über dieses Thema beantwortete Hugo Mann nicht einmal. Im Frühjahr 1971 begannen DGB und DAG schließlich, härtere Töne gegen den engagierten Gewerkschaftsgegner anzuschlagen. In einem Flugblatt, das sie vor seiner Karlsruher Firmenzentrale verteilten, heißt es: »Unterschätzt Herr Mann die gewerkschaftliche Kraft? Wir lassen nicht locker, bis die Rechte der Arbeitnehmer auch in diesen Betrieben gesichert sind.« Hugo Mann, wie hätte es anders sein können, blieb sich auch diesmal treu. Er schwieg dazu. Einem Journalisten gegenüber erklärte er einige Monate nach dem Vorfall, in seinem Unternehmen habe bei der Belegschaft bisher kein Bedürfnis nach einem Betriebsrat bestanden.

## Wer morgen Erfolg hat

»Wenn du nicht lächeln kannst, dann mache keinen Laden auf!« So aktuell dieses alte chinesische Sprichwort vor 2500 Jahren war, so aktuell ist es heute noch. Der Einzelhändler – darin liegt das Wesen seines Berufes – hat es weit mehr als der Industrielle mit Menschen zu tun; er muß daher von Natur Kontaktmann sein und ein ausgeprägtes Einfühlungsvermögen in die Welt der Wünsche seiner Kunden besitzen. Diese sensitive Begabung, die Helmut Horten einmal, auf sich selbst bezogen, mit »Händchen haben« übersetzte, muß ihren Ausdruck in einem Höchstmaß an Wendigkeit und Anpassungsvermögen finden. Die Marktsituation ändert sich nun einmal im Handel sehr viel schneller als in der Industrie. Nur wer über all die genannten Eigenschaften verfügt, darf hoffen, einmal zu den Erfolgreichen der Branche zu zählen.

Doch in einer Zeit, in der die Konkurrenz größer denn je ist und die Unternehmensriesen zumindest das Versand- und Warenhausgeschäft weitgehend allein beherrschen, ist es auch für talentierte junge Kaufleute schwierig geworden, als Selbständige eine erfolgversprechende Karriere zu begründen. Ein anerkannter Praktiker wie der Quelle-Generalbevollmächtigte Willi Laschet sieht denn auch Startchancen im wesentlichen nur noch im Bereich der Fachgeschäfte und der Verbrauchermärkte beziehungsweise SB-Warenhäuser, jedoch auch nur im Rahmen der begrenzten Anzahl günstiger Standorte.

Freilich: Talent und gute Chancen allein bewirken wenig, wenn nicht die Bereitschaft hinzukommt, etwas Besonderes zu leisten, das heißt mehr als die anderen zu arbeiten. Werner Otto drückt es noch deutlicher aus: »Wer es zu etwas Großem bringen will, muß von einer Art Sportsgeist, einer echten Besessenheit erfüllt sein.« Ähnlich wie Otto sieht es Helmut Horten: »Es kommt darauf an, die richtigen Ideen zu haben und bei deren Verwirklichung den anderen die bewußte Nasenlänge voraus zu sein.«

Nur wenige junge Einzelhändler haben das nötige Geld, um sofort den Grundstein für eine erfolgreiche Unternehmerlaufbahn zu legen. Wie hoch das Startkapital sein muß, hängt ganz von der Branche ab. Dazu Jürgen Frömbling, Chef der Drugstore-Kette »der seifen-platz«; »Es gibt sehr kapitalintensive Branchen und solche, in denen man mit einem kleinen gemieteten Laden, einer Einrichtung für 10 000 Mark und einem Anfangswarenbestand von 40 000 Mark auskommen kann. Als untere Grenze für einige Geschäftszweige halte ich ein Kapital von etwa 50 000 Mark für erforderlich.«

### Bauchladen sinnlos

Bei schrumpfenden Renditen wird es jedoch immer schwieriger, von einer so schmalen Basis aus innerhalb einer überschaubaren Zeit in wirklich interessante Größenordnungen hineinzuwachsen. Wer es im Fachhandel künftig zu etwas bringen will, wird mindestens sechs bis acht Geschäfte haben müssen, um sich die nötigen Spezialisten, vor allem im Einkauf, leisten zu können. Das Zeitalter der Allroundmänner neigt sich auch hier seinem Ende zu. Der Stuttgarter Kaufhausbesitzer Heinz Breuninger warnt ambitionierte Nachwuchsleute ganz offen davor, den Weg nach oben von einem kleinen Geschäft aus zu wagen: »Einen Bauchladen aufzumachen, halte ich für sinnlos, denn einmal lernt man nichts dabei, und zum anderen kommt man nicht weiter. Wer heute in unserer Branche reussieren will, muß die Hälfte dessen, was er jährlich umzusetzen hofft, erst einmal investieren. Meiner Ansicht nach sollte ein junger Mann seine Karriere in einem Großunternehmen beginnen.«

Wighard Fourmann, Geschäftsführer der Saarbrücker Kaufhausgruppe Gebr. Sinn, geht sogar noch einen Schritt weiter: »Einem jungen, talentierten Mann würde ich raten, wenn er die Spitze in einem großen Betrieb erreichen möchte, gleich die Managerlaufbahn einzuschlagen und nicht erst als Selbständiger sein Glück zu versuchen.«

### Vom Manager zum Gesellschafter

Für Manager, die nach größerer Unabhängigkeit und größerem Entscheidungsspielraum streben, gibt es jedoch auch heute noch Wege zur Selbständigkeit. Einen von ihnen schildert der bekannte Personalberater Maximilian Schubart: »Viele mittlere Handelsunternehmen

– Familienbetriebe mit Jahresumsätzen von 5 bis 50 Millionen Mark – ziehen aufgrund ihrer Größenordnung keine Topmanager an. Sie geben guten Leuten daher vielfach die Möglichkeit, sich als Gesellschafter an ihrer Firma zu beteiligen. Natürlich müssen sich diese zuvor einen entsprechenden Marktwert geschaffen haben – und das geht wiederum nur über eine Angestelltentätigkeit.«

Auf welchem Wege kann nun ein ehrgeiziger, junger Mann in einem Großbetrieb in eine Spitzenposition gelangen?

Noch vor einigen Jahren herrschte im Einzelhandel fast ausschließlich der von der Pike auf gelernte Praktiker vor, nicht nur in kleineren Unternehmen. Noch heute sind bei Karstadt, Hertie, Kaufhof und Horten die für die Bereiche Ein- und Verkauf zuständigen Vorstandsmitglieder ausnahmslos Nichtakademiker. Bei Karstadt beispielsweise begannen die für das Warengeschäft verantwortlichen Spitzenmanager Starke und Derigs (Einkauf), sowie Schmitz und Grönemeyer (Verkauf) ihre Klettertour in die mit jährlich 550 000 Mark dotierten Führungspositionen sämtlich als Lehrling. Friedrich Roesch, Verkaufsvorstand im Kaufhof, arbeitete sich vom einfachen Dekorateur auf einen der fünf Spitzenplätze des Milliardenkonzerns, und Gerhard Potthoff, Helmut Hortens »starker Mann« im Horten-Vorstand, trat nach der Schule zunächst eine Lehre bei der Sparkasse seiner Geburtsstadt Bünde in Westfalen an.

## Spezialisten haben es schwer

Auch eine Stufe tiefer, auf der Ebene der Direktoren, die neben den Geschäftsführern großer Filialen als aussichtsreichste Vorstandskandidaten gelten, dominieren die Praktiker. Von den 14 Karstadt-Direktoren beispielsweise absolvierten nur vier ein Studium – der Justitiar, der Leiter des Bauwesens, der Personalchef und der Leiter des Rechnungswesens. Neben Stabsstellen werden künftig vor allem die an Bedeutung gewinnenden Führungspositionen in den Bereichen Organisation, Verwaltung, Datenverarbeitung und Marketing stärker mit Akademikern besetzt werden. In den Vorständen von Karstadt und Kaufhof sitzt heute bereits je ein Organisationsfachmann. Für Spezialisten ist das Aufrücken zur Spitze jedoch nicht leicht. Sie können einen erheblichen Teil ihres Fachwissens nicht mehr gebrauchen und müssen sich erweiterten Aufgaben gegenüber gewachsen zeigen.

Warum Akademiker im Einzelhandel eine so geringe Rolle spielen, erklärt Willi Laschet: »Für Positionen in der Ein- und Verkaufsleitung ist ein Hochschulstudium meiner Meinung nach ein unnötiger Aufwand, weil keine Hochschule Waren-, Markt-, Lieferanten- und Dispositionskenntnisse vermittelt. Hier ist von der Pike auf Praxis erforderlich, um sich das gewisse Händlerische, das im Ein- und Verkauf nötig ist, anzueignen. Die Erfahrung lehrt, daß es – je stärker die Position durch praktische Erfahrungen ausgefüllt sein muß – Absolventen der Universität immer seltener gelingt, ihre sehr allgemeinen theoretischen Kenntnisse in die Praxis umzusetzen. Andererseits ist es für einen erfolgreichen Praktiker keine Schwierigkeit, sich die Spezialkenntnisse anzueignen, die für Entscheidungen in Spitzenfunktionen erforderlich sind. Ich denke dabei zum Beispiel an Kenntnisse auf dem Gebiet des Gesellschafts- und Steuerrechts, des Budgets und der Ergebnisrechnung.«

## Karriere nach Plan

In den Großbetrieben des Einzelhandels dauert die Ausbildung zum Substituten (also zum stellvertretenden Abteilungsleiter) eines Hauses in der Regel zwei Jahre. Es liegt dann am Mitarbeiter selbst, in welcher Zeit er zum Abteilungsleiter befördert wird. Im allgemeinen dauert es sechs bis 24 Monate. Da nur die besten Abteilungsleiter für die Geschäftsführerlaufbahn oder für eine vergleichbare Position in der Zentrale vorgeschlagen werden können, dauert es durchweg drei Jahre, bis der junge Mann die nächste Stufe zurücklegt. Je nach Intensität der Ausbildung werden Nachwuchskaufleute im Alter zwischen 22 und 25 Jahren Abteilungsleiter.

Nach Ansicht Helmut Hortens sollte ein besonders tüchtiger Warenhauskaufmann mit 22 oder wenig mehr Jahren Abteilungsleiter, mit 30 Jahren zweiter Geschäftsführer sein und mit 40 Jahren in der ersten Linie stehen, also erster Geschäftsführer eines Warenhauses oder Zentraleinkäufer sein beziehungsweise eine gleichbedeutende Position in der Hauptverwaltung erreicht haben. Wenn also ein Akademiker mit 25 oder 26 Jahren in das Unternehmen eintritt, ist ihm sein gleichaltriger Kollege, der direkt nach dem Abitur eine praktische Ausbildung wählte, um ein gutes Stück voraus.

## Für einige Zeit ins Ausland

Jeder Nachwuchsmann sollte die Chance wahrnehmen, Erfahrungen im Ausland zu sammeln, vor allem auch um Fremdsprachen zu erlernen. Dazu Wighard Fourmann: »Eine Tätigkeit im Ausland ist in jedem Fall zu empfehlen, weil sie den Horizont weitet. Durch die Kontakte, die dabei hergestellt werden können und das Studium der im Einzelhandel anderer Länder praktizierten Methoden kann dieser Auslandsaufenthalt für die spätere Tätigkeit nur von Vorteil sein. Empfehlenswert ist, mit der Tätigkeit draußen nicht zu spät zu beginnen, am besten zwischen 25 und 30. Im Interesse eines höchstmöglichen Effekts bei der Vermittlung von Sprach- und Fachkenntnissen bieten sich in erster Linie Amerika, Kanada, Frankreich und England (in dieser Reihenfolge) an.«

## Job-hopping oder Ochsentour?

Viele ehrgeizige Manager sind der Meinung, daß im häufigen Wechsel der Segen liege. Diese Auffassung ist richtig und falsch zugleich. Sie ist richtig, wenn der Wechsel zur Vervollständigung der Ausbildung, zur Erweiterung des Gesichtskreises und der Fachkenntnisse dient. Sie ist falsch, wenn sie nur unter dem Gesichtspunkt der Erringung kleinerer finanzieller Vorteile gesehen wird und der Wechsel zu häufig in kleineren Abständen erfolgt. Helmut Horten ist sogar der Meinung, daß man das Unternehmen nur dann wechseln sollte, wenn »die weitere Entwicklung dort nachhaltig in Frage gestellt oder mit dem Wechsel ein entscheidender Sprung nach oben verbunden ist«. Außerdem sollte nur in besonderen Ausnahmefällen nach weniger als dreijähriger Tätigkeit gewechselt werden. Mit Job-hopping hat der Warenhaus-Milliardär wenig im Sinn: »Mehr als drei Wechsel insgesamt halte ich für bedenklich.«

Helmut Thoma, im Kaufhof-Vorstand unter anderem für den Bereich Personal zuständig, rät im übrigen, bei einem Wechsel Unternehmen der gleichen Branche zu wählen, die jedoch ergänzende Erfahrungen vermitteln können. Eine allgemeine Erscheinung ist, daß Akademiker, bevor sie ihre endgültige Führungsposition erreicht haben, häufiger wechseln als Nichtakademiker, die eher die Ochsentour im eigenen Hause bevorzugen.

## Das Ende der »Textiliten«-Herrschaft

Noch vor einigen Jahren hatten Manager, die aus dem modischen Textilbereich kamen, die besten Chancen, zur Spitze vorzustoßen. Aus naheligenden Gründen: Textilien nahmen im Sortiment der Waren- und Versandhäuser einen dominierenden Platz ein. Erst das ständig wachsende Angebot an Radio- und Fernsehgeräten, Kühlschränken, Waschmaschinen, von Möbeln, Sport-, Freizeit- und Autozubehörartikeln leitete in den letzten 20 Jahren eine entscheidende Wende ein. Ein weiterer Grund für die Vorherrschaft der »Textiliten« war die Tatsache, daß die Führung eines Sortiments, das kurzfristigen Modeschwankungen ausgesetzt ist, weit mehr händlerisches Geschick erforderte, als die Betreuung des seinerzeit eher statischen Haushaltswarensektors. Da sich, wie Trenduntersuchungen zeigen, der Hartwarenanteil auch in den nächsten Jahren langsam, aber stetig vergrößern wird, werden bei der Besetzung von Führungspositionen tüchtige Hartwarenleute mindestens ebenso gute Chancen wie »Textiliten« haben.

## Wenn die Familie herrscht

Häufiger als in anderen Branchen stellt sich jungen Managern die Frage nach den spezifischen Vorzügen und Risiken einer Karriere in Familienunternehmen. Nachteilig kann sich das Generationenproblem auswirken, wenn der Manager zwar bei dem Senior großes Ansehen genießt, von der nachkommenden Generation jedoch nicht akzeptiert oder wegen der großen Zahl an Nachkommen verdrängt wird. Vorteilhaft ist eine führende Position in einem Familienbetrieb dann, wenn sich zwischen dem Inhaber und dem Manager ein sehr enges Vertrauensverhältnis entwickelt und sich der Inhaber modernen Führungsmethoden gegenüber als besonders aufgeschlossen erweist. Unter diesen Voraussetzungen können nicht zur Familie gehörende Männer einen Entscheidungsspielraum besitzen, wie er im Topmanagement einer anonymen Kapitalgesellschaft unvorstellbar wäre.

Ein Manager, der das Angebot erhält, in ein Familienunternehmen einzutreten, sollte sich deshalb nicht allein von finanziellen Verlokkungen beeinflussen lassen, sondern zunächst genaue Erkundigungen über die Persönlichkeit des Inhabers und den in der Firma herrschenden Führungsstil einholen. Für Auskünfte kommen vor allem Konkurrenten, Lieferanten und ausgeschiedene Manager (mit ungetrübtem Urteilsvermögen), in bestimmten Fällen auch Banken in Frage. Unproblematisch sind die Dinge meist dann, wenn sich die Familie zugunsten tüchtiger Männer von draußen für immer ganz aus der Geschäftsführung zurückgezogen hat. Dies ist jedoch noch relativ selten der Fall. Weitaus öfter tummeln sich in den Chefsuiten der Unternehmen gleich eine ganze Anzahl von Familiensprößlingen.

### Der verborgene Vetter

Für die Annahme, daß in einer Firma die Zugehörigkeit zur Familie höher bewertet wird als die objektive Leistung, spricht nach Ansicht von Werner Otto beispielsweise, wenn in der Geschäftsführung drei oder mehr Familienangehörige sitzen oder wenn die Junioren ein für ihr Alter unangemessen forsches Auftreten an den Tag legen. Knut Urban Bellinger, Chef der Kölner Kaufhaus-Kette Dyckhoff, empfiehlt Bewerbern, während des Einstellungsgesprächs offen zu fragen, welche Rolle etwa die Ehefrau oder andere Verwandte im Unternehmen spielen und ob nicht eines Tages vielleicht ein verborgener Vetter nach gerade bestandenem Universitätsexamen auf der Bildfläche erscheint.

### Sorgen Sie für Ihren Nachfolger!

Die richtige Ausbildung und das richtige Unternehmen sind jedoch bestenfalls Startvoraussetzungen einer Karriere. Wie weit ein junger Mann auf der Erfolgsleiter kommt, hängt ganz von seiner Fähigkeit ab, sich durchzusetzen und zu führen. Wer führen will, muß vor allem Autorität besitzen; allerdings nicht jene »Autorität«, die sich auf Systeme von Paragraphen und Vorschriften stützt, jene kleinkarierten Machtmittel, deren sich unfähige Führungskräfte zu bedienen pflegen. Echte Autorität wird nur derjenige besitzen, der von seiner Aufgabe überzeugt ist und andere überzeugen kann und der den Mut besitzt, ein gerechtes Urteil schnell in Entscheidungen umzusetzen. Je höher ein Manager klettert, desto mehr hängt sein Erfolg und damit seine weitere Zukunft im Unternehmen davon ab, inwieweit es ihm gegeben ist, Mitarbeiter zu führen. Er wird kläglich versagen, wenn es ihm nicht gelingt, alle Kräfte seiner Leute zu mobilisieren. Dazu muß er ihnen verantwortliche Arbeiten anvertrauen und ihnen den hierzu notwendigen Entscheidungsspielraum einräumen. Die Entwicklung der Mitarbeiter schließt vor allem auch den »Aufbau« eines Nachfolgers ein. Nicht wenige Führungskräfte glauben immer noch, ihrer Karriere am meisten zu dienen, wenn sie sich auf ihrem bisherigen Posten unersetzlich machen.

In seinem Führungsbrevier schreibt Werner Otto zu diesem Thema: »Wir werden in Zukunft jedes Jahr einmal ein generelles Revirement in unserem Führungsbereich vornehmen. Im Zuge dieses Revirements wird bei der Beurteilung für die Beförderungswürdigkeit der entsprechenden Herren am Anfang die Frage stehen: Stellvertreter? Existiert ein potentieller Stellvertreter? – Kann dieser Vorgesetzte Mitarbeiter führen? – Übt dieser Vorgesetzte einen guten Einfluß auf seine Mitarbeiter aus? – Ist er in der Lage, Mitarbeiter durch Delegation von Aufgaben und geschicktes Heranbringen an Aufgaben zu entwickeln, oder ist er einer von der alten Garde: rückständig, blind für Personalprobleme und zu überheblich, um Verständnis für seine jüngeren Kräfte aufzubringen? Nutzen Sie Ihre Chance und sorgen Sie für einen vollwertigen Führungsnachwuchs, denn Sie selbst werden dringend in kurzer Zeit für eine höhere Position benötigt.«

## Die Tyrannei der Vernunft

Mehr als in der eher statischen Industrie kommt es im Handel für Männer in verantwortlichen Positionen darauf an, sich ein hohes Maß an Originalität und Kreativität zu bewahren. Ihre Qualifikation wird nicht daran gemessen, wie perfekt sie ihre Ressorts verwalten, sondern inwieweit ihre hochbezahlten Hirne fähig sind, auf die Herausforderungen des Marktes schneller als ihre Konkurrenten die richtige Antwort zu finden.

David Ogilvy, einer der großen Männer der amerikanischen Werbung, erklärte die mangelnde Kreativität vieler Manager wie folgt: »Um kreativ zu bleiben, bedarf es mehr als der Vernunft. Die Mehrzahl aller Geschäftsleute ist unfähig, originell zu denken, weil sie der Tyrannei ihrer Vernunft nicht entfliehen kann.«

## Literaturverzeichnis


Baer, Kurt: Der Kampf gegen Großbetriebe des Einzelhandels und die Volkswirtschaft, Verlag Gustav Fischer, Jena, 1932.

Böll, Heinrich: Im Ruhrgebiet (Vorwort eines Bildbandes von Chargesheimer), Kiepenheuer & Witsch, Köln, 1958.

Bohner, Theodor: Der offene Laden – Aus der Chronik des Einzelhandels, Verlag für Wirtschaftspraxis, Frankfurt.

Bohner, Theodor: Der ehrbare Kaufmann – Vom Werden und Wirken der Wirtschaft, Felix Meiner Verlag, Hamburg, 1956.

Braunwarth, Henry: Die führenden deutschen Warenhaus-Gesellschaften. Herausgegeben von der GfK, Nürnberg, 1957.

Cloppenburg, Ulf: Die deutschen Discounthäuser, Diss. der phil.-hist. Fakultät der Universität Basel, 1955.

Deutsch, Paul: Die Betriebsformen des Einzelhandels, C. E. Poeschel Verlag, Stuttgart, 1968.

Diederichs, Erich H.: Die Aufgaben der Edeka im Wandel der Handelsstruktur, Schriftenreihe des Edeka-Verbandes, Hamburg, 1969.

Eli, Max und Laumer, Helmut: Der Versandhandel. Herausgegeben vom Ifo-Institut, Berlin und München, 1970.

Faust, Helmut: Geschichte der Genossenschaftsbewegung, Fritz Knapp-Verlag, Frankfurt, 1965.

Gartmayr, Eduard und Mundorf, Heinz-Dieter: Nicht für den Gewinn allein – Die Geschichte des deutschen Einzelhandels, Lorch-Verlag, Frankfurt, 1970.

Hasselmann, Erwin: Geschichte der deutschen Konsumgenossenschaften, Coop-Verlag, Hamburg, 1971.

Herchenröder, Karl Heinrich: Neue Männer an der Ruhr, Econ Verlag, Düsseldorf, 1958.

Hermann Tietz: Hermann Tietz – der größte Warenhauskonzern Europas im Eigenbesitz, Verlag Max Schröder, Berlin, 1932.

Hirsch, Julius: Das Warenhaus in Deutschland, A. Deichertsche Verlagsbuchhandlung Nachf., Leipzig, 1910.

Kaufmann, Peter: Der Schlüssel zum Verbraucher, Econ Verlag, Wien und Düsseldorf, 1969.

Mahoney, Tom und Sloane, Leonard: Große Kaufleute von Woolworth bis Tiffany, Econ Verlag, Düsseldorf und Wien, 1970.

Nieschlag, Robert: Binnenhandel und Binnenhandelspolitik, Verlag Duncker & Humblot, Berlin, 1959.

Pasdermadjian, H.: Das Warenhaus, Westdeutscher Verlag Köln und Opladen, 1954.

Kritzkoleit, Kurt: Die neuen Herren – Die Mächtigen in Staat und Wirtschaft, Verlag Kurt Desch, Wien – München – Basel, 1955.

Ries, Kurt: Gottlieb Duttweiler, Christian Wegner-Verlag, Hamburg, 1959.

Schulz-Klingauf, Hans V.: Selbstbedienung – der neue Weg zum Kunden, Econ Verlag, Düsseldorf, 1960.

Schultz, Reinhard: Einkaufsgenossenschaften und freiwillige Ketten des Lebensmitteleinzelhandels – ein Vergleich, Verlag C. F. Müller, Karlsruhe, 1969.

Schultz, Reinhard: Genossenschaftswesen, Sammlung Göschen, Band 1249/1249 a, Walter de Gruyter, Berlin 1970.

Titz, Bruno: Konsument und Einzelhandel, Lorch-Verlag, Frankfurt, 1966.

Tietz, Bruno: Zukunftsaspekte für den Lebensmittelhandel, Schriftenreihe des Edeka-Verbandes, Hamburg, 1969.

Tietz, Georg: Hermann Tietz – Geschichte einer Familie und ihrer Warenhäuser, Deutsche Verlagsanstalt, Stuttgart, 1965.

Wernicke, J.: Das Waren- und Kaufhaus, G. A. Gloeckner Verlagsbuchhandlung, Leipzig, 1926.

Wussow, Otto Erich von: Geschichte und Entwicklung des Warenhauses, Verlag für Sprach- und Handelswissenschaft, Berlin, 1906.

## Personen und Firmen


Abs, Hermann Josef 131
Adenauer, Dr. Konrad 42, 45, 141
Agfa-Gevaert AG 100, 196
Albrecht KG, Herten 105 ff.
Albrecht KG, Mülheim 105 ff.
Albrecht, Karl 7, 105 ff.
Albrecht, Theo 7, 105 ff.
Alexander & Echternach, Kaufhaus 124
Alsberg, Gebrüder, Kaufhaus 124, 127
Akzo-Gruppe 26
Alsterhaus 43
A & O, freiwillige Handelskette 108, 186, 191
Arena Autoservice GmbH & Co. 151
Arnold, Karl 141
Asbach & Co. 184

Bank für Gemeinwirtschaft AG 179
Bauknecht GmbH 193
Baur KG, Friedrich, Burgkunstadt 147
Bayer, Dr. Otto 123
Bayerische Hypo 70, 71, 92
Bellinger, Knut-Urban 255
Berliner Handelsgesellschaft 80
Bertelsmann-Verlagsgruppe 82, 211
Bilka Kaufhaus GmbH 34, 45, 48
Blendax-Werke 112
Bloomingdale 135
Böll, Heinrich 105
Bolle AG, C., Meierei 114
Brendgen, Josef 67
Brenninkmeyer, Anthony 27
Brenninkmeyer, Clemens 14 f.
Brenninkmeyer, Cornelius 27
Brenninkmeyer, Franz 31
Brenninkmeyer, Karel Ludger 27
Brenninkmeyer, Leonhard (»Hardy«) 28
Brenninkmeyer, Ludwig 27
Brenninkmeyer, Rudolf Wilhelm 26
Brenninkmeyer, Wolfgang 27
Breuninger KGaA, E. 242
Breuninger, Heinz 250
Brinkmann & Wirtz, Bankhaus 185
British-American Tobacco 122, 140
Brost, Erich 151
Burkhardt & Co., Bankhaus 114

C & A Brenninkmeyer 7, 9 ff.
Chase-Manhattan-Bank 81, 207
Chemische Werke Hüls 186
Cloppenburg, Fritz 28
Cloppenburg, Heinz 28
Cloppenburg, James 28
Commerzbank AG 122, 125, 139
Condor-Flugdienst 82
Co op-Gruppe 163 ff.

Dahrendorf, Gustav 166 ff.
Dalli-Werke Mäurer & Wirtz 112
Dedi, Hans 103
Defaka, Deutsches Familienkaufhaus 130 ff.
Derigs, Paul 251
Deutsche Bank AG 43, 122, 129, 131 f., 139, 206
Deutsche Lufthansa AG 82
Deutscher Supermarkt GmbH 157, 209
Diederichs, Erich H. 51 ff.
Döring, Wolfgang 141
Douglas, Parfümerie 213
Doyle, Dane, Bernbach, Werbeagentur 22
Dresdner Bank AG 40, 43, 46, 71

Dufhues, Josef-Hermann 142
Dujardin & Co. 189
Duttweiler, Gottlieb 82, 209
Dyckhoff KG, H. 10, 255

Eckes-Gruppe 189
Edeka 51 ff., 186
Eklöh, Herbert 199 ff.
Elbe-Einkaufszentrum 156
Erhard, Prof. Ludwig 8, 54, 69, 193
Eteha Textilhandelsgesellschaft 19
Etzel, Franz 142

Feder, Gottfried 40
von Finck, August 33
Flick, Friedrich 33, 80 f., 130, 138
Fortnum & Mason 137
Foto-Quelle GmbH 100 f.
Frömbling, Jürgen 251
Fourmann, Wighard 250, 253
Frowein, Harald 38
Funk, Walther 73
Funke, Jakob 151

Gefa, Gesellschaft für Absatzfinanzierung 131
GEG 170 ff., 209
Geismann, Brauerei 91
Gemeinschaftswerk der Deutschen Arbeitsfront 60, 172
Globus, Warenhaus 135
Goergen, Fritz-Aurel 81
Göring, Hermann 15, 74
Görlitzer Wareneinkaufsverein 56, 205, 210
Goldzack-Werke AG 103
Grace-Konzern 210
Grand Magasins, Kopenhagen 135
Greiff-Werke, Bamberg 76
Greiling, Richard 205 f.
Grönemeyer, Heinz-Georg 251
Günther, Dr. Eberhard 54
Guilini GmbH, Gebrüder 186

Hanhausen GmbH, Parfümerie 213
Hardy & Co., Bankhaus 72, 73, 79
Haum, Herbert 82
Hauptverband des Lebensmittel-Einzelhandels 194
Hayler, Dr. Franz 73, 80, 204
Heitmann KG 115
Hellwege, Heinrich 167
Hengsbach, Franz 119
Hengst, Friedrich 76
Henkel & Cie. 55, 189
Henschel-Werke 81, 160
Hermann Tietz OHG 36 ff., 56
Herstatt, Bankhaus I. D. 211
Hertie-Konzern 33 ff., 106, 138, 208
Hess, Möbelhäuser 157
Hess, Rudolf 171
Hettlage, Kaufhausgruppe 28
Hierl, Konstantin 52
Hille, Herbert 125
Himmler, Heinrich 74
Hitler, Adolf 40 f., 70, 74
Hofer, Helmut 119
Hohenzollern, Kaiserhaus 129
Horten AG 34, 48, 84, 106, 121 ff., 184, 192
Horten, Alfons, MdB 26, 81, 141
Horten, Helmut 7, 26, 84, 121 ff., 150, 208, 210, 249, 251 f.
Hotelplan-International 82
van Houten & Zoon, C. J. 210
Humbser AG, Brauerei 91
Hussel AG 209
Hussel, Rudolf 209 ff.

IBM 88
Iduna-Versicherungsgruppe 151
Illerhaus, Josef 194
Investitions- und Handelsbank AG 211, 213

Jacobi, Paul 123
Jandorf, Adolf 36, 38
Joel, Carl 72 f., 78 f.
Jüngling, Dr. Hanns 103

KaDeWe 38, 46, 48
Kaiser's Kaffeegeschäft AG 56, 105
Kaletsch, Konrad 80
Karg, Dietrich 49
Karoly, Hermann 151
Karg, Georg 7, 33 ff., 74, 138
Karg, Hans-Georg 49
Karstadt AG 34, 41, 47 f., 99, 106, 129, 138, 157, 184, 192, 206, 251
Kaufhalle GmbH 138, 201
Kaufhaus Hansa AG 45
Kaufhof AG 34, 47, 48, 55, 99, 106, 138, 139, 202, 206, 251, 253
Kaus, Willy 78, 80
Kepa, Kaufhaus GmbH 138
Kirsch, Prof. Wilhelm Michael 176
König, Dr. Paul 54, 65, 67
König-Gruppe, Steinhagen 112
Körting-Werke 78
Köster AG, Emil 130 f.
Kommanditgesellschaft Aurum 151
Kortmann, Hans 22
Kreke, Dr. Jörn 213

Lange, Heinz Georg 130
Laschet, Karl 99
Laschet, Willi 99 f., 249, 252
Lassalle, Ferdinand 170
Lederer Bräu AG 91
Lehnig, Wolfgang 81
Lenz, Dr. Otto 45
Ley, Robert 60, 171
Liffers, Hubert 204

Macy's 135
Main-Taunus-Zentrum 139
Mangold, Dr. Hans-Georg 103
Mann, Hugo 231 ff.
Marks & Spencer 135
Marx, Karl 170
McCann Company, H. K. 69
Mende, Dr. Erich 141
Metzeler AG 78
Meyerhofer, Erwin 22
Michael, Jakob 129 f.
Michel, Kaufhaus 123
Michelsen, Eva 82
Mickeleit KG, Spedition 119
Migros-Genossenschaft 82, 209
MK-Werbe GmbH 65
Mommert, Willi 117
Mommsen, Ernst-Wolf 142
Mondadori 96
Montgomery Ward 89, 98, 152 f.
Morgan Guaranty Trust 80
Müller, Prof. August 52

National Registrier Kassen GmbH (NCR) 242
Nawrath, Günter 160
Neckermann KGaA 69 ff., 101, 106, 149, 157, 211
Neckermann, Johannes 85
Neckermann, Josef 7, 69 ff., 98, 138, 154, 160
Neckermann, Peter 81, 84
Neckura 83
Neue Heimat 156
Nevermann, Paul 167
Norddeutsche Hefe-Industrie AG 55
N-U-R Neckermann und Reisen 82 ff.

Odermark Herrenkleider-Werke GmbH 138
Oestergaard, Heinz 94
Oetker-Konzern 113, 189, 210, 213
Ogilvy, David 256
Otto-Versand 84, 101, 143 ff., 191, 256
Otto, Ingvild 161
Otto, Dr. Michael 161
Otto, Werner 102, 143 ff., 249, 255

Papst, Hugo 57
Paulig, Oswald 163 ff.
Peek & Cloppenburg 27
Pernice, Dr. Johann Anton 184
Peters, Dr. Werner 178
Philips-Konzern 26

Porst, Konsul Hanns 235
Potthoff, Gerhard 251
Produktion, Konsumgenossenschaft 163, 167, 173 f., 177

Quelle, Großversandhaus 70, 72, 82, 84, 87 ff., 106, 149, 153, 211

Rau, Walter, Margarinewerke 112
Redliche Pioniere von Rochdale 169
Reemtsma-Cigarettenfabriken 205
Reichsgruppe Handel 53 f., 73, 204
Reinicke, Georg 98
Reinold, Wilhelm 124 f.
Rewe-Genossenschaft 53, 54, 67, 186
Rhein-Main-Bank 46
Richartz & Münz, Werbeagentur 119
Roberts, Frank 156
Roesch, Friedrich 251
Rosenfelder, Familie 92
Rosenthal, Philip 142
Rotermund, Ernst-Walter 219
Roth, Georg Manfred 116
Rothfos, Bernhard, Kaffee-Import/Export 213
Ruhrpark-Einkaufszentrum 156
Ruschkewitz, Textilkaufhaus 71

Schacht, Hjalmar 71, 172
Schade & Füllgrabe KG 114
Schätzlein OHG, Georg 114, 116
Scheel, Walter 141
Scheufelen, Klaus H. 141
Schickedanz, Grete 92 ff., 103
Schickedanz, Gustav 70, 87 ff., 154
Schiller, Prof. Karl 69, 166
Schmechtig, Lothar 100 f.
Schmidt, Helmut 166
Schmitt, Kurt 41
Schmitz, Heinz 251
Schocken AG 128
Schocken, Salman 128
Schöndorff, Hermann 39
Schöpflin GmbH, Großversandhaus 102
Schöpflin, Hans 102
Schröder, Helmut 150
Schulte, Fritz Karl 152
Schulte & Diekhoff 151
Schulze-Delitzsch, Hermann 55
Schwab AG 84, 149
Schwab, Friedrich 149 f., 153, 191
Schweizerische Kreditanstalt 151
Sears, Roebuck & Co. 89, 98, 135, 153, 154
Seyß-Inquart, Arthur 125
Shell, Royal Dutch 26
Siemens AG 193, 196
Simon, Bankhaus Friedrich 211
Singer-Konzern 84
Sinn, Gebr. Kaufhausgruppe 250
Slansky, Rudolf 145
Snoek, Egbert 183 ff.
Sombart, Prof. Karl 52
Spar, Freiwillige Handelskette 108, 186, 191
Speer, Albert 75
Starke, Wolfgang 251
Stephenson-Verlag, Carl 227 f.
Strasser, Otto 145
Strauß, Franz-Josef 141
Streicher, Julius 72
Streif Eigenheimbau GmbH & Co KG 83

Tengelmann 56, 105, 116
Terfloth, Fritz 183 ff.
Terfloth & Snoek 183 ff.
Thoma, Helmut 253
Tietz, Georg 38 f.
Tietz, Hermann 35 f.
Tietz, Julius 38
Tietz, Leonhard, AG 37, 55, 123
Tietz, Martin 38, 39
Tietz, Oscar 36 f.
Trumpf, Schokoladenfabrik L. Monheim 112

Uhlmann AG, Emil 205
Uhse, Beate 215 ff.

Unicena N. V. 26
Unilever-Konzern 26, 82, 113, 136

Vereinigte Papierwerke
Gustav Schickedanz 92, 103
Vereinsbank in Hamburg 151
Vockel, Dr. Heinrich 42
Vogeley, Nährmittelwerke 112
Volksfürsorge Lebensversicherung AG 179

Warburg & Co., M. M. 185
Warburg, Max M. 128
Watkins, William Pascoe 173
Wedena, Inh. Willi Diehl 100
Werhahn-Gruppe 105, 114
Wertheim, Albrecht 34
Wertheim GmbH, Warenhaus 34 f., 46, 48
Wertkauf-Center 231
Weston, Garfield 208
Weyer, Willi 141
Wilke, Horst Joachim 69
Winkler, Helmut 76
Wirtz, Paul 185
Witt (Weiden), Josef 72
Woolworth Co. F. W. 132, 157
Wronker, Hermann 46

Zeiss Ikon AG 100
Zentrallagergemeinschaft für Bekleidung 74
Zinsser, Hugo 46
Zwillenberg, Dr. Hugo 39